"十四五"职业教育部委级规划教材

21世纪职业教育重点专业教材

服装市场调查与预测

（第3版）

方 勇◎主 编

中国纺织出版社有限公司

内 容 提 要

本教材针对我国服装企业的实际状况和服装院校的教学要求，采用大量的服装市场调查与预测实例及案例分析，按照项目教学法的模式编写，力求符合"深入浅出，简明扼要，便于操作"的教学目标，理论知识的选取以"必须、够用、适用"为尺度。

全书内容包括：什么是服装市场调查、选择服装市场调查方法、服装市场抽样调查法、什么是服装市场预测、选择服装市场预测方法、服装市场需求预测、服装市场销售预测、如何撰写服装市场调查与预测报告等。

本教材既可作为高等职业院校、高等专科院校、成人高等院校及本科相关专业学生学习用书，也可供中等职业学校及其他有关人员使用。

图书在版编目（CIP）数据

服装市场调查与预测 / 方勇主编. --3版，-- 北京：中国纺织出版社有限公司，2022.11
"十四五"职业教育部委级规划教材
ISBN 978-7-5180-9605-3

Ⅰ. ①服… Ⅱ. ①方… Ⅲ. ①服装市场－市场调查－高等职业教育－教材②服装市场－市场预测－高等职业教育－教材 Ⅳ. ①F768.3

中国版本图书馆CIP数据核字（2022）第101801号

责任编辑：宗 静 刘 茸　　特约编辑：王其强
责任校对：寇晨晨　　责任印制：王艳丽

中国纺织出版社有限公司出版发行
地址：北京市朝阳区百子湾东里 A407 号楼　邮政编码：100124
销售电话：010 — 67004422　传真：010 — 87155801
http://www.c-textilep.com
中国纺织出版社天猫旗舰店
官方微博 http://weibo.com/2119887771
三河市宏盛印务有限公司印刷　　各地新华书店经销
2022 年 11 月第 1 版第 1 次印刷
开本：787 × 1092　1/16　印张：15.5
字数：274 千字　定价：59.80 元

前　言

目前，我国服装生产和出口量已雄居全球榜首，成为当之无愧的服装大国。服装行业是我国出口创汇的支柱产业，也是我国外汇收入和资金积累的重要来源。随着经济全球化的进一步发展，特别是我国加入WTO后，国内外服装市场的竞争也日趋激烈，新产品、新技术、新材料、新工艺和新的服装市场营销观念、服装市场调查与预测方法层出不穷，消费者对服装产品的需求也呈现出多样化、个性化、高档化、品牌化等表现。在这种形势下，服装专业的人才培养目标也必须与之相适应，朝着培养能设计、懂技术、会管理和善经营的复合型、应用型人才方向发展。因此，针对当前我国服装行业的实际状况和服装院校的教学要求，我们根据国家教育部统一教学大纲，编写了这本教材。

本书在编写过程中，力求符合职业教育强调技能和应用型人才培养特色，按照项目教学法的模式编写，其结构特点是：项目引导、任务驱动、实战实现；其内容特点是：简明性、实用性、实操性。力求符合"深入浅出、简明扼要、便于操作"的教学目标，理论知识的选取以"必需、够用、适用"为尺度。全书内容分为三大项目、八个任务，其中，三大项目为：谈一谈服装市场调查、说一说服装市场预测、写一写服装市场调查与预测报告；八个任务为：什么是服装市场调查、选择服装市场调查方法、服装市场抽样调查法、什么是服装市场预测、选择服装市场预测方法、服装市场需求预测、服装市场销售预测、如何撰写服装市场调查与预测报告。本书以全新的视角进行探索，采用大量的服装市场调查和服装市场预测实例及案例分析，每项任务均由知识目标、能力目标、任务导航、情景导入、核心知识、核心概念、复习思考、案例分析、实战演练等模块组成。

本书由方勇任主编，方兴琦任副主编，陈智超、邓秋兴、成小先参加了编写。本书在编写过程中，参考了国内外大量图书、教材等文献资料。由于编写时间仓促，水平有限，书中漏误或不妥之处，恳请有关专家和广大读者批评指正，以便今后完善。

编者

2022年1月

目 录

习题参考答案

参考文献　　　　　　　　　　　　　　　239

项目一／谈一谈服装市场调查

任务1 什么是服装市场调查

◎**知识目标**

    1.服装市场调查的概念；

    2.服装市场调查的类型和内容；

    3.服装市场调查步骤。

◎**能力目标**

    1.能对服装市场调查有初步的了解；

    2.能掌握服装市场调查的类型；

    3.能确定服装市场调查的内容和步骤。

📂 任务导航

📁 情景导入

Levi's服装公司的市场调查

Levi's服装公司以生产牛仔裤闻名世界，同时兼营其他服装及鞋帽皮件等产品。该公司20世纪40年代末期的累计销售额达800万美元，而90年代增加到30亿美元。Levi's公司的决策者认为，任何成功的生意都应该做到及时准确地了解顾客的需求，千方百计地满足顾客的需求。为此，公司设有专门机构负责市场调查，由全公司组织分类产品的市场调查，在国外按不同国别进行市场调查。公司对德国市场的调查表明，多数顾客对裤子的第一要求是合身，公司随即派人在该国各大学和工厂进行合身试验，一种颜色的裤子定出了45种尺寸，因而扩大了销路。根据多年市场调查积累的经验，公司把合身、耐穿、价廉、时髦作为产品的主要目标，力争使自己的产品能够长期打入青年人的市场。近年来，在市场调查中，他们了解到许多美国女青年喜欢穿男裤，公司经过精心设计，推出了满足妇女需要的牛仔裤和便装裤，使妇女服装的销售额不断上升。在调查中，他们还应用心理学、统计学等知识及手段，分析消费者的心理和经济状况的变化，以及环境的影响、市场竞争条件和时尚趋势等，据此制订企业发展战略、产品开发战略，并制订企业发展的五年计划和第二年的销售、生产计划。他们认为，产销是一个共同体，两者由同一个上级决策，工厂和市场之间要建立经常性的情报联系，这样才能使工厂产品紧跟市场需求而变化，虽然在美国国内和国际服装市场上竞争相当激烈，但由于Levi's服装公司积累了丰富的市场调查经验，因此他们制订的生产与销售计划同市场上实际销售量只差1%~3%，获得了显著的经济效益。

💡 **想一想**

什么是服装市场调查？Levi's公司做了哪些市场调查？服装市场调查有哪些种类和内容？服装市场调查步骤如何？下面将为你一一道来。

📂 核心知识

1.1 服装市场调查是什么

1.1.1 服装市场调查的含义

为了使顾客得到高品质的服务并得到最大程度的满意，服装企业每做一个决定都需要进行广泛的调查，好的服装产品和好的服装营销计划需要以对顾客需求的全面了解为前提。服装企业还需要了解有关竞争者和其他各种服装市场因素的实际情况，而通过调查可以及时获取到这些有用的信息。

小思考：

什么是服装市场调查呢？

服装市场调查，是指用科学的方法和客观的态度，以服装市场和服装市场营销中的各种问题为研究对象，有效地搜集、整理和分析各种有关的信息，从而掌握服装市场的历史和现状，以便为服装企业的预测和决策提供基础性的数据和资料。它是服装企业开展经营活动的前提，主要包括服装市场环境调查、服装市场状况调查、服装销售可行性调查，还可以对服装消费者及其消费需求、服装企业产品、服装产品价格、影响服装销售的社会和自然因素、服装销售渠道等展开调查。

1.1.2 服装市场调查的特点

服装市场调查作为一项对服装市场种种行为活动进行分析研究的工作，具有以下几个特点：

1.1.2.1 服装市场调查的目的性

服装市场调查的目的性，指服装市场调查以向有关服装企业和组织提供市场调查和决策的信息为目的。这种明确的目的性要求服装市场调查活动应对服装市场静态和动态的大量消息、数据保持高度的敏感性，要求服装市场调查活动要取得有关服装市场特征、变动趋势等方面的系统性信息，而不是罗列一堆杂乱无章的数字。

1.1.2.2 服装市场调查的系统性

服装市场调查的系统性，服装市场调查是对服装市场状况进行研究的整体活动，期间的每个阶段都要制订系统的计划，要求做到对影响服装市场运行的各种经济、社会、政治、文化等因素进行系统的分析和研究。这种系统分析包括分类研究结合综合分析、现状分析以及趋势分析等方面。如果仅仅停留在单纯就事论事的层面上，不考虑服装市场环境中诸多因素的相互关联和影响，就无法得到有重要参考价值的服装市场信息。

1.1.2.3 服装市场调查的完整性

服装市场调查的完整性，指服装市场调查是信息识别、收集、分析和传递的完整过程。它不仅是对服装市场信息资料单纯的搜集过程，而且是对服装市场状况进行调查研究的整体活动，是包括调查设计、资料搜集、资料整理、资料分析和提出调查报告等环节在内的一个完整过程。

1.1.2.4 服装市场调查的客观性

服装市场调查的客观性，指服装市场调查要提供反映真实情况的准确无误的信息。客观性有两种具体表现：首先，服装调查资料数据必须真实地来源于客观实际，而非主观臆造，任何有意提供虚假信息的行为，从本质上说都不属于服装市场调查行为；其次，服装调查结果（也就是调查所得结论），应该能够反映服装市场运行的现实状况，而不是一种追述性的总结报告。

1.1.2.5 服装市场调查的科学性

服装市场调查的科学性，指服装市场调查采用的各种方法，包括各种资料搜集方法、整理方法和分析方法，都是在一定的科学理论指导下形成的，而且经过了实践的检验和证明。如果所采用的调查方法没有充分的理论依据，也就谈不上是真正的服装市场调查。

1.1.2.6 服装市场调查的不确定性

服装市场调查的不确定性，指服装市场调查所掌握的信息并不一定绝对准确、完整。由于服装市场是一个受众多因素综合影响和作用的场所，服装市场调查有可能只掌握了部分信息，或许有许多资料在调查时没有被考虑到，即使获得的资料完整，也不可能解释全部的问题。这种不确定性意味着服装市场调查无法确保经营预测和决策一定能够成功。

1.1.3 服装市场调查的作用

服装市场调查的作用，主要表现在以下三个方面：

1.1.3.1 能为服装企业提供决策依据

服装企业中的很多问题只有通过具体的服装市场调查，才可以得到具体的答案，而且只有通过服装市场调查得来的具体答案才能作为服装企业决策的依据。否则，就会形成盲目且脱离实际的决策，而盲目则常常意味着失败和损失。因此，有效的服装市场调查能够及时、准确和充分地提供服装市场情报，有助于服装企业分析和研究营销环境状况及其变化，从而有针对性地制订服装市场营销策略和服装企业经营发展策略。例如，服装企业想制订产品策略、价格策略、渠道策略和促销策略，一般要了解的情况和需要考虑的问题是多方面的，主要有：怎样组织本服装企业的产品推销、销售费用是多少；如何制订服装产品的价格，才能保证在销量和利润方面都有收益；本服装产品在哪些服装市场上销售较好，有发展潜力；在哪个具体的服装市场上预期可以销售的数量是多少；如何才能扩大本服装企业产品的销量等。

1.1.3.2 能提高服装企业的竞争力

随着现代化社会大生产的发展和技术水平的提高，服装市场的竞争变得日益激烈，服装市场情况在不断地发生变化。而促使服装市场发生变化的原因主要有：产品、价格、分销、广告、推销等市场因素和有关政治、经济、文化、地理条件等市场环境因素。这两种因素往往相互联系、相互影响，且不断地发生变化。因此，为了适应这种变化，服装企业就只有通过广泛的服装市场调查，及时了解各种服装市场因素和市场环境因素的变化，从而有针对性地采取措施，通过对服装市场因素，如产品结构、价格、广告等的调整，去应对服装市场竞争。对于服装企业来说，能否及时了解服装市场的变化情况，并采取有效应变措施，是服装企业能否取胜的关键。此外，对服装企业营销决策和计划的实施情况进行调查，还可以对服装营销决策的得失作出客观的评价并提出正确的建议。

1.1.3.3 能更好地吸收国内外先进经验和技术

当前，科学技术发展日新月异，各种新发明、新创造、新技术和新产品层出不穷，科学技术的进步也会在商品市场上以产品的形式反映出来。服装企业通过市场调查，可以及时了解服装市场经济动态和科学技术方面的资料信息，掌握最新的服装市场情报和生产技术情况，以便更好地学习、吸取同行业的先进经验和最新技术，改进服装企业的生产技术、提高从业人员的技术水平和服装企业的管理水平，从而提高服装产品的质量，加速服装产品的更新换代，增强服装产品和服装企业的竞争力，保障服装企业的生存和发展。

1.2 服装市场调查的类型和内容

1.2.1 服装市场调查的类型

服装市场调查可以采用多种方法，调查方法选择得当与否，对调查结果大有影响。服装企业必须根据自己的具体情况，正确地选择服装市场调查的类型和方法。服装市场调查按照不同的标准，可以有不同的分类，通常有以下几种类型：

1.2.1.1 按其调查目的划分

根据服装市场调查的目的，可以分为服装探测性调查、服装描述性调查、服装因果性调查和服装预测性调查。

（1）服装探测性调查。服装探测性调查是指服装企业对所研究的市场情况缺乏认识甚至很不了解，为明确其范围、性质、原因等而进行的调查。服装探测性调查有助于认识问题和界定问题，以便确定调查的重点和方向。例如，服装企业的客户下降，是什么原因造成的呢？是服装产品不吸引人？还是服装价格太高？是服装的渠道不畅促销不力？还是竞争者采取了新的策略？诸如此类。为了弄清到底是什么原因，就可用服装探测性调查法去寻找最可能和最重要的原因，以确定问题研究的方向。

服装探测性调查，回答的是"可以做什么"，即"投石问路"。它通常采用一些简便易行的调查方法，例如，研究手头现有的资料，请教熟悉情况的人士，分析以往的类似案例等。

（2）服装描述性调查。服装描述性调查是针对所研究的市场情况，通过搜集资料并经甄别、审核、记录、整理、汇总，做更深入、更全面的分析，揭示问题真相，并对问题的性质、形式、存在、变化等具体情况作出现象性和本质性的描述。服装调查大多是描述性调查，如调查顾客的年龄结构、收入状况、偏好情况、对服装产品的态度等。

小思考：

服装描述性调查和服装探测性调查有什么不同呢？

服装描述性调查，回答"是什么"，因为它一般是针对特定的服装市场情况寻找答案，为进一步调查提供基本资料，所以比服装预测性调查要深入细致得多。服装描述性调查需要制订详细的调查计划和提纲，搜集大量的信息，力求如实、具体地描述调查研究的对象，为进一步进行服装因果性调查和预测性调查提供资料和依据，它是服装市场调查的重要组成部分，对于获取服装市场信息资料非常重要。

（3）服装因果性调查。服装因果性调查是对导致研究对象存在或变化的内在原因和外部因素的相互联系和制约关系做出说明，并对诸因素之间的因果关系、主从关系、自变量与因变量的关系进行定量与定性的分析，指出调查对象产生的原因及其形成的结果。例如，为什么皮尔·卡丹时装畅销国际服装市场？为什么某服装企业产品的市场占有率今年比去年下降10%等。通过服装因果性调查，我们就可以弄清问题产生的前因后果，以便服装企业对症下药。

服装因果性调查，就是在服装描述性调查的基础上，通过收集有关服装市场变化的实际资料，并运用逻辑推理和统计分析的方法，找出服装市场上出现的各种现象之间、各种问题之间相互关系的原因和结果，从而预测服装市场的发展变化趋势，它回答的是"为什么"。

（4）服装预测性调查。服装预测性调查是对服装市场未来变化趋势进行的调查，即在服装描述性调查和服装因果性调查的基础上，对服装市场可能的变化趋势进行估计和推断。因此，实际上是服装调查结果在预测中的应用。服装预测性调查的方法很多，可以通过综合专家和有经验人士的意见，对事物的发展趋势作出判断；也可以对服装描述性调查或因果性调查所获得的资料进行分析和计算，预测未来变化的量值。服装预测性调查的结果，常常被直接用作决策的依据。服装预测性调查，着眼于服装市场的未来，它回答的是"将来怎么样"。

上述四种调查类型是相互联系、逐步深入的。服装探测性调查有助于识别问题和界定问题；服装描述性调查有助于说明问题；服装因果性调查有助于分析问题的原因；服装预测性调查有助于推测问题的发展趋势，从而为服装企业经营决策提供服务。

1.2.1.2　按其调查范围和对象划分

根据服装市场调查的范围和对象，可以分为服装市场全面调查和服装市场非全面调查。

（1）服装市场全面调查。服装市场全面调查也称服装市场普查，指对服装市场整体或局部范围所有的调查对象无一例外进行的调查。它能收集到覆盖面广、细致、精确的信息资料，进而得出较可靠的结论，可避免以偏概全的错误，但需要花费较多的时间、人力、物力和财力，一般适用于被调查对象较少的情况。例如，对服装市场中某些特定用户的调查等。

（2）服装市场非全面调查。服装市场非全面调查是指在服装市场调查对象的总体中，就一定数量进行的调查，如服装市场重点调查、服装市场典型调查、服装市场抽样调查等。这类调查与全面调查相比，花费较少且较灵活。同时，由于是选择有代表性的一部分对象进行调查，所以可以掌握较细、较全、较准确的资料，对问题的认识也更透彻。服装市场调查大多数属于这一类型。

1.2.1.3　按其调查方法划分

根据服装市场调查方法，可以分为服装市场直接调查和服装市场间接调查。

（1）服装市场直接调查。服装市场直接调查又叫服装市场实地调查，是指服装市场调查者直接接触被调查对象所进行的调查。它是由服装市场调查人员亲自深入现场，单独调查或与当地有关机构人员联系、合作，直接搜集第一手资料。可以通过现场实地观察、询问、实验等办法，就事先拟定的事项有针对性地搜集资料，如服装市场观察调查、服装市场询问调查和服装市场实验调查等。

（2）服装市场间接调查。服装市场间接调查是指通过某种中介，间接对服装市场调查对象所进行的调查。例如，服装市场文案调查，是从各种历史的或现行的信息或统计资料中，检索出所需的资料加以归类、分析和研究，以充分利用第二手资料，节省调查费用。

1.2.1.4　按其他标准划分

服装市场调查还可以按产品层次、区域层次、选时层次和结果层次等标准划分，具体如下：

（1）按产品层次分类。服装市场调查按产品层次可分为女装市场调查、男装市场调查和童装市场调查。女装市场调查还可分为对呢绒、化纤、棉布等不同材料的服装市场调查，以及不同季节的女装市场调查等。

（2）按区域层次分类。服装市场调查按区域层次可分为国际服装市场调查和国内服装市场调查等。国内服装市场调查又可细分为全国性服装市场调查、地区性服装市场调查和地方性服装市场调查等。

（3）按选时层次分类。服装市场调查按选时层次可分为常年性服装市场调查、定期性服装市场调查和临时性专题服装市场调查等。

（4）按结果层次分类。服装市场调查按调查结果的不同要求可分为定性服装市场调查和定量服装市场调查。

总而言之，根据不同的需要和标准，服装市场调查的种类较多，这说明服装市场调查是一个分阶段、分层次、由浅入深的过程。服装市场调查的种类，如图1-1所示。

```
                                          ┌── 服装探测性调查
                          ┌── 按调查目的 ──┤── 服装描述性调查
                          │                ├── 服装因果性调查
                          │                └── 服装预测性调查
                          │
                          ├── 按调查范围 ──┬── 服装市场全面调查
                          │                └── 服装市场非全面调查
                          │
                          ├── 按调查方法 ──┬── 服装市场直接调查
                          │                └── 服装市场间接调查
                          │
  服装市场调查类型 ───────┼── 按调查产品 ──┬── 女装市场调查
                          │                ├── 男装市场调查
                          │                └── 童装市场调查
                          │
                          ├── 按调查区域 ──┬── 国际服装市场调查
                          │                └── 国内服装市场调查
                          │
                          ├── 按调查选时 ──┬── 常年性服装市场调查
                          │                ├── 定期性服装市场调查
                          │                └── 临时性服装市场调查
                          │
                          └── 按调查结果 ──┬── 定性服装市场调查
                                           └── 定量服装市场调查
```

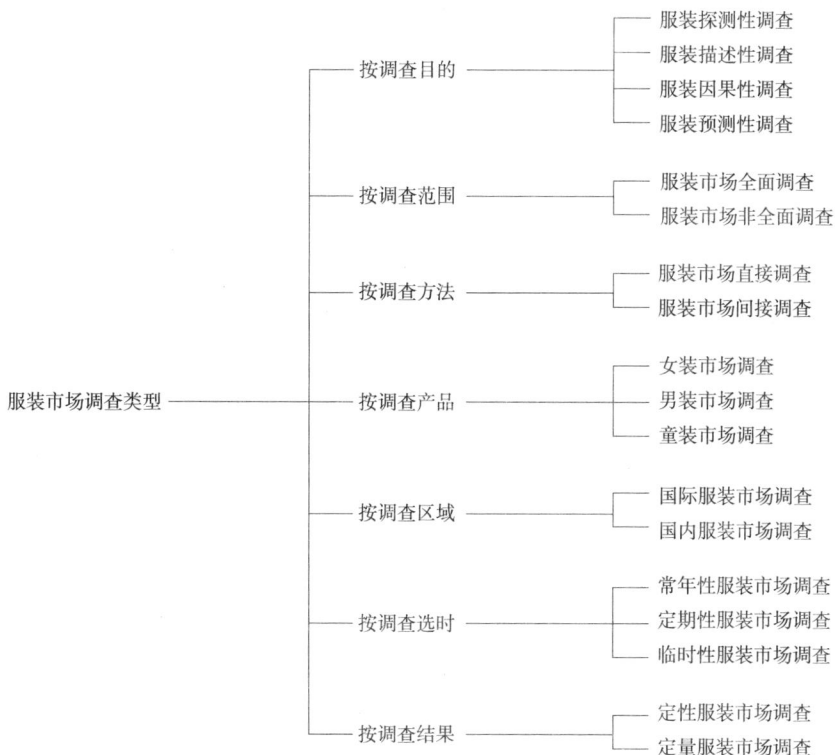

图 1-1　服装市场调查的类型

1.2.2　服装市场调查的内容

服装市场调查的内容，涉及服装企业生产经营的全过程，各方面、各环节的情况都可能成为服装市场调查的对象。主要有服装市场环境调查、服装市场需求调查、服装产品调查和服装市场营销活动调查四个方面。

1.2.2.1　服装市场环境调查

服装市场环境调查，是指对政治、经济、社会、法律、生态、技术等因素的现状进行调查，研究其对服装企业生产经营的影响。服装市场环境调查的目的是为服装企业寻求市场机会或为服装企业监控外部环境的变化，为服装企业的营销决策提供咨询。其调查的内容包括：政治法律环境调查、社会文化环境调查、经济地理环境调查、科学技术环境调查等宏观环境调查。

（1）政治法律环境调查。政治法律环境调查是指对现在和将来一定时期国内外的政治形势，以及与服装企业经营活动有关的国家政策、法律、法规情况和社团维护群众利益的发展情况等的调查。例如，政治环境调查主要了解政府对服装行业和有关产品的方针、政策、法令、条例等以及政治体制、政府政策（外交关系、最惠国待遇）

等。法律环境调查主要是了解有关的法规、法令，像专利法、商标法、工商法、企业法、公司法、合同法、广告法等以及法律的执行效果。

（2）社会文化环境调查。社会文化环境调查是指对各地、各民族的传统文化，如思想意识、道德规范、社会习俗、宗教信仰、文化修养、价值观、审美观等的调查。传统文化已渗透到人们生活的每一个角落，它影响和制约着人们的行为。服装企业的经营活动必须符合当地的文化和传统习惯，才能得到当地人的认可，服装产品才能被人们接受。

（3）经济地理环境调查。经济地理环境调查主要是指对经济环境、气候、地理环境的调查。例如，主要了解发展状况和重要的经济指标，像国民生产总值、国民收入、人均国民收入、产业结构、产业增长、物价水平、储蓄、信贷、进出口贸易、外汇、基础设施、能源等。气候、地理环境调查，主要了解地理位置、面积、地形、地貌、自然资源、温度、湿度、光照、气候变化等。气候会影响消费者的饮食习惯、衣着、住房等，地理环境决定了地区之间资源分布和消费习惯、结构及方式的不同。

（4）科学技术环境调查。科学技术环境调查主要是指对科学技术给服装产品的生产或销售所带来的影响的调查。随着科学技术的发展，科学技术对服装企业市场营销决策的影响越来越大。服装企业应该调查新技术、新工艺、新原料和新发明；调查新产品的开发、推广和应用的现状及发展速度和前景；调查这些科学技术可能给予服装企业经营活动或者消费者的购买行为带来的影响。在调查的基础上，再进行定向、定时、定性和定量的预测。

1.2.2.2 服装市场需求调查

服装市场需求调查是服装市场调查内容中最基础的部分，也是服装企业生产的依据，主要包括服装消费需求量调查、服装消费结构调查和服装消费者行为调查。

（1）服装消费需求量调查。服装消费需求量调查主要调查服装市场的社会购买力，它直接决定服装市场规模的大小。对服装消费需求量的调查，主要了解社会环境、服装消费者收入水平、人口数量和流行趋势等影响因素。服装企业不仅要了解本企业在该地区的需求总量、已满足的需求量和潜在的需求量，而且必须了解本企业的销售量占整个服装市场的比重。

（2）服装消费结构调查。服装消费结构调查，主要调查服装购买力的投向，是指服装消费者将其货币收入用于购买不同商品的比例。对服装消费结构调查，主要了解人口构成、家庭规模构成、收入增长状况、服装商品供应状况、价格变化等。服装企业不仅要了解需求商品的总量结构，还必须了解每类商品的品种、花色、规格、质量、价格、数量等具体结构。同时，还需要了解服装细分市场的动向、引起需求变化的因素及影响的程度和方向、城乡需求变化的特点、开拓新消费领域的可能性等。

（3）服装消费者行为调查。服装消费者行为是受多方面因素影响的，如服装消费者的心理性格、个人偏好、宗教信仰、文化程度、消费习惯及周围环境等，这些因素在一定程度上促成了服装消费者的购买行为。对服装消费者行为调查，就是要了解这些客观因素及发展变化对服装消费者购买行为的影响。主要了解服装消费者心理需要，像习俗心理需要、同步心理需要、偏爱心理需要、经济心理需要、好奇心理需要、便利心理需要、美观心理需要和求名心理需要等。购买行为，像习惯型消费行为、理智型消费行为、冲动型消费行为、感情型消费行为、不定型消费行为等。

1.2.2.3　服装产品调查

服装产品是服装企业为消费者提供的商品。服装产品调查，是为了解服装消费者对服装企业的产品质量、款式、价格、品牌、包装、服务等方面的态度，帮助服装企业提高产品竞争力，对产品整体形象定位提供咨询。服装产品调查包括服装生产能力、服装实体、服装包装、服装生命周期、服装流行趋势和服装品牌等。

小思考：

对服装产品需要进行哪些方面的调查呢？

（1）服装生产能力调查。对服装生产能力调查主要是了解原材料的来源、服装企业的技术装备水平、资金状况、人员素质等情况。

（2）服装实体调查。服装实体调查是对服装产品本身各种性能的好坏程度所做的调查。服装产品具有特殊性，像对服装实体调查，主要了解其款式、类型、色彩及色彩之间的搭配、面料、衬料及里料的质量状况、产品的规格系列及实用性能等。

（3）服装包装调查。随着经济的发展、人们生活水平的提高和消费观念的改变，服装产品的包装正向着装饰化、高档化和立体化方向发展。在这方面的调查主要了解销售包装、工业包装、运输包装、特殊包装及产品包装的附带性调查（像包装上的商标、标签）等。

（4）服装生命周期调查。任何服装从开始试制、投入市场到被市场淘汰，都有一个诞生、成长、成熟和衰亡的过程，这一过程被称为服装的生命周期。服装生命周期分为试销期、成长期、成熟期和衰退期四个阶段。服装生命周期调查，主要是了解各种服装产品的实际年销售率的变化及其动态，并以明显出现的服装产品实际销售率增长或下降为转折点，来区分服装产品处于其生命周期的哪一个阶段。而实际销售率，主要是指排除人口、价格、商品供应不足、普遍调整工资等因素，给服装产品销售带来的影响后的销售率。对处于不同生命周期阶段的服装产品，服装企业会采取不同的营销策略。

（5）服装价格调查。服装产品打入服装市场，必然要考虑成本与利润。制订服装产品价格的意义，不仅在于弥补成本和费用支出，并获得利润，而且与竞争密切相关，因为价格竞争仍然是服装市场占有率的有效手段之一。服装价格调查，主要了解服装产品价格和需求弹性、服装产品价格受价格政策的影响、服装产品定价策略、服装产品价格变动后消费者和竞争对手的反应等。

（6）服装流行趋势调查。能否把握服装流行趋势，对服装企业的生产经营将产生重要的影响。服装流行趋势调查，主要是了解款式、色彩、面料、服饰配件等信息。

（7）服装品牌调查。随着服装消费者价值观念的转变和购买服装心理的变化，服装品牌已成为消费者购买服装的主要因素之一。我们看到消费者在购买服装特别是高档服装时，越来越重视品牌，服装企业为了创出名牌也不惜付出巨大代价。因此，服装品牌调查是一项重要的工作。服装品牌调查，主要包括：服装品牌形象调查、服装品牌知名度调查等。

1.2.2.4　服装市场营销活动调查

服装市场营销活动调查，是服装企业围绕服装营销活动而展开的市场调查活动。我们这里主要分析：竞争对手调查、销售渠道调查和促销活动调查等方面的内容。

（1）竞争对手调查。服装企业要想在竞争中占领市场，就应该对竞争对手进行调查，做到"知己知彼"。对竞争对手调查，主要了解竞争对手的数量、竞争是直接竞争还是间接竞争、竞争者的生产能力、对销售渠道的控制程度、市场占有率以及竞争者的促销手段和新产品的开发情况等。可以说，谁生产与自己相同的产品，谁就是自己的竞争对手。

（2）销售渠道调查。销售渠道调查的目的是了解服装消费者对本企业服装产品的销售渠道的业绩及工作效率，同时也可了解中间商对本企业的意见和要求，以此来改进企业的服装产品及服务，提高服装产品分销渠道的工作效率。其调查内容包括：经销商的情况，像经营情况、信誉情况、经营能力、资金实力、店面形象等情况；服装商品的运输状况，像运输工具、运输费用等；服装企业对经销商策略的执行情况等。

（3）促销活动调查。促销活动包括广告宣传、公关活动、现场演示、优惠或有奖销售等一系列活动。促销活动调查，就是对服装企业采用的人员推销、宣传推广、公共关系等促销组合的实际效果进行调查，为服装企业制定最优的促销组合提供依据。例如，广告调查是服装企业为有效地开展广告活动，对与广告活动有关的资料进行系统的收集、整理、分析和解释的活动。广告调查是广告策划的重要组成部分，其调查的内容有：广告信息的选择和设计，是否适合服装消费者和服装商品本身；用哪一种广告媒体更好；选择合适的广告代理公司；广告效果的调查；广告计划和广告预算拟定等。评估广告效果通常采用的公式是：

$$广告效果比率 = \frac{销售量增长率}{广告费增长率} \times 100\% \qquad (1-1)$$

在服装产品的促销活动中，除了广告促销外，还有降价、有奖销售、馈赠礼品、现场演示、服装表演、服装展销、季节优惠等促销方式，服装企业还应对这些促销活动进行调查。

综上所述，现将服装市场调查内容归纳如图1-2所示。

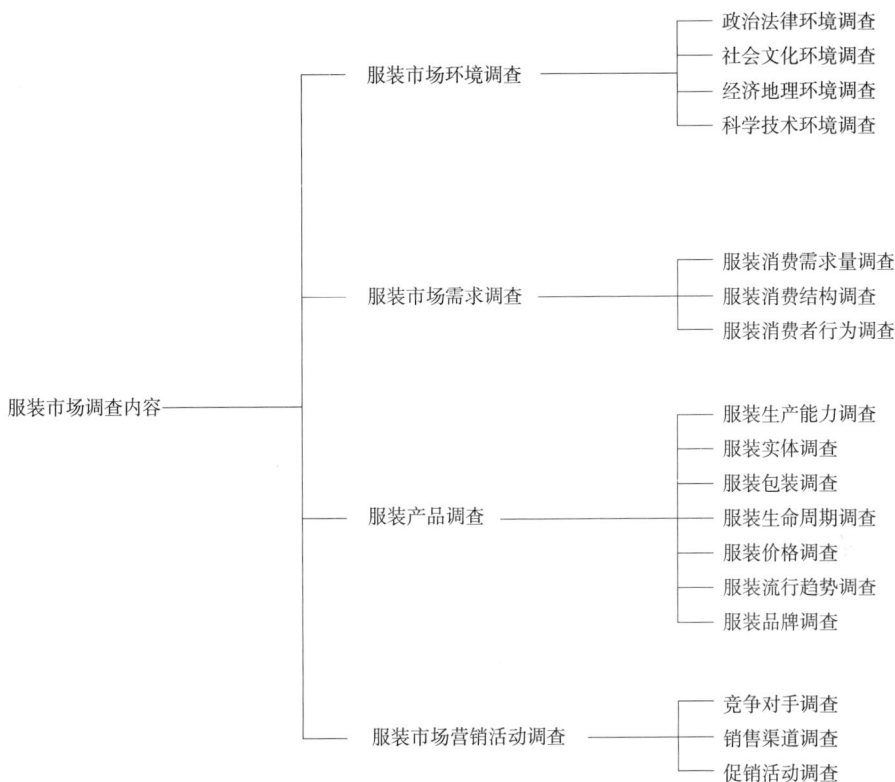

图1-2　服装市场调查内容

1.3　服装市场调查步骤

服装市场调查步骤，是指具有一定规模的一项正式调查，从调查准备到调查结束的先后顺序或具体程序。在服装市场调查中，建立一套系统科学的程序，有助于提高调查工作的效率和质量。通常一项正式调查的全过程，一般可分为：调查准备、调查实施以及分析和总结三个阶段，每一个阶段又可分为若干具体步骤，如图1-3所示。

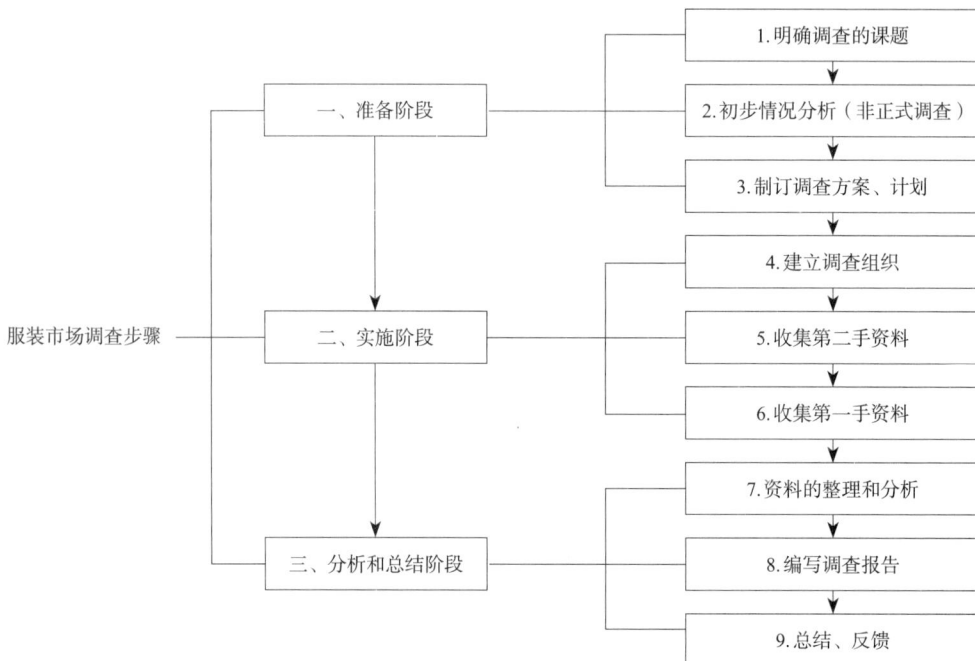

图1-3　服装市场调查步骤

1.3.1　服装市场调查的准备阶段

服装市场调查的准备阶段，是调查工作的开始。准备是否充分，对于实际调查工作和调查的质量影响很大。一个良好的开端，往往可以收到事半功倍之效。调查准备阶段，重点是解决调查的目的、要求，调查的范围和规模，调查力量的组织等问题，并在此基础上，制订一个切实可行的调查方案和调查工作计划。这个阶段的工作步骤具体如下。

小思考：
在服装市场调查的准备阶段有哪些具体步骤？

1.3.1.1　明确服装市场调查的课题

在开展服装市场调查之前，服装调查人员必须明确调查的问题是什么、目的和要求如何。例如，要根据服装企业决策、计划的要求，或者服装企业营销活动中发现的新情况和新问题，提出需要调查研究的课题。一般可从下面三种情况中发现问题：

（1）明显与服装市场需求不相适应的营销因素。例如，服装产品的销量逐月下降，或者是库存超过了合理储备。

（2）潜在与服装市场需求不相适应的营销因素。例如，服装产品的销量增加，但是服装市场占有率在下降，这是影响销量的潜在因素。

（3）从营销规律中考察、探究问题。例如，服装企业新产品上市，对本服装企业老产品销路的影响；服装消费需求的变化，对本企业服装产品的影响等。

1.3.1.2 初步情况分析和非正式调查

服装市场调查部门对初步提出来需要调查的课题，要搜集有关资料作进一步分析研究，必要时还可以组织非正式的探测性调查，以判明问题的症结所在，弄清究竟应当调查什么，才能为服装企业营销活动提供客观依据。同时，要根据服装市场调查的目的，考虑调查的范围和规模多大才合适，调查的力量、时间和费用是否有保证，也就是从经济效益和社会效益来衡量这次调查是否可行。如果原来提出的课题涉及面太宽或者不切实际，调查的范围和规模过大、内容过多，无法在限定时间内完成调查任务，就应当实事求是地加以调整。在确定服装市场调查课题中，一般应该注意：

（1）确定的调查课题是否是关键问题，如果不是关键问题就应放弃。

（2）确定的调查课题是能够取得信息资料的，否则，就应更换项目。

（3）确定的调查课题如果费用大、收效小也应舍弃。

1.3.1.3 制订服装市场调查方案和调查计划

对服装市场调查课题经过上述分析研究之后，如果决定要进行正式调查，就应制定调查方案和调查计划。服装市场调查方案，是对服装市场调查本身的设计，目的是保证调查有秩序、有目的地进行，它是指导服装市场调查实施的依据，对于大型的服装市场调查是十分重要的。服装市场调查方案设计的内容有：

（1）为解决服装市场调查的课题需要收集哪些信息资料才能达到目的。

（2）怎样运用数据分析问题。

（3）明确获得答案及证实答案的做法。

（4）信息资料从哪里获得，用什么方法获得。

（5）评价方案设计的可行性及核算费用的说明。

（6）方案进一步实施的准备工作。

服装市场调查计划，是指对服装市场调查的组织领导、人员配备、考核、工作进度、完成时间和费用预算等的预先安排，目的是使服装市场调查工作能够有计划、有秩序地进行，以保证服装市场调查方案的实施。

服装市场调查方案和调查计划各有不同的作用。一般来说，大型服装市场调查需要分别制订调查方案和调查计划，而对于一些内容不很复杂、范围较小的服装市场调查，可以把两者结合起来，只拟订一个调查计划，附调查提纲即可。例如，可按表1-1设计服装市场调查计划。

表1-1 服装市场调查计划表

调查目的	为何要作此调查，需要了解些什么，调查结果有何用途等
调查方法	询问法、观察法、实验法等
调查地区	被调查者居住地区、居住范围等
调查对象、样本	对象的选定（资格、姓名、条件）、样本数量、样本选取等
调查时间、地点	开始日期、完成日期、在外调查时间、调查开始时间、所需时间、地址等
调查项目	访问项目、问卷项目（附问卷表）、分类项目等
分析方法	统计的项目、分析、预测方法等
提交调查报告	报告书的形式、份数、内容、中间报告、最终报告等
调查进度表	策划、实施、统计、分析、提交报告书等
调查费用	各项开支数目、总开支额等
调查人员	策划人员、调查人员、负责人姓名、资历等

1.3.2 服装市场调查的实施阶段

服装市场调查方案和调查计划经有关部门和领导批准以后，就进入了调查实施阶段。这个阶段的主要任务是组织服装市场调查人员深入实际，按照服装市场调查方案或调查提纲的要求，系统地收集各种可靠资料和数据，听取被调查者的意见。这一阶段的具体步骤如下。

小思考：

在服装市场调查的实施阶段有哪些具体步骤？

1.3.2.1 建立服装市场调查组织

服装市场调查部门应当根据调查任务和调查规模的大小，配备好调查人员，建立服装市场调查组织。服装市场调查规模大的，可以建立调查队或大组调查，下面再分设若干小队或小组；服装市场调查规模小的，一般可成立一个调查小组。服装市场调查人员，可以是本服装企业调查部门的专职人员，也可以是从其他部门抽调的人员。服装市场调查人员确定后，需要进行集中学习。对于临时抽调的调查人员，更需要进行短期培训。学习和培训的内容主要包括：

（1）明确服装市场调查方案。

（2）掌握服装市场调查技术。

（3）了解有关的方针、政策、法令。

（4）学习必要的经济知识和业务知识等。

1.3.2.2　收集第二手资料

服装市场调查所需的资料，可分为原始资料（又称第一手资料）和现成资料（又称第二手资料）两大类。原始资料是指需要通过服装市场实地调查才能取得的第一手资料。取得这部分资料所花的时间较长，费用较大。现成资料是指服装企业、机关等单位或个人现有的第二手资料。取得这部分资料比较容易，花费较少。在实际服装市场调查中，应当根据服装市场调查方案所提出的资料范围和内容，尽可能组织服装市场调查人员收集第二手资料。服装企业内部资料可以责成有关人员提供，外部资料要向有关服装企业或个人索取，可以根据所需资料的性质，确定向哪些服装企业或个人收集。有些服装市场信息资料，可以从图书馆、各种文献、报刊中取得。收集第二手资料，必须保证资料的准确性和可靠性。对于统计资料，应该弄清指标的含义和计算的口径，必要时应调整计算口径，使之符合服装市场调查项目的要求。某些估算的数据，要了解其估算方法、依据和可靠程度。某些保密的资料，应当根据有关保密的规定，由专人负责收集和保管，严防泄密。

1.3.2.3　收集第一手资料

在服装市场调查中，光靠收集第二手资料是不够的，还必须通过实地调查收集第一手资料。例如，对羽绒衫的需求调查，除收集有关的第二手资料外，还必须选择一定数量的城乡居民家庭进行实地调查，以取得有关居民需求的第一手资料。在服装市场实地调查中，应当根据服装市场调查方案所确定的方式，先选择好调查单位，然后运用各种不同的调查方法取得第一手资料。服装市场调查一般可采用普查、重点调查、典型调查和抽样调查等方式，向调查单位进行调查的方法一般有询问法、观察法和实验法等。

1.3.3　服装市场调查的分析和总结阶段

服装市场调查资料的分析和总结阶段，是得出服装市场调查结果的阶段。这一阶段的工作如果抓得不紧或者草率从事，会导致整个服装市场调查工作功亏一篑，甚至前功尽弃。它是服装市场调查全过程的最后一环,也是服装市场调查能否发挥作用的关键环节。这一阶段有以下具体步骤。

小思考:
在服装市场调查的分析和总结阶段上,要做哪些工作?

1.3.3.1 服装市场调查资料的整理和分析

服装市场调查所获得的大量信息资料,往往是分散的、零星的,某些资料也可能是片面的、不真实的,必须系统地加以整理分析,经过去粗取精、去伪存真、由此及彼、由表及里的改造制作,才能客观地反映被调查事物的内在联系,揭示问题的本质和各种服装市场现象间的因果关系。这一步的工作内容主要包括:

(1)资料的检查、核实和校订。对于服装市场调查所得资料,在整理编辑过程中,首先要检查资料是否齐全,是否有重复或遗漏之处,是否有可比性,是否有差错,数据和情况是否相互矛盾。一经发现问题,应该及时复查核实,予以订正、删改和补充。在服装市场实地调查中,服装市场调查人员应当边调查、边检查,以便及早发现问题,及时核实订正。服装市场调查告一段落后,应再仔细核实一遍,力求资料真实可靠。

(2)资料分类汇编。凡经核实校订的资料,应当按照服装市场调查提纲的要求,进行分类汇编,并以文字或数字符号编号归类,以便归档查找和使用。如果用电子计算机处理数据,还要增加一个卡片打孔过程,把数据信息变换为代码,打入卡片。

(3)资料的分析和综合。服装市场调查所得的各种资料,反映了客观事物的外部联系。为了透过现象看本质,要用科学的方法,对大量资料进行分析和综合,弄清服装市场调查对象的情况和问题,找出客观事物的内在联系,从中得出合乎实际的结论。对于服装市场调查所得的数据,可以运用多种统计方法加以分析,并制成统计表。对于服装市场调查中发现的情况或问题,可以通过集体讨论,加以分析论证。

1.3.3.2 编写服装市场调查报告

服装市场调查报告是对课题经调查研究之后所编写的书面报告,是用客观材料对所调查的问题作出系统的分析说明,提出结论性的意见,它是服装市场调查的最后结果。编写一份有分析、有说明的服装市场调查报告,是服装市场调查最后阶段的最主要工作。服装市场调查报告的内容一般包括:

(1)服装市场调查目的、方法、步骤、时间和说明等。

(2)服装市场调查对象的基本情况。

（3）所调查问题的实际材料与分析说明。

（4）对服装市场调查对象的基本认识，做出结论。

（5）提出建设性的意见和建议。

（6）统计资料、图表等必要附件。

服装市场调查报告的结构多种多样，没有固定的格式，一般由导言、主体、建议与附件组成。导言部分介绍服装市场调查课题的基本状况，是对服装市场调查目的的简单而基本的说明；主体部分应概述调查的目的，说明服装市场调查所运用的方法及必要性以及对服装市场调查结果和分析结果的详细说明；附件部分是用来论证、说明主体部分有关情况的资料，如资料汇总统计表、原始资料来源等。

编写服装市场调查报告，还应当注意以下几个问题：

（1）坚持实事求是原则。服装市场调查报告要如实反映情况和问题，对报告中引用的事例和数据资料反复核实，必须确凿、可靠，坚决反对弄虚作假，绝不能隐瞒真相或者夸大谎报。

（2）要集思广益。从分析材料、草拟报告提纲和初稿，直到最后修改定稿，都要听取调查组内外各方面的意见，以提高服装市场调查报告的质量。

（3）要突出重点。服装市场调查报告的内容必须紧扣调查主题，突出重点。结构要条理清楚，语言要准确精练，务必把所说的问题写得清楚透彻。

（4）结论明确。服装市场调查结论切忌模棱两可、不着边际。要善于发现问题，敢于提出自己的见解，向领导或有关部门提出建议，以供决策者参考，发挥服装市场调查报告应有的作用。

1.3.3.3 服装市场调查的总结和反馈

服装市场调查全过程结束后，要认真回顾和检查各个阶段的工作，做好服装市场调查的总结和反馈，以便改进今后的服装市场调查工作。服装市场调查总结的内容主要有以下几个方面：

（1）服装市场调查方案的制定和调查表的设计是否切合实际。

（2）服装市场调查方式、方法和调查技术的实践结果，有哪些成功的经验可以推广，有哪些失败的教训应当吸取。

（3）服装市场实地调查中还有哪些问题没有真正搞清楚，需要继续组织追踪调查。

（4）对参加服装市场调查工作的人员作出考核，要表彰先进、鞭策后进，促进调查队伍的建设，提高调查水平和工作效率。

◎**核心概念**

（1）服装市场调查：是指用科学的方法和客观的态度，以服装市场和服装市场营销中的各种问题为研究对象，有效地搜集、整理和分析各种有关的信息，从而掌握服装市场的历史和现状，以便为服装企业的预测和决策提供基础性的数据和资料。

（2）服装探测性调查：是指服装企业对所研究的市场情况缺乏认识甚至很不了解，为明确其范围、性质、原因等而进行的调查。

（3）服装描述性调查：就是针对所研究的市场情况，通过搜集并经甄别、审核、记录、整理、汇总资料，做更深入、更全面的分析，揭示问题真相，并对问题的性质、形式、存在、变化等具体情况作出现象性和本质性的描述。

（4）服装因果性调查：是对导致研究对象存在或变化的内在原因和外部因素的相互联系和制约关系做出说明，并对诸因素之间的因果关系、主从关系、自变量与因变量的关系进行定量与定性的分析，指出调查对象产生的原因及其形成的结果。

（5）服装预测性调查：是对服装市场未来变化趋势进行的调查，即在服装描述性调查和服装因果性调查的基础上，对服装市场可能的变化趋势进行估计和推断。

（6）服装市场全面调查：也称服装市场普查，指对服装市场整体或局部范围所有的调查对象无一例外地进行的调查。

（7）服装市场非全面调查：指在服装市场调查对象的总体中，就一定数量和范围进行的调查。

（8）服装市场直接调查：又称服装市场实地调查，指服装市场调查者直接接触调查对象所进行的调查。

（9）服装市场间接调查：指通过某种中介，间接对服装市场调查对象进行的调查。

📁 复习思考

1.单项选择题

（1）为服装企业的预测和决策提供基础性数据和资料的是（　　）。

    A.服装市场调查   B.服装活动中的软件分析系统

    C.服装营销中的各种消息   D.政府部门的支持力度

（2）服装探测性调查回答的是（　　）。

    A.是什么   B.为什么

    C.将来怎么样   D.可以做什么

（3）服装预测性调查回答的是（　　）。

A. 是什么   B. 为什么

C. 将来怎么样   D. 可以做什么

（4）对政治、经济、社会、法律、生态、技术等因素的现状进行调查，研究其对服装营销的影响的调查是（   ）。

    A. 服装市场需求调查   B. 服装市场环境调查

    C. 服装产品调查   D. 服装市场营销活动调查

（5）对服装市场整体或局部范围所有的调查对象无一例外地进行的调查（   ）。

    A. 服装市场直接调查   B. 服装市场间接调查

    C. 服装市场全面调查   D. 服装市场非全面调查

2. 多项选择题

（1）服装市场调查的作用表现在（   ）。

    A. 提供决策依据   B. 保证一定不败

    C. 提高竞争力   D. 吸收先进经验

（2）服装市场调查按照调查目的可分为（   ）。

    A. 服装探测性调查   B. 服装描述性调查

    C. 服装因果性调查   D. 服装预测性调查

（3）服装市场调查的内容主要有（   ）。

    A. 服装市场环境调查   B. 服装市场需求调查

    C. 服装产品调查   D. 服装市场营销活动调查

（4）服装市场需求调查，主要有（   ）。

    A. 竞争对手调查   B. 服装消费结构调查

    C. 服装消费者行为调查   D. 服装消费需求量调查

（5）在服装市场调查中，服装市场调查步骤一般可分为（   ）三个阶段。

    A. 准备阶段   B. 实施阶段

    C. 分析和总结阶段   D. 编写报告阶段

3. 判断题（正确答案打"√"，错的打"×"）

（1）服装探测性调查是对服装市场未来变化趋势进行的调查。   （   ）

（2）服装市场间接调查是指通过某种中介，间接对服装市场调查对象进行的调查。

                                              （   ）

（3）服装描述性调查是对导致研究对象存在或变化的内在原因和外部因素的相互联系和制约关系做出说明的调查。   （   ）

（4）服装市场非全面调查也称服装市场普查，是对服装市场整体或局部范围所有的

调查对象无一例外地进行的调查。 （ ）

（5）现成资料是指服装企业、机关等单位或个人现有的第二手资料。 （ ）

4.简答题

（1）为什么要进行服装市场调查？

（2）服装市场调查按照调查目的可分为哪些类型？有什么相互关系？

（3）服装市场调查的内容有哪些？

（4）举例说明促销活动调查？

（5）服装市场调查时，如何进行资料的整理和分析？

📁 案例分析

星际服装商城的服装市场调查

星际服装商城是华南地区知名度最高、影响力最大、经营业绩最优的大型商业中心之一，建筑面积6万平方米，经营商品品种20万种，最高销售额达到26亿元。在零售业面临日趋激烈的国内外竞争环境下，星际服装商城一枝独秀，经营业绩连年大幅度增长，在全国大型服装商场中，连续两年创下了每平方米销售排名第一的佳绩。星际服装商城的成功，在于它能够满足服装消费者的多层次需求。要做到这一点，就要了解服装消费者是谁，他们有什么需求。因此，就要对服装消费者进行调查。星际服装商城每年都要请专业的服装市场调查机构或者自己成立调查队，进行一次大规模的服装消费者调查，再辅以不定期的小型专项服装市场调查。服装市场调查的目的，是掌握商圈内服装消费者的基本特点和主体服装消费群体的消费结构、水平、行为和购买倾向特点，在服装商品品牌、价格、档次选择的倾向性，以及对服装商城在布局、经营范围、价格层次、商品档次和服务上的期望。对于服装消费者的市场调查，包括分类调查、分段调查和专题调查，所有这些调查都围绕着一个中心——服装消费者。这些调查让决策者能够随时掌握周边地区服装消费群体的结构和消费行为趋向。另外，星际服装商城还不断进行业态和市场定位的调查研究，以便形成稳定的服装消费群体，以保证服装销售的旺盛局面。

【问题分析】

1.什么是服装市场调查？其基本步骤如何？

2.星际服装商城是如何开展服装市场调查的？通过本案例你得到哪些启示？

📂 实战演练

活动主题：认知体验服装市场调查

活动目的：增加感性认识，能够掌握服装市场调查的含义、种类和步骤，实地体验服装市场调查。

活动形式：

1.人员：将全班分成若干小组，3~5人为一组，以小组为单位开展活动。

2.时间：与教学时间同步。

3.方式：就近实地参观一次大型服装展览。

活动内容和要求：

1.活动之前要熟练掌握服装市场调查的含义、内容和步骤，做好相应的知识准备。

2.以小组为单位提交书面的服装市场调查资料。

3.服装市场调查资料撰写时间为2天。

4.授课教师可根据每个小组提供的书面调查资料按质量评分，并计入学期总成绩。

任务2　选择服装市场调查方法

◎**知识目标**

1.服装市场文案调查法；

2.服装市场实地调查法；

3.服装市场网络调查法；

4.服装市场调查一览表和问卷设计。

◎**能力目标**

1.能掌握服装市场文案调查法、服装市场实地调查法和服装市场网络调查法；

2.能够设计服装市场调查一览表和服装市场调查问卷。

📁 任务导航

情景导入

乔基服装公司的调查

"没有人比妈妈更了解你。可是，妈妈知道你有多少条短裤吗？"

"乔基服装公司知道。"

"妈妈知道你往每杯水中放多少冰块吗？"

"可口可乐公司知道。"

"妈妈知道你在吃椒盐饼干时是先吃口袋中碎的还是先吃整块的吗？"

"还是去问问弗里托·利公司吧，他们知道。"

这是美国纽约《华尔街日报》一篇文章开头的几句话。凡是在美国生活了一段时间的人都会理解这段话的含义。为了及时获得市场发展变化中的各种重要资料和信息，进而通过对大量市场资料的占有和分析作出正确的销售决策，美国绝大部分企业、公司都设有专职人员从事市场调查工作，这些人通过各种途径对消费者和用户进行细致的调查，掌握有关消费者行为的各种详细情况，真正超过了母亲对子女的了解。有些甚至连消费者本人也不知道，或者从未认真考虑过。乔基服装公司最常用的方法之一是用户调查，他们通过邮寄或派人将这些调查表送到用户手中，用户填完后无须支付邮资，只要按调查表上示意的边线折叠粘好，便可放进邮筒，寄回乔基服装公司。为了促使广大用户积极、认真地填写并寄回调查表，提高调查表的回收率，乔基服装公司往往向用户提供一定的好处，如免费寄赠新产品（如服装、领带、毛巾、袜子等）及购物优惠券等。通过收回的调查表，乔基服装公司既掌握了有关消费者的姓名、年龄、职业、收入、家庭成员等详细情况，又了解了各家庭成员的特殊爱好、对各种服装品牌的选择及消费习惯等情况，由此可以了解有关服装的目标消费者，更好地进行服装市场细分，进而较准确地推销服装产品，并开展线上、线下业务活动。同时也可以得到消费者对服装产品的反馈信息，有利于服装产品的改进及更新换代。这样既满足了服装消费者的需求，又可以扩大销售额，赢得更多利润。

想一想
乔基服装公司采用了哪种服装市场调查方法？服装市场调查方法有哪些？如何选择服装市场调查方法？下面将为你一一道来。

📁 核心知识

服装市场调查的方法很多，其中常用的方法有服装市场文案调查法、服装市场实地调查法、服装市场网络调查法和服装市场抽样调查法，如图2-1所示。

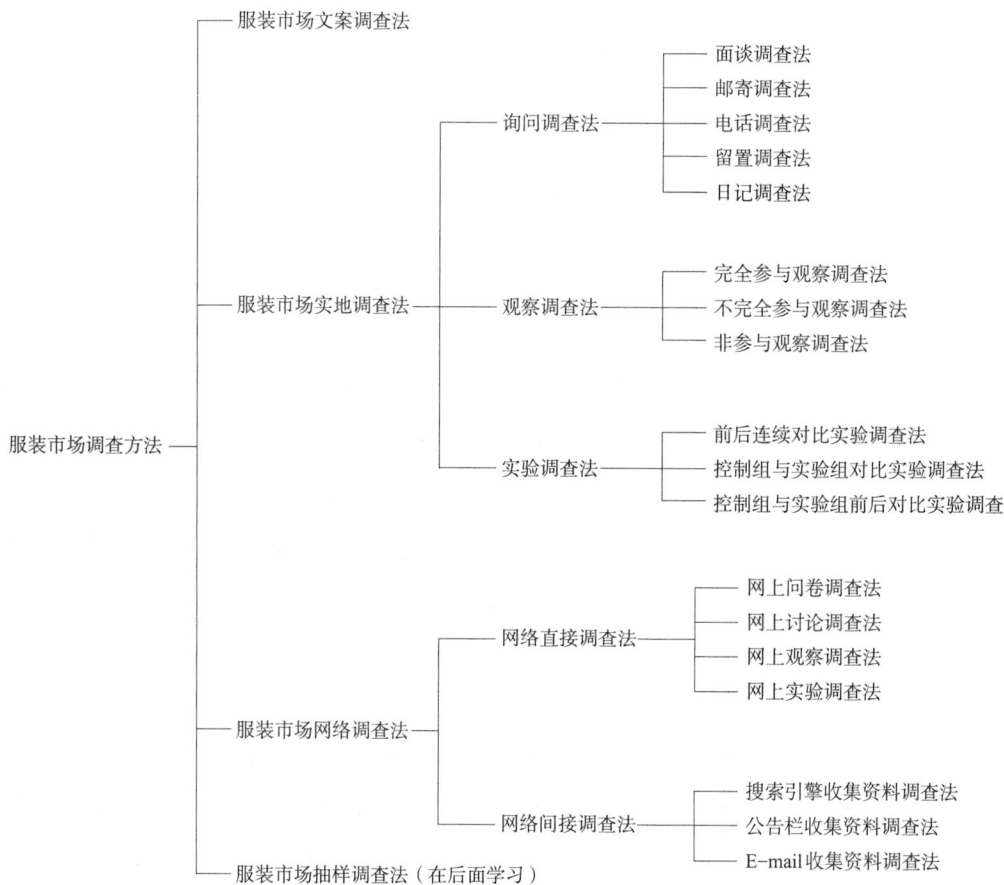

图2-1　服装市场调查的方法

2.1　服装市场文案调查法

2.1.1　服装市场文案调查法的含义

服装市场文案调查法，是利用服装企业内部和外部、过去和现在的有关资料，运用统计理论加以汇总分类整理，用以分析服装市场供求或销售变动情况，经过综合研究、判断，探测其未来发展趋势的方法。也就是说，在文案调查中，调查人员不需要亲临其境，只需从大量翔实的文献资料如期刊、报纸、图片、报表以及网络、广播电视等传媒中去寻找、挖掘人们在服装市场问题研究中所掌握的宝贵资料，在此基础上形成对服装市场问题新的、有益的认识。服装市场文案调查法，属于服装市场间接调查法。

2.1.2 服装市场文案调查法的功能

在服装市场调查中，服装市场文案调查法有着特殊地位。它作为信息收集的重要手段，一直得到世界各国的重视，服装市场文案调查法的功能表现在以下四个方面：

2.1.2.1 可以发现问题并为实地调查提供重要参考

根据调查的实践经验，服装市场文案调查法常被作为调查的首选方法。几乎所有的调查都开始于收集现有资料，当现有资料不能提供足够的证据时，再进行实地调查。因此，服装市场文案调查法可以作为一种独立的调查方法加以采用。

2.1.2.2 可以为实地调查创造条件

如有必要进行实地调查，服装市场文案调查法可为实地调查提供经验和大量背景资料。具体表现在：

（1）取得宏观资料。通过文字调查，可以初步了解服装市场调查对象的性质、范围、内容和重点等，并能提供实地调查无法或难以取得的各方面的宏观资料，便于进一步开展和组织服装市场实地调查，并取得良好效果。

（2）证实各种调查假设。服装市场文案调查法所收集的资料，可用来证实各种调查假设，即可通过对以往类似服装市场调查资料研究来指导实地调查的设计，用服装市场文案调查资料与实地调查资料进行对比，鉴别和证明实地调查结果的准确性和可靠性。

（3）推算所需数据。利用服装市场文案资料并经实地调查，可以推算所需掌握的数据。

（4）探讨各种原因。利用服装市场文案调查资料，可以帮助探讨现象发生的各种原因并进行说明。

2.1.2.3 可用于经常性的调查

服装市场实地调查费时费力，操作起来比较困难，相较而言，服装市场文案调查法更具有较强的机动灵活性，能随时根据需要收集、整理和分析各种调查信息。

2.1.2.4 不受时空限制

从时间上看，服装市场文案调查法不仅可以掌握现实资料，还可获得实地调查所无法取得的历史资料；从空间上看，服装市场文案调查法既能对内部资料进行收集，也可以掌握大量的有关外部环境方面的资料。尤其对因地域遥远、条件艰苦、采用实地调查需要更多时间和经费不便的调查，服装市场文案调查法更加具有优势。

小思考：

如何使用服装市场文案调查法呢？

2.1.3　服装市场文案调查法的步骤

服装市场文案调查法的步骤具体如下：

2.1.3.1　资料筛选

先从大量文献资料中，挑选出有参考价值的服装市场资料进行分类、归档。服装市场资料的来源是多种多样的，包括书籍、报纸、期刊、档案、照片、报表、录音、录像及互联网等。

2.1.3.2　编排标记

对收集到的各种服装市场资料进行分门别类，并且作出记号进行编码。

2.1.3.3　文字摘录

对有关服装市场的重要内容进行摘录或浓缩，并且注明题目、作者、时间、出处、主题等。

2.1.3.4　分析鉴别

对所搜集、整理的服装市场资料进行分析研究，去伪存真，去芜存菁，并判定其可靠程度及其资料价值。

2.1.3.5　分类登记

最后，将搜集、整理的服装市场资料，经过考核校正，得出结论并登记入册，分装存档。

2.1.4　服装市场文案调查法的渠道

服装市场文案调查法应围绕调查目的，收集一切可以利用的现有资料。从一般线索到特殊线索，这是每个服装市场调查人员收集资料的必由之路。

2.1.4.1 内部资料的收集

采用服装市场文案调查法收集内部资料，主要是收集服装市场调查对象活动的各种记录，主要有以下四种：

（1）业务资料。业务资料指包括与服装市场调查对象活动有关的各种资料，如订货单、进货单，发货单、合同文本、发票、销售记录、业务员访问报告等。

（2）统计资料。统计资料主要包括各类统计报表，服装企业生产、销售、库存等各种数据资料、各类统计分析资料等。服装企业统计资料是研究服装企业经营活动数量特征及规律的重要定量依据，也是服装企业进行预测和决策的基础。

（3）财务资料。财务资料是由服装企业财务部门提供的各种财务、会计核算和分析资料，包括生产成本、销售成本、各种商品价格及经营利润等。通过对这些资料的研究，可以确定服装企业的发展背景，考核服装企业的经济效益。

（4）服装企业积累的其他资料。像平时的剪报、各种调研报告、经验总结、顾客意见和建议、同业卷宗及有关照片和录像等，这些资料都对服装市场研究具有一定的参考作用。例如，根据顾客对服装企业经营、商品质量和售后服务的意见，就可以对如何改进加以研究。

2.1.4.2 外部资料的收集

采用服装市场文案调查法收集外部资料，可以通过以下几个主要渠道：

（1）统计部门以及各级政府主管部门公布的有关资料。

（2）各种服装经济信息中心、专业信息咨询机构、行业协会和联合会提供的信息和有关行业情报。这些机构的信息系统资料齐全，信息灵敏度高，为了满足各类用户的需要，它们通常还提供资料的代购、咨询、检索和定向服务，这是获得外部资料的重要来源。

（3）国内外有关的书籍、报刊所提供的文献资料，包括各种统计资料、广告资料、市场行情和各种预测资料等。

（4）有关生产和经营机构提供的服装商品目录、广告说明书、专利资料及商品价目表等。

（5）各种国际组织、学会团体、外国使馆、商会提供的国际服装行业信息。例如，每年发布的国际流行色趋势等。

（6）服装行业在国内外定期举办的各种博览会、展销会、交易会、订货会等促销活动，以及专业性、学术性经验交流会议上所发放的文件和材料。

（7）国际互联网和在线数据库。这些也是服装企业收集外部信息资料的重要渠道。

2.1.5 服装市场文案调查法的优缺点

服装市场文案调查法的优缺点，具体归纳如下：

2.1.5.1 服装市场文案调查法的优点

服装市场文案调查法的优点，是便于取得那些不可能直接接近，其他方法又不能取得的资料；对所查阅的文献资料有较高的选择性；研究时间有较大的弹性；较之其他调查法，可以减少时间、人力、物力、财力的耗费。

2.1.5.2 服装市场文案调查法的缺点

主要是向有关机关、部门、单位以及媒体收集、查阅资料时，有时因保密性而不能取得所需资料。另外，有的资料需要较长时间又经多人转记，其真实性难以保证。

2.2 服装市场实地调查法

服装市场实地调查法，也称服装市场直接调查法，是服装市场调查中搜集资料的一种主要方法。主要包括：服装市场询问调查法、服装市场观察调查法和服装市场实验调查法。

2.2.1 服装市场询问调查法

服装市场询问调查法是指通过询问的方式向被调查者了解服装市场情况的一种方法。根据服装市场调查人员与被调查者之间的接触方式不同，又可分为面谈调查法、邮寄调查法、电话调查法、留置调查法和日记调查法等。

2.2.1.1 面谈调查法

面谈调查法是指服装市场调查人员同被调查者面对面交谈，通过询问有关问题取得所需资料的一种调查方法。询问问题，通常是按规定的顺序发问，也可以采用自由交谈的方式进行。交谈方式有多种，可以个别面谈，也可以小组面谈；可以安排一次面谈，也可以采取多次面谈。这要从实际出发，根据服装市场调查目的和要求而定。

面谈调查的对象、时间、人数、形式可以由服装调查人员掌握，较为灵活，这是面谈调查法的一个突出特点。由于当面交谈可以创造出一种融洽和谐的气氛，便于深入交换意见。另外，采用面谈调查法了解问题，问卷回收率高，可提高服装市场调查结果的可信度。

面谈调查法的缺点：一是所用的调查力量、调查费用较大；二是调查时间长；三是对服装调查人员的要求高；四是调查结果的质量往往容易受服装调查人员工作态度、调查技术熟练程度和心理情绪等因素的影响；五是不利于对工作的检查和监督。

小思考：

在面谈调查过程中，常用的询问方式有哪些？

为了获得良好的服装市场调查结果，在面谈调查过程中，还要注意询问方式。常用的询问方式主要有自由问答、倾向偏差询问和强制性选择三种。

（1）自由问答。自问自答是由服装市场调查者同被调查者自由交谈，了解所需资料。它的主要特点是，被调查者能够不受限制地回答问题。比如可以这样提问："您认为当前服装市场上的服装供应与消费的情况如何？""您对目前服装市场上中老年服装有什么看法？""您喜欢穿休闲装吗？为什么？"

实践证明，自由问答询问方式，可以打破服装市场调查双方的尴尬局面，创造出融洽的谈话气氛，有利于服装市场调查问题的深入。因此，面谈调查法开始时的询问，经常都采取自由回答的询问方式。

（2）倾向偏差询问。倾向偏差询问也称为发问式面谈，是服装市场调查者按照事先拟好的服装市场调查表上的具体项目，有顺序地依次发问，让被调查者回答。在面谈调查法中，如果想了解服装消费者由消费一种品牌的服装产品，改为另一种品牌产品的差别程度时，常常采用倾向偏差询问方式。例如，可以这样询问：

问：您穿什么牌子的西服？

答：A牌。

问：现在大多数人都喜欢B牌，您以后是否还选用A牌呢？

答：是的。

问：听说B牌西服价格要下降4%，并且一年还免费清洗一次，您是否会买B牌呢？

答：如果是这样，会考虑买B牌。

通过这种倾向偏差询问，可以判断出究竟达到何种程度的差别，服装消费者才会改用其他服装产品，进而分析出对有关服装产品的支持程度和改进的方向。

（3）强制性选择。强制性选择是指面谈调查时，在服装市场调查表上列出说明服装商品有关特征的句子，让被调查者从中挑选接近自己看法的句子，以回答服装调查者询问的一种方法。例如：

您认为甲品牌服装的价格：

①甲品牌服装的价格偏高。

②甲品牌服装的价格适宜。

假设选择①，说明如果价格不变，被调查者可能不会购买这种服装商品；假设选择②，说明被调查者能接受这个价格。

2.2.1.2　邮寄调查法

邮寄调查法是将服装市场调查表（或问卷）邮寄给被调查者，由被调查者按照服装市场调查表要求填写，填妥后寄还的一种调查方法。

邮寄调查法的主要优点：一是可以扩大调查区域，增加更多的调查样本数目；二是所需的人力和经费较少；三是被调查者可以从容作答等。主要缺点：一是问卷的回收率低；二是回收时间较长；三是调查者难以控制回答过程，出现模糊的答案也无法当面澄清等。

采用邮寄调查法，要注意服装市场调查问卷的设计。运用于询问的适宜形式有：一对比较法、图解评价量表法和项目核对法等。

（1）一对比较法。一对比较法是把服装市场调查对象中同一类型不同品种的服装商品，每两个配成一对，由被调查者进行对比，在服装市场调查表的合适位置填上认为规定的符号。为了便于了解服装消费者对所调查的服装商品态度上的差异，也可以在不同服装商品品种之间，划分若干评价尺度，以利于被调查者评定。例如，对同是防寒服的不同品牌商品"北极人"和"太空人"之间，可以标出非常好、相当好、较好等程度差别，由被调查者在合适位置填上规定的符号（如打上"√"号），如表2-1所示。

表2-1　一对比较法

"北极人"牌				"太空人"牌		
	√					
非常好	相当好	较好	相同	较好	相当好	非常好

表2-1说明，经被调查者比较，认为"北极人"牌防寒服质量相当好。

（2）图解评价量表法。图解评价量表法是用图表表示若干评价尺度的方法，如分为很喜欢、喜欢、无所谓、不喜欢和很不喜欢五个评价尺度，由被调查者按填写要求在表上画上一定的符号，从而形成五点评价量表，见表2-2。

表2-2　五点评价量表法（文字式）

很喜欢	喜欢	无所谓	不喜欢	很不喜欢
	√			

表2-2中，评价尺度的差别是自左向右依次降低。如果被调查者表示"喜欢"，就可以在左起第二点上打上"√"号。

为便于统计，也可以对图解评价量表的各点，标以数值进行记分。如按前例，以数值表示的图解评价量表，见表2-3。

表2-3　五点评价量表法（数值式）

2	1	0	−1	−2
	√			

（3）项目核对法。项目核对法是在服装市场调查表中列出服装产品的主要特征，让被调查者根据规定的要求画符号，表示自己意见的一种间接询问方法。例如，某服装公司采用项目核对法，通过邮寄调查，了解消费者对本公司某服装产品的意见，见表2-4。

表2-4　项目核对法

特征项目	重要	不重要	无所谓
价格合理		√	
质量好	√		
款式好	√		

被调查人员根据自己的看法在重要、不重要、无所谓三栏中选择一个打"√"，并寄给服装调查人员，再由服装调查人员汇总、整理、分析。

2.2.1.3　电话调查法

电话调查法是指通过电话向被调查者询问有关服装市场调查内容和征求意见的一种调查方法。这种调查法的最大优点是取得信息的速度最快、时间最省、回答率最高。缺点是不能看到对方的表情、姿态等非语言交流信息，只能适用有电话的被调查者，交谈时间不宜太长，不宜收集深层信息。

目前，随着我国经济和科技的高速发展，电信事业也取得了飞速进步，移动网络已覆盖城乡，手机已经普及。因此，电话调查也成为一种十分有效的调查方式。

电话调查法由于其自身限定因素的影响，调查询问方法多采用两项选择题形式。例如：

问："您有西装吗？"

答："有。"（或"没有"）

问："您知道人杰牌西装吗？"

答："知道。"（或"不知道"）

两项选择法的优点是回答简单、明了，便于服装市场调查人员汇总统计；缺点是不能充分地显示被调查者意见的差别，需要其他的调查方法予以补充。

2.2.1.4　留置调查法

留置调查法也称为留置问卷法，是指服装市场调查人员将调查表或问卷当面交给被调查者，并说明问答的要求，由被调查者事后自行填写回答，再由调查人员约定时间收回的一种调查方法。

留置调查法的优点是：回收率高；被调查者的意见可以不受调查人员意见的影响；也可以避免由于被调查者误解调查内容而产生误差。缺点是：它的调查费用高，也不利于了解被调查人员的活动。留置调查法是介于面谈调查法与邮寄调查法之间的一种调查法，它吸收了两者的一些长处，克服了二者的某些缺点。

2.2.1.5　日记调查法

日记调查法是对固定样本连续调查单位（户）发给登记簿或账本，由被调查者逐日（或逐周）、逐项记录，并由服装市场调查者定期收集、整理、汇总，或由被调查者定期寄还的一种方法。例如，对服装专卖店日销状况（销售数量、品种、金额等）的调查。

日记调查法的优点是所收集的资料比较系统可靠，便于对比分析。缺点是登记、记账的工作量较大，往往难以长期坚持。因此，在采用日记调查法搜集资料时，需要有专人对调查单位做思想工作和辅导工作，必要时可轮换样本，定期更换调查单位。

2.2.2　服装市场观察调查法

服装市场观察调查法是通过观察被调查者的活动来取得第一手资料的一种调查方法。例如，在服装产品需求调查中，对于消费者喜爱的品种、牌号、花色、款式、包装等，可以在服装商品销售现场、展销会或订货会上观察，获得大量第一手资料。常用的有以下几种方法：

2.2.2.1　完全参与观察调查法

完全参与观察调查法是指服装市场调查员不暴露自己的身份，置身于被调查的群体之中，成为他们的一员，与他们生活在同一环境，亲临其境，开展调查。亲自体验被调查者的处境与感受，倾听他们的言谈，更快更直接地掌握事态发生与发展情况，取得更深入更全面的、从外部观察不到的资料与信息。在这种服装市场调查中，调查员要注意避免让被调查者发觉而产生戒备心理，导致行为失真。同时，也要防止自己长时间与被调查者群体共同生活而被同化，失去客观的立场。

2.2.2.2 不完全参与观察调查法

不完全参与观察调查法，是指服装市场调查员参与被调查者群体活动，但不隐瞒自己的真实身份，并取得被调查者的包容与信任，置身于观察事项之中去获取资料。在这种服装市场调查中，调查员虽也亲临其境，参与被调查群体的一些活动，但被调查者往往会出于种种考虑，而掩饰对自己不利的表现和掩盖更深层的隐秘材料。

2.2.2.3 非参与观察调查法

非参与观察调查法，是指服装市场调查员不置身于被调查群体之中，而是站在局外"冷眼旁观"，不参与被调查对象的任何行动，也不干预事件发生过程。这种调查法主要依靠耳闻目睹，完全处于旁观立场，只是记录事件发生、发展的真相。在这种服装市场调查中，调查员虽然能保持客观、冷静，做到旁观者清，但他只能看到表面现象，不能深入了解行为背后的真实原因，无法取得全面细致的调查资料。

（1）优点：一是直观可靠，调查结果更接近实际；二是简单易行，可随时进行调查；三是干扰少，一般不与被调查者交往。

（2）缺点：一是观察深度不够，只能观察被调查者的外部动作和表面现象；二是限制性比较大，如果在调查时遇到突发事件，会使原来的调查计划无法进行；三是受到调查人员自身条件的制约较大，例如，调查人员的观察力、记忆力、必要的心理学知识等，均会影响调查效果。

2.2.3 服装市场实验调查法

服装市场实验调查法，是指在给定条件下，通过实验对比，对服装市场经济现象中某些变量之间的因果关系及其发展变化过程，加以观察分析的一种调查方法。服装市场实验调查法是从自然科学的实验室实验法中借鉴而来的。它用于在给定的实验条件下，在一定的范围内，观察服装市场经济现象中自变量和因变量之间的变动关系，并作出相应的分析判断，为决策提供依据。

（1）优点：一是可以有控制地分析、观察某些服装市场现象之间的因果关系和相互的影响程度；二是通过实验法取得的情况和数据比较客观、可靠，可以排除主观估计的偏差，在定量分析上具有较重要的作用。

（2）局限性：一是由于服装市场某个经济变量的影响因素是错综复杂的，这些因素不可能像自然科学实验那样加以严格控制。因此，实验对象的变化，往往受到其他非实验因素的干扰，不得不凭借经验分析加以区别，从而在一定程度上影响实验效果；二是该法只限于对当前服装市场变量之间关系的观察分析，无法研究过去的情况，也无法预测未来；三是此法所需时间较长，而且含有一定风险，费用往往较大。

采用服装市场实验调查法，必须讲求科学性，遵循客观规律。首先，要寻找科学的实验场所。服装市场调查不能像自然科学一样在实验室中处理各种现象，而要在社会中寻找实验市场。但这个市场的实验条件与实验结果应尽可能符合服装市场总体的特征。其次，实验中要控制无关因素的影响，减少干扰，使实验接近真实状态，否则，将失去结果的可信度。例如，试验服装商品价格变动对销售量的影响时，就要控制服装产品质量、包装、广告等无关因素的变动，否则实验不能达到预期的目的。常用的服装市场实验调查法有以下几种：

2.2.3.1 前后连续对比实验调查法

前后连续对比实验调查法，是指同一服装企业在不同的条件下，对前后不同时期的实验对象加以观察对比，分析自变量与因变量之间关系的实验调查法。这种实验调查法的观察对象只有一个，就是所选定的实验单位。

这种方法简单、易行，可用于服装厂家改变其产品的花色、规格、款式、包装等，使产品更有利于扩大销售，增加利润。例如，某服装厂为了扩大连衣裙的销售量，经研究认为应改变原来的款式，但对于新设计的款式没有把握。因此，该厂决定采用前后连续对比实验调查法，进行一次实验调查。拿出三种品牌的连衣裙作为实验对象（实验组），实验期为20天，即记录三种品牌的原款式连衣裙在20天内的市场销售量；然后改用新款式，20天后再计算这三种新款式连衣裙的市场销售量。经过实验，调查结果见表2-5。

表2-5 连衣裙对比实验调查汇总表
单位：元

连衣裙（品牌）	老款销售额 Y_1	新款销售额 Y_2	变动幅度
A	60000	70000	+10000
B	32000	56000	+24000
C	48000	68000	+20000
合计	140000	194000	+54000

实验变量：服装款式

实验变数效果：$Y_2 - Y_1$

从表2-5可以看出，这三种品牌的连衣裙改变款式后，销售总量增加了54000元。其中，A品牌增加了10000元；B品牌增加了24000元；C品牌增加了20000元。由此可以判断，在影响连衣裙销售量的多种因素中，款式是很重要的因素，该厂改变连衣裙的款式是正确的。

2.2.3.2 控制组与实验组对比实验调查法

控制组与实验组对比实验调查法，是指在同一时间，两组给定不同条件之间的对比实验调查法。一组为实验组，即实验单位，按一定的实验条件进行实验；另一组为控制组，即非实验单位，按一般情况组织经济活动，用来同实验组进行对比，借以测定实验的效果。这是一种横向对比试验，可以排除因对比时间不同而可能发生的其他非实验因素的影响。

前后连续对比在实验时间不同的情况下，往往由于市场形势的发展，如服装商品价格的变化，以及消费时机、购买动机、家庭收入、季节变化等，会不同程度地影响实验效果的准确性。相反，采用同一时间内的对比实验，则会大大提高实验的准确性。当然，实行控制组同实验组的对比实验，在实验期间内可能有预料不到的外来因素的影响。尽管如此，对结果的影响也不大，因为在一定时间内外来变量对控制组和实验组的影响大体上是相同的。但要注意，应用这一方法，在选择控制组和实验组时，必须要求两者之间具有一定的可比性，控制组同实验组的规模、类型、购销情况、经营商品类型、品质等要大体一致，以确保实验结果的准确性。

采取控制组与实验组对比实验调查法，要进行事后测量。其计算公式为：

$$实验变数效果 = X_2 - Y_2 \qquad (2-1)$$

式中：X_2—— 实验组事后测量值；

Y_2—— 控制组事后测量值。

例如，某服装公司打算改变衬衫包装，由塑料袋改为精美纸盒包装，并决定采用控制组与实验组对比实验调查法来观察效果。选用A、B、C商店为实验组，D、E、F商店为控制组。经过一个月时间的实验，其结果见表2-6。

表2-6 纸盒包装、袋包装销售量实验结果测量表 单位：件

实验组		控制组	
商店	精美盒式包装销售量X_2	商店	袋式包装销售量Y_2
A	48000	D	26000

	实验组		控制组
商店	精美盒式包装销售量X_2	商店	袋式包装销售量Y_2
B	30000	E	24000
C	46000	F	34000
合计	124000	合计	84000

通过表2-6的实验调查结果可以看出，精美盒式包装衬衫的市场销售量为124000件（X_2），原袋式包装的市场销售量为84000件（Y_2），那么，精美盒式包装的效果为：$X_2-Y_2 = 124000-84000 = 40000$（件）。因此，改为精美盒式包装是可行的。

2.2.3.3 控制组与实验组前后对比实验调查法

控制组与实验组前后对比实验调查法，是将上述两种实验调查法结合起来，即以控制组和实验组在实验前后不同时期内的某个经济变量进行对比的实验调查法。这一实验调查方法，是在同一时间周期内，在不同的服装企业、单位之间，选取控制组和实验组，并且对实验结果分别进行事前测量和事后测量，再进行事前事后对比。这一实验调查法的变数多，有利于消除实验期间外来因素的影响，从而可以大大提高实验变数的准确性。表2-7就可以说明这种方法的特点。

表2-7 事前、事后测量变动、效果情况表

组别	事前测量	事后测量	变动量	实验效果
实验组	X_1	X_2	$X_2 - X_1$	$(X_2-X_1)-(Y_2-Y_1)$
控制组	Y_1	Y_2	$Y_2 - Y_1$	

由表2-7可知：

（1）实验组和控制组都要有实验前和实验后的测量。

（2）实验组实验前后对比，其变动结果为：$X_2 - X_1$。控制组实验前后对比，其变动结果为：$Y_2 - Y_1$。

（3）实验组事前事后测量同控制组事前事后测量对比的实验效果，即实验变数效果为：$(X_2 - X_1)-(Y_2 - Y_1)$。

例如，某服装公司采用控制组与实验组前后对比实验调查法，测定服装专卖店的购物环境对顾客满意程度的影响。选择两个各方面相同的服装专卖店，一个为实验组，另一个为控制组，实验期为两个月。前一个月实验组和控制组均保持原来环境销售服装，记录销售量；后一个月，实验组引入实验变量的变化，即有计划地改变购物环境，

控制组仍保持原来环境，记录各自的销售量，记录见表2-8。

表2-8   前后一个月销售量变动、效果情况表 单位：万件

组别	前一个月内销售量	后一个月内销售量	变动量	实验效果
实验组	130 （X_1）	190 （X_2）	+60	+40
控制组	130 （Y_1）	150 （Y_2）	+20	

实验效果的计算：

$$实验效果 = (X_2 - X_1) - (Y_2 - Y_1) = 60 - 20 = 40（万件）$$

因此，可以判断购物环境改变的效果是好的。这种方法还可以与询问调查法结合起来使用。例如，在实验前和实验后对服装消费者进行问卷调查，了解服装消费者对于购物环境变化使其购物满意程度的变化情况，从而分析影响服装消费者购物满意的因素以及满意程度。

综上所述，采用服装市场实验调查法进行服装市场调查，关键是做好服装市场实验调查的设计，选择好服装市场实验单位和实验时间，严格把握好实验条件，才能保证服装市场实验调查结果的可靠性。

2.3   服装市场网络调查法

服装市场网络调查法，指通过互联网进行有系统、有计划、有组织的收集服装市场信息资料和分析的一种新型调查方法。服装市场网络调查法，按照不同的标准可划分为不同的类型，可分为服装市场网络直接调查法和服装市场网络间接调查法两大类。

小思考：

服装市场网络调查法具体有哪些方法呢？

2.3.1   服装市场网络直接调查法

服装市场网络直接调查法，是指用科学手段在互联网上收集服装第一手资料或原

始信息的调查方法。服装市场网络直接调查法主要有：网上问卷调查法、网上讨论调查法、网上观察调查法和网上实验调查法等。

2.3.1.1　网上问卷调查法

网上问卷调查法，是指将传统服装市场调查中的纸质问卷，通过网络媒介以电子问卷的形式在站点上发布，让被调查对象通过网络填写问卷，完成调查的方法。根据所采用的技术，网上问卷调查法一般采用两种方式：一种是站点法，即将服装市场调查问卷放在网络站点上，由访问者自愿填写；另一种是用E-mail以电子邮件的形式将服装市场调查问卷发送给被调查者，被调查者填写问卷，点击"提交"按键，问卷答案则回到指定的邮箱。

网上问卷调查法的优点是比较客观、直接，不足之处是不能对某些问题作深入的调查和分析。

2.3.1.2　网上讨论调查法

网上讨论调查法，是由主持人在相应的讨论组中发布服装企业调查项目，请被调查者参与讨论，发表各自观点和意见；或是将分散在不同地域的被调查者，通过互联网视频会议功能虚拟地组织起来，在主持人的引导下进行讨论的一种方法。网上讨论调查法，是小组讨论法在互联网上的应用。

网上讨论调查法，可以通过公告栏（BBS）、新闻组（newsgroup）、网络实时交谈（IRC）、网络会议（Net meeting）等多种途径实现，其结果需要主持人加以总结和分析，对信息收集和数据处理的模式设计要求很高，难度较大。

2.3.1.3　网上观察调查法

网上观察调查法，是通过相关软件和人员记录上网者的活动，对服装网站的访问情况和网民的网上行为进行观察和监测，监控在线用户的消费习惯、分析其消费对象、消费时间、消费区域等，进一步掌握用户的消费信息的方法。网上观察调查法对服装企业调查服装产品是一个有效的途径。

网上观察调查法的优点是大大节省了人力和时间，降低了观察成本，而且上网者不受群体压力的影响，表现出来的行为更真实。网上观察调查法的缺点是无法看见服装消费者的真实表情和肢体语言变化，进而推测服装消费者的心理活动。

2.3.1.4　网上实验调查法

网上实验调查法是通过网络对服装产品特征、广告内容与形式的一种实验调查方法。例如，服装企业借助于网络实验调查法进行探索性的调查，设计几种不同的服装广告内容和形式在网页或者新闻组上发布，或者利用电子邮件传递广告。服装广告的效果可以通过服务器端的访问统计软件随时监测，或利用查看服装消费者反馈信息量的大小来判断，还可借助专门的服装广告评估机构来评定。

网上实验调查法还可以调查影响服装商品销售的相关因素。例如，在网上改变服装商品的外形、包装、设计和促销方式其中的一种，看其对服装商品销售量的影响；还可改变网上服装商店店面的布置，看是否对服装商品的销售产生影响。网上实验调查法具有简单、成本低、速度快的优势。

2.3.2 服装市场网络间接调查法

服装市场网络间接调查法，是指用科学手段在互联网上收集服装第二手资料的调查方法。服装市场网上间接调查法的渠道，主要有：万维网（WWW）、新闻组（newsgroup）、公告栏（BBS）、电子邮件（E-mail），其中万维网是最主要的信息来源。服装市场网络间接调查法，主要有：搜索引擎收集资料调查法、公告栏收集资料调查法、电子邮件收集资料调查法。

2.3.2.1 搜索引擎收集资料调查法

搜索引擎收集资料调查法，指通过搜索引擎搜索所需的服装信息的站点网址，然后访问想查找的服装信息的网站或网页，收集服装信息资料的方法。如果事先知道载有所需服装信息的网站名，只要在浏览器的查询框中键入网站名，即可查找到需要的服装信息。在服装市场竞争中，竞争对手的信息对本服装企业而言，具有极高的价值，这是服装市场调查中不可缺少的内容。由于与竞争对手之间的特殊关系，服装企业对于竞争对手的网上调查，往往采用一些间接的渠道和方式。例如，浏览竞争对手的站点，收集相关资料，加以分析研究。此外，互联网上包含了大量的商业数据库，服装企业可以通过浏览这些数据库，来查找相关的行业信息。

2.3.2.2 公告栏收集资料调查法

公告栏收集资料调查法，指服装企业利用有代表性的商业站点的公告栏或新闻讨论组，从第三方获取有关竞争对手的间接信息的方法。公告栏用途多种多样，一般可以作为留言板，也可以作为聊天（沙龙）、讨论的场所。例如，服装企业可以利用有代表性的商业站点的公告栏或新闻讨论组从第三方获取有关竞争对手的间接信息。公告栏软件系统有两大类，一类是基于远程终端协议（Telnet）方式的文本方式，查看不是很方便；另一类是现在居多的基于万维网方式，使用方法如同浏览万维网网页。利用公告栏收集资料，主要是到与主题相关的公告栏网站了解情况，还可以参与相关的公告栏和网上新闻组的讨论。

2.3.2.3 电子邮件收集资料调查法

电子邮件收集资料调查法，指服装企业利用自己稳定的客户群收集服装信息的方法。例如，服装企业利用自己所积累的客户有效的电子邮件地址，收集和发布服装产品信息等。电子邮件是互联网使用最广的通信方式，它不但费用低廉，而且使用方便快捷，是最受用户欢迎的工具。

由上可知，服装市场网络间接调查法与传统的第二手资料调查法相比，具有收集信息资料速度快、信息容量大、足不出户就可以收集到世界各地各方面的资料的优势。

总之，服装市场网络调查法能够有效地缩短调查时间，省时省费用，没有时空、地域限制，大大提高了调查活动的及时性和有效性。

2.4　服装市场调查一览表和问卷设计

服装市场调查一览表和调查问卷是进行各类服装市场调查时经常使用的手段，主要是帮助服装市场调查者有效地收集和记录服装市场调查信息资料，为服装市场调查分析、判断和寻求结果提供依据。

小思考：
应如何设计服装市场调查表和调查问卷呢？

2.4.1　服装市场调查一览表

服装市场调查一览表是指在一张表中包含若干个被调查者以及他们意见和基本情况的表格。服装市场调查一览表，由于能容纳较多的被调查者，因此，设置的服装市场调查项目就应少些。例如，广州国际服装机械展销会调查一览表，见表2-9。

表2-9　广州国际服装机械展销会情况调查一览表

编号	参展国	参展单位	产品名称	规格型号	展销价格	已售台数	已订购台数

调查员：　　　　　　　　　　　　　　　调查时间：　　年　　月　　日

2.4.2　服装市场调查问卷

服装市场调查问卷是在服装市场询问调查时，经常用来记录被调查人员意见的一种印件。通常一人一卷，容纳项目多，能收集系统、详细的资料。因此，被服装市场调查者频繁使用。服装市场调查问卷的基本结构，可划分为前言、调查主体和结语三部分，其中调查主体是问卷的核心部分，问卷基本的内容应该包括：调查问卷的标题、说明词、调查内容、指导语、编码和结束语六部分。

2.4.2.1　调查问卷的标题

调查问卷的标题是指能够使被调查者对调查的主要内容、基本用意一目了然的问卷题目。一般位于问卷的上端居中位置，要求题目简明扼要，切中主题。例如："第25届中国国际服装服饰博览会（CHIC）观众满意度调查问卷"。

2.4.2.2　说明词

说明词是服装市场调查者给被调查者写的短信，主要是说明服装市场调查的目的、意义、选择方法、填答说明以及对被调查者合作的回报等，用于消除被调查者的顾虑和引起被调查者的兴趣，争取得到被调查者的支持和合作，语气要谦虚、诚恳、简练、准确，一般放在调查问卷的开头。例如：

尊敬的来宾：

您好！感谢光临本届CHIC。

耽误您几分钟，我们是本届CHIC组委会的统计信息组调查员，为了进一步改进并完善我们的服务和组织工作，特收集您对本届CHIC的宝贵意见和建议，烦请您在百忙中协助我们填写本调查问卷。

谢谢您的合作！

CHIC组委会统计信息组

2.4.2.3　调查内容

问卷的调查内容通常由三部分组成，即被调查者项目、调查项目和调查者项目。被调查者项目主要包括被调查人的姓名、性别、年龄、文化程度、职业、家庭住址、电话号码、本人在家庭中的地位以及经济状况等；调查项目就是将所要调查了解的内容，具体化为一些问题和候选答案，如消费经历、购买行为、营销环境等，供被调查者选择填写；调查者项目主要包括服装市场调查人员的姓名、工作单位和调查日期等。

服装市场调查问卷主要以问题的形式提供给被调查者，问卷中的问答题，主要有以下几种：

（1）开放式和封闭式问题。开放式问答题只提问题，不给具体答案，由被调查者自由作答。例如：

请问您对男士休闲衬衫有什么要求和建议：_____。

封闭式问答题则既提问题，又给出若干答案，被调查者只需在选中的答案中打"√"即可。例如：

请问您听说过下列哪些品牌的休闲衬衫？

A.钻石　B.乔士　C.绅浪　D.金利来　E.司麦脱　F.皮尔·卡丹　G.花花公子

H.其他

（2）单选题、多选题、排序题、跳转问题。单选题指在设计问题答案时，要求被调查者只能选择一个答案，具有强制性，对这类问题的设计通常比较严谨。例如：

适合您身材的休闲衬衫的规格型号是：

A. S（小号）　　　B. M（中号）　　　C. L（大号）　　　D. XL（加大号）

E. XXL（特大号）

多选题，指在设计问题答案时，被调查者可选择几个答案，较单选题更容易被接受。但为了对被调查的答案进行控制，或者根据数据分析的需要，往往会限制选择的最多个数。例如：

请问您在购买衬衫时重点考虑的因素有哪些？（最多选择3项）

A.品牌　B.价格　C.款式　D.做工　E.材质　F.产地　G.购物环境

H.颜色及花型　I.其他

排序题，指要求被调查者在选择答案时，按优先顺序排序。有两种情况，一种是从多个答案中选择几个排序；另一种是对全部的答案进行排序。一般选择第一种情况。例如：

请问您在购买衬衫时，最重视的三个因素？（1）___（2）___（3）___

A.品牌　B.价格　C.款式　D.做工　E.材质　F.产地　G.购物环境

H.颜色及花型　I.其他

跳转问题，是指被调查者在回答了某些特定问题之后，才能回答另外一些相关的问题。例如：

请问您日常穿着的服装主要是由（如果是妻子或女友购买，请填写11、12项，否则，跳过11、12项）：

A.自己购买　B.妻子或女友购买　C.母亲购买　D.和妻子或家人一起购买

E.其他

（3）单一问题与复合问题。单一问题，是指一个问题设计一道题，并设计相应答案。例如：

请问您每年为自己购买服装的费用大约是：

A. 5000元以下　　B. 5001~10000元　　C. 10001~20000元　　D. 20001~30000元

E. 30001~40000元　　F. 40001~50000元　　G. 50001元以上

复合问题，是将若干个平行问题用一张表格表达出来，所有的问题共用一个答案选项。设计复合问题的目的，是简化服装市场调查问卷设计，缩短问卷长度，同时也会增加问卷的理解难度。例如：

请问您最近半年购买下列衬衫的件数及购买单价是：

名称	购买数（件）	平均价格（元）
A.西服衬衫		
B.长袖休闲衬衫		
C.短袖休闲衬衫		

（4）直接问题、间接问题和假设问题。直接问题是指服装市场调查什么就问什么，开门见山，即在问卷中能够通过直接提问的方式得到答案的问题。在服装市场调查问卷中，多数问题都采用直接问题。例如：

请问您最近几次购买衬衫的原因是：

A.款式引人注目　　B.刚开始流行　　C.生活必需　　D.看了杂志介绍

E.受朋友或熟人的影响　　F.受营业员劝说　　G.广告影响　　H.正在减价　　I.其他

对于一些敏感性问题，为了避免被调查者在调查过程中产生抵触，而间接地提出问题，这就是间接问题。例如：

请问您的职业是：

A.企业或公司管理人员　　B.公司职员　　C.国家机关干部　　D.工人　　E.学生

F.科教文卫人员　　G.商业、饮食、服务业人员　　H.个体经营者　　I.其他

上面这个问题，可间接了解被调查者的收入层次，避免直接提问使被调查者出现窘迫。

假设问题是一种强迫性的问题，即给出一个前提，不管被调查者是否接受，都必须按设定的条件来作答的问题。设置假设问题，主要分析被调查者的选择倾向。例如：

如果你购买了一件质量有问题的服装，您会：

A.回到购买点要求换货　　B.回到购买点要求退货

C.没时间处理，但会降低对该店或品牌的评价并告知朋友

D.自认倒霉，不再购买该品牌服装　　E.会通过公司热线电话寻找处理办法

（5）设计原则。服装市场调查组织者在设计服装市场调查问卷时，应遵循以下四

项基本原则：

①准确性原则。准确性原则指服装市场调查问卷中的问题表达清楚明白，便于被调查者对提问做出明确的回答；答案选项完整、准确，避免相互交叉或重复。准确性原则，是服装市场调查问卷设计的首要原则。当前服装市场调查问卷在准确性方面存在的问题主要有：

一是用词含糊不清、模棱两可。例如，对CHIC观众满意度调查问卷中的问题：

您是否多次参观CHIC?

A.是　B.否

不同的被调查者对"多次"的理解是不同的，有人认为两三次就可算"多次"，而有人认为每届都参观才能算"多次"，这样调查的结果必然出现偏差。

二是一题多问，例如：

您对本次CHIC展览及专项交流活动是否满意？

A.很满意　B.满意　C.一般　D.不满意　E.很不满意

该问句包含了展览和专项交流活动两个主题，其结果可能是"对展览部分不满意"或是"对专项交流活动不满意"，以及"对两者都不满意"的被调查者都回答"不满意"，导致调查结果出现偏差。因此，该问句应分为两个问题询问。例如："您对本次CHIC展览部分是否满意？"或"您对本次CHIC专项交流活动是否满意？"

三是答案选项含义模糊或相互交叉，例如：

您参观CHIC的主要目的是？

A.信息沟通　B.贸易洽谈　C.寻找项目　D.参观

该问句的答案选项语义模糊并且相互交叉，被调查者很难从中做出选择以准确表达自己的意见和看法，可能就会随便作答，影响调查结果的科学性。

②简单性原则。一份好的服装市场调查问卷，应使被调查者能答、爱答、易答。要做到这些，则问卷设计必须简单。简单性原则包括：一是问题的设计通俗易答，符合被调查者的知识水平和理解能力；二是问卷中的措辞亲切有礼，使被调查者乐于合作并愿意如实回答；三是对敏感性问题采取一定的提问技巧；四是控制问卷的长度，答题时间以自填式问卷不超过10分钟、随机拦访问卷不超过5分钟为宜。

③逻辑性原则。对服装市场调查问卷的所有问题进行排序，要遵循逻辑性原则，即要先问一般性的问题，因为这些问题相对简单，被调查者易于回答，同时这些问题也是被调查者回答其他问题前的一个热身；思考性的问题放在中间；敏感性的问题放在最后，这样的排序符合一般人的逻辑思维顺序。逻辑性与问卷的条理性、程序性是分不开的，在一个综合性服装市场调查问卷中，调查者往往将差异较大的问卷分块设

置，以保证每个分块的问题都密切相关。

④中立性原则。服装市场调查问卷中的用词应是"中立"的，避免使用引导或暗示性的词句。例如："本届CHIC规模宏大，影响深远，贵企业是否准备参展？""历届CHIC的参展商都获得了满意的展出效果，本届CHIC贵企业是否取得了预期的展出效果？"这样的问题易使被调查者受到引导而得出肯定的结论，或者引起被调查者对问题的反感而简单得出结论，不能反映其真实态度和真实意愿，所产生的结论也缺乏客观性。

2.4.2.4　指导语

指导语是指服装市场调查问卷的填答说明，也是用来指导被调查者填答问题的各种解释和说明。

2.4.2.5　编码

编码是将服装市场调查问卷中的调查项目变成数字的工作过程，即将调查问卷中的调查项目以及备选答案给予统一设计的代码。大多数服装市场调查问卷都要加以编码，以便分类整理，易于进行计算机处理和统计分析。编码既可以在设计服装市场调查问卷的同时就设计好，也可以在服装市场调查工作完成以后再进行。前者称为预编码，后者称为后编码。在服装市场具体调查中，常常采用预编码。

2.4.2.6　结束语

结束语一般放在服装市场调查问卷的最后面，是用来简短地对被调查者的合作表示感谢，也可征询一下被调查者对服装市场调查问卷设计和问卷调查本身的看法和感受。

总之，一份有效的服装市场调查问卷应具备三个显著特征：集中、简洁、明了。集中指所有调查问题都必须围绕调查目标展开，无关或关系不密切的问题不出现在问卷中；简洁指问题及答案的描述应简明扼要，问卷不能繁复冗长；明了指问卷中的措辞清楚明白，使被调查者易于理解，便于回答。除此之外，问卷的外观及版面设计也非常重要。

◎**核心概念**

（1）服装市场文案调查法：是利用服装企业内部和外部、过去和现在的有关资料，运用统计理论加以汇总分类整理，用于分析服装市场供求或销售变动情况，经过综合研究、判断，探测其未来发展趋势的方法。

（2）服装市场实地调查法：也称服装市场直接调查法，是服装市场调查中搜集资料的一种主要方法。主要包括：服装市场询问调查法、服装市场观察调查法和服装市场实验调查法。

（3）服装市场询问调查法：是指通过询问的方式向被调查者了解服装市场情况的一种方法。

（4）服装市场观察调查法：是通过观察被调查者的活动来取得第一手资料的一种调查方法。

（5）服装市场实验调查法：是指在给定条件下，通过实验对比，对服装市场经济现象中某些变量之间的因果关系及其发展变化过程，加以观察分析的一种调查方法。

（6）服装市场网络调查法：指通过互联网进行的有系统、有计划、有组织的收集服装市场信息资料并进行分析的一种新型调查方法。

（7）服装市场网络直接调查法：是指用科学手段在互联网上收集服装第一手资料或原始信息的调查方法。

（8）服装市场网络间接调查法：是指用科学手段在互联网上收集服装第二手资料的调查方法。

（9）服装市场调查一览表：是指在一张表中包含若干个被调查者以及他们的意见和基本情况的表格。

（10）服装市场调查问卷：是在服装市场询问调查法时，经常用来记录被调查人员意见的一种印件。

📁 复习思考

1.单项选择题

（1）（   ）是利用服装企业内部和外部、过去和现在的有关资料，运用统计理论加以汇总分类整理，用于分析服装市场供求或销售变动情况，经过综合研究、判断，探测其未来发展趋势的方法。

    A. 服装市场实地调查法　　　　　B. 服装市场网络调查法

    C. 服装市场直接调查法　　　　　D. 服装市场文案调查法

（2）（   ）是通过观察被调查者的活动来取得第一手资料的一种调查方法。

    A. 服装市场询问调查法　　　　　B. 服装市场实验调查法

    C. 服装市场观察调查法　　　　　D. 服装市场抽样调查法

（3）（   ）是指服装市场调查员不暴露自己的身份，置身于被调查的群体之中，成为他们的一员，与他们生活在同一环境，亲临其境，开展调查。

    A. 完全参与观察调查法　　　　　B. 不完全参与观察调查法

C.非参与观察调查法　　　　　　　D.前后连续对比实验调查法

（4）通过互联网进行的有系统、有计划、有组织的收集服装市场信息资料和分析的一种新型调查方法是（　　）。

  A.服装市场直接调查法　　　　　B.服装市场实地调查法

  C.服装市场网络调查法　　　　　D.服装市场文案调查法

（5）（　　）是指被调查者在回答了某些特定问题之后，才能回答另外一些相关的问题。

  A.排序题　　　　　　　　　　　B.跳转问题

  C.多选题　　　　　　　　　　　D.单选题

2.多项选择题

（1）服装市场文案调查法的步骤是：资料筛选、（　　）。

  A.编排标记　　　　　　　　　　B.文字摘录

  C.分析鉴别　　　　　　　　　　D.分类登记

（2）服装市场实地调查法主要包括（　　）。

  A.服装市场间接调查法　　　　　B.服装市场询问调查法

  C.服装市场观察调查法　　　　　D.服装市场实验调查法

（3）服装市场询问调查法根据服装市场调查人员与被调查者之间的接触方式不同，又可分为（　　）和日记调查法等。

  A.面谈调查法　　　　　　　　　B.邮寄调查法

  C.电话调查法　　　　　　　　　D.留置调查法

（4）服装市场网络直接调查法主要有（　　）。

  A.网上问卷调查法　　　　　　　B.网上讨论调查法

  C.网上观察调查法　　　　　　　D.网上实验调查法

（5）服装市场调查问卷的基本结构可划分为（　　）三部分。

  A.前言　　　　　　　　　　　　B.调查客体

  C.调查主体　　　　　　　　　　D.结语

3.判断题（正确答案打"√"，错的打"×"）

（1）服装市场文案调查法的优点是便于取得那些不可能直接接近、其他方法又不能取得的资料。　　　　　　　　　　　　　　　　　　　　　　　（　　）

（2）服装市场间接调查是指通过某种中介，间接向服装市场调查对象进行的调查。

                     （　　）

（3）控制组与实验组前后对比实验调查法是以控制组和实验组在实验前后不同时期内的某个经济变量进行对比的实验调查法。　　　　　　　　　　（　　）

（4）服装市场网络间接调查法是指用科学手段在互联网上收集服装第一手资料的调查方法。 （ ）

（5）服装市场调查问卷是在服装市场询问调查法时，经常用来记录被调查人员意见的一种印件。 （ ）

4.简答题

（1）服装市场文案调查法有哪些功能？

（2）面谈调查法有哪些优缺点？

（3）服装市场实验调查法有何优缺点？

（4）服装市场网络直接调查法和间接调查法主要有哪些方法？

（5）服装市场调查问卷中的问答题主要有哪几种？

📂 案例分析

广州市男性休闲衬衫市场调查问卷

尊敬的消费者朋友：

您好！

我们是广州服饰有限公司的调查员，占用您几分钟时间，请您协助我们回答一些问题，感谢您的支持与合作！

为表示对您真诚合作的感谢，附送一份小礼物，希望您喜欢。谢谢！

一、您购买衬衫的情况

1.请问您听说过下列哪些品牌的休闲衬衫？

A. 钻石 　　　　B. 乔士 　　　　C. 绅浪 　　　　D. 金利来

E. 司麦脱 　　　F. 皮尔·卡丹 　　G. 花花公子 　　H. 其他

2.请问您曾经穿过下列哪些品牌的休闲衬衫？

A. 钻石 　　　　B. 乔士 　　　　C. 绅浪 　　　　D. 金利来

E. 司麦脱 　　　F. 皮尔·卡丹 　　G. 花花公子

H. 其他

3.请问您最近半年购买下列衬衫的件数及购买单价是：

名称	购买数（件）	平均价格（元）
A.西服衬衫		

续表

名称	购买数（件）	平均价格（元）
B.长袖休闲衬衫		
C.短袖休闲衬衫		

4. 请问您最近几次购买衬衫的原因是：

A. 款式引人注目　　　　B. 刚开始流行　　　　C. 生活必需

D. 看了媒体介绍　　　　E. 受朋友或熟人的影响　F. 受营业员劝说

G. 广告影响　　　　　　H. 正在减价　　　　　I. 其他

二、消费者购买行为与偏好

5. 请问您在购买衬衫时，最重视的三个因素？　①___　②___　③___

A. 品牌　　　　　　　　B. 价格　　　　　　　C. 款式

D. 做工　　　　　　　　E. 材质　　　　　　　F. 产地

G. 购物环境　　　　　　H. 颜色及花型　　　　I. 其他

6. 请问您喜欢的休闲衬衫的面料是（最多选择3项）：

A. 全棉　　　　　　　　B. 涤棉　　　　　　　C. 亚麻

D. 棉麻　　　　　　　　E. 丝麻　　　　　　　F. 真丝

G. 羊毛　　　　　　　　H. 牛仔布　　　　　　I. 灯芯绒

J. 人造棉　　　　　　　K. 桃皮绒　　　　　　L. 卡丹绒

M. 混纺羊毛

7. 请问您喜欢的休闲衬衫的颜色是（最多选择3项）：

A. 蓝色系　　　　　　　B. 白色系　　　　　　C. 黑色系

D. 灰色系　　　　　　　E. 红色系　　　　　　F. 绿色系

G. 黄色系　　　　　　　H. 其他

8. 请问您喜欢的休闲衬衫的面料花型是（最多选择3项）：

A. 横条型　　　　　　　B. 竖条型　　　　　　C. 小花型

D. 点图案　　　　　　　E. 大格子　　　　　　F. 小格子

G. 浅素色　　　　　　　H. 深素色　　　　　　I. 其他

9. 适合您身材的休闲衬衫的规格型号是：

A.S（小号）　　　　　　B.M（中号）　　　　　　C.L（大号）

D.XL（加大号）　　　　E.XXL（特大号）

10. 请问您日常穿着的服装主要是由（如果是妻子或女友购买，请填写11、12项，否则，跳过11、12项）：

  A. 自己购买   B. 妻子或女友购买   C. 母亲购买

  D. 和妻子或家人一起购买 E. 其他

11. 请问您的妻子或女友的文化程度是：

  A. 初中及以下   B. 高中或中专   C. 大学及以上

12. 请问您的妻子或女友的职业：

  A. 企业或公司管理人员 B. 公司职员   C. 国家机关干部

  D. 工人   E. 学生   F. 科教文卫人员

  G. 商业、饮食、服务业人员 H. 个体经营者   I. 其他

13. 请问您在购买下列服装时一般能接受的价格是：

  A. 西服衬衫：a. 200 元以下 b. 201~300 元   c. 301 元以上

  B. 休闲衬衫：a. 100 元以下 b. 101~200 元   c. 201 元以上

14. 请问您每年为自己购买服装的费用大约是：

  A. 5000 元以下   B. 5001~10000 元   C. 10001~20000 元

  D. 20001~30000 元   E. 30001 元以上

三、您的个人情况（下列问题将会涉及您的一些私人情况，请给予配合，谢谢！）：

15. 请问您的年龄是：

  A. 20 岁以下   B. 21~30 岁   C. 31~40 岁

  D. 41~50 岁   E. 51~60 岁   F. 61 岁以上

16. 请问您的婚姻状况：

  A. 已婚   B. 未婚   C. 其他

17. 请问您的文化程度是：

  A. 初中   B. 高中或中专   C. 大学及以上

18. 请问您的职业是：

  A. 企业或公司管理人员 B. 公司职员   C. 国家机关干部

  D. 工人   E. 学生   F. 科教文卫人员

  G. 商业、饮食、服务业人员 H. 个体经营者   I. 其他

19. 请问您本人月均收入：

  A. 5000 元以下   B. 5001~10000 元   C. 10001~20000 元

  D. 20001~30000 元   E. 30001~40000 元   F. 40001 元以上

20.请问您家庭人均月收入是：

    A. 5000 元以下   B. 5001~10000 元   C.10001~20000 元

    D. 20001~30000 元   E. 30001~40000 元   F.40001 元以上

四、请问您对男士休闲衬衫有什么要求和建议：_____

占用了您的宝贵时间，再次感谢您的合作和支持！

如果方便的话，请留下您的姓名和电话：_____

调查时间：_____   调查地点：_____   调查员：_____

【问题分析】

1.服装市场调查问卷基本内容有哪些？

2.试指出本案例有哪些基本内容？通过本案例你得到哪些启示？

📂 实战演练

活动 2-1

活动主题：认知体验服装市场调查一览表

活动目的：增加感性认识，能够掌握服装市场调查一览表的设计，实地体验服装市场调查。

活动形式：

1.人员：将全班分成若干小组，3~5人为一组，以小组为单位开展活动。

2.时间：与教学时间同步。

3.方式：就近实地参观一次大型服装展览。

活动内容和要求：

1.活动之前要熟练掌握服装市场调查一览表的设计，做好相应的知识准备。

2.以小组为单位提交书面服装市场调查一览表等资料。

3.服装市场调查资料撰写时间为2天。

4.授课教师可根据每个小组提供的书面调查资料按质量评分，并计入学期总成绩。

活动 2-2

活动主题：认知体验服装市场调查问卷

活动目的：增加感性认识，能够掌握服装市场调查问卷的设计，实地体验服装市场调查。

活动形式：

1.人员：将全班分成若干小组，3~5人为一组，以小组为单位开展活动。

2.时间：与教学时间同步。

3.方式：就近实地参观一次大型服装展览。

活动内容和要求：

1.活动之前要熟练掌握服装市场调查问卷的设计，做好相应的知识准备。

2.以小组为单位提交书面服装市场调查问卷等资料。

3.服装市场调查资料撰写时间为2天。

4.授课教师可根据每个小组提供的书面调查资料按质量评分，并计入学期总成绩。

任务3　服装市场抽样调查法

◎知识目标

1.服装市场抽样调查法；

2.服装市场随机抽样调查法；

3.服装市场非随机抽样调查法；

4.服装市场抽样调查误差与样本量。

◎能力目标

1.能运用服装市场随机抽样调查法和服装市场非随机抽样调查法；

2.能够处理服装市场抽样调查误差与样本量。

🗁 任务导航

📁 情景导入

锦衣公司的抽样调查

锦衣公司是一家北方服装企业，为了进入广州服装市场，锦衣公司想进行一次服装市场调查活动，以便获得更加准确的服装市场信息。锦衣公司确定调查对象是广州服装经销商，但是手头只有少数几家广州服装经销商的名单，于是他们决定采用如下抽样方法来确定所有的访问对象。

第一步，锦衣公司选择广州的老客户红棉服装公司作为第一个访问对象。访问员钱先生与赵小姐在按调查提纲的规定要求提问完所有问题后，起身向红棉服装公司市场部的李经理致谢。钱先生向李经理问道："李经理，我们对广州的情况不熟悉，不知您能否可以向我们介绍几家与贵公司相似的广州服装经销商的情况？"于是，热心的李经理请两位客人再次坐下，介绍那些对他来说是烂熟于心的情况。

第二步，钱先生请李经理将自己介绍给李经理熟悉的几家广州服装经销商的有关管理人员。

第三步，钱先生与赵小姐又马不停蹄的赶往白马服装公司和黑马服装公司。在收集了有关资料后，又请这两家服装公司的受访者为自己介绍新的访问对象。

这样，锦衣公司的调查样本单位数便迅速增加。

想一想

锦衣公司采用了哪种抽样调查方法？什么是服装市场抽样调查法？服装市场抽样调查法有哪些类型？下面将为你一一道来。

🗀 核心知识

服装市场抽样调查法是应用广泛的服装市场调查方法，它包括服装市场随机抽样调查和服装市场非随机抽样调查两部分内容，其组织形式如图3-1所示。下面将作具体介绍。

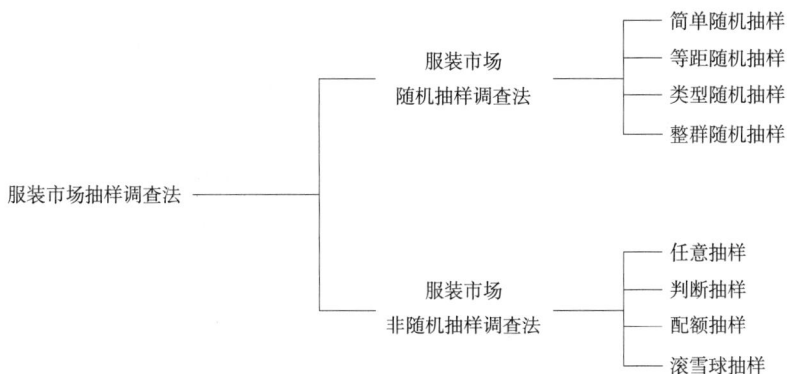

```
                                          ┌── 简单随机抽样
                        服装市场          ├── 等距随机抽样
                    ┌── 随机抽样调查法 ──┤
                    │                     ├── 类型随机抽样
                    │                     └── 整群随机抽样
服装市场抽样调查法 ──┤
                    │                     ┌── 任意抽样
                    │   服装市场          ├── 判断抽样
                    └── 非随机抽样调查法 ─┤
                                          ├── 配额抽样
                                          └── 滚雪球抽样
```

图3-1　服装市场抽样调查法的组织形式

3.1　什么是服装市场抽样调查法

3.1.1　服装市场抽样调查法的含义

服装市场抽样调查法，是指从服装市场全部调查研究对象中，抽选一部分单位进行调查，并据此对全面调查研究对象做出估计和推断的一种调查方法，是一种非全面调查法。显然，服装市场抽样调查法虽然是非全面调查，但它的目的却在于取得反映总体情况的信息资料，因此，也可起到全面调查的作用。

根据抽选样本的方法，服装市场抽样调查法可以分为：概率抽样和非概率抽样两类。概率抽样是根据概率论和数理统计的原理从调查研究的总体中，按照随机原则来抽选样本，并从数量上对总体的某些特征做出估计推断，对推断出可能出现的误差，可以从概率意义上加以控制。我们国内习惯将概率抽样称为抽样调查。

3.1.2 服装市场抽样调查法的分类

小思考：

服装市场调查的方法有哪些类型呢？

服装市场调查的方法可以分为：普遍调查和抽样调查两大类。

3.1.2.1 服装市场普遍调查

服装市场普遍调查简称"普查"或"全面调查"，主要在政府组织进行的调查活动中使用，在服装市场调查活动中很少使用，因为普查要调查全部对象，人力、财力耗费都比较大，而且调查的时间较长，不是一般服装企业所能负担得起的。此外，服装市场决策必须在某一段时间内尽快做出，因此必须以最少的时间、最少的费用获得较为准确的服装市场调查资料，让服装企业做出正确的决策，所以服装企业进行市场调查大都采取抽样调查的方法。服装市场抽样调查与全面调查的比较情况见表3-1。

表3-1 服装市场抽样调查与全面调查的比较

评价指标	抽样方法	
	抽样调查	全面调查
时间要求	短	长
总体特征的方法	小	大
总体大小	小	大
成本	低	高
误差可能造成的损失	小	大
非误差可能造成的损失	大	小
是否需要注意各个案例	是	否

3.1.2.2 服装市场抽样调查

服装市场抽样调查，是指按照随机原则或非随机原则，从全体调查对象中抽取一部分有代表性的个体（样本）进行调查研究，然后用样本所得结果来推断总体情况的调查方法。服装市场抽样调查法所需的调查人员较少，可以对他们进行专门的训练，从而提高服装市场调查结果的准确性，而且省钱、省时、省力。其调查资料可以用数理统计的方法进行统计，从而得到与全面调查十分相近的结果。因此，服装市场抽样调查法是进行服装市场调查的基础。

服装市场样本的抽取，对于服装市场调查的质量具有举足轻重的作用。在服装市场调查对象整体中，根据每个样本单位被抽取的机会是否相等，可以把服装市场抽样的方法分为两种：一种是服装市场随机抽样，另一种是服装市场非随机抽样。

3.1.3　服装市场抽样调查法常见的术语

3.1.3.1　总体

总体是指在特定的服装市场调查目的或任务条件下的认识客体，是人们所要认识的对象的全体。在服装市场调查中，总体通常都有时间和空间的限制。构成总体的元素称作单位或个体，如果这些单位是不能进一步分割的，则称为基本单位；如果这些单位还能够进一步分解成更小一层次的单位，则称作群体单位。在服装市场调查中，如果是研究消费者的服装消费倾向，则家庭是群体单位，它是由消费者个体组成的；但是研究家庭的服装消费水平，则家庭又是基本单位。

总体中的单位如果是不可计数的，则为无限总体；总体中的单位如果是可以计数的，则为有限总体。经典的抽样理论要求的总体，是无限总体，而抽样调查理论没有此限制。事实上，在服装市场调查中，绝大部分都是有限总体，其中有些总体规模很大，有的尽管规模不大，但处在不定的变动状态，也可视作无限总体。通常用 N 表示总体规模（即总体单位数）的大小。

3.1.3.2　样本

样本是指来自总体的部分个体的集合。我们对样本的抽取须遵循一定的规则。构成样本的个体称作样本单位。通常用 n 表示一个样本中样本单位数的多少，也称为样本容量。一般来说，在服装市场调查中，总体是唯一的、确定的，而从总体中抽出一部分个体所组成的样本，却不是唯一的，它可以有多种组合，但一个样本所包含的样本单位是具体的、明确的。因此，在一个总体中，能够抽出多个容量为 M 的样本。

应该区别样本个数与样本单位数的概念。服装市场调查中的样本单位，是一个个的综合信息载体，即从每个样本单位中可以测出多个不同的变量值。例如，从一个样本顾客身上，可以询问或测出其年龄、收入、是否拥有服装商品等多种不同的变量值，所以样本中的观察数据在大多数情况下不是独立分布的，这与经典的抽样理论要求有所不同。样本是人们认识总体的出发点，样本来自总体，因此，它能带来足够多的表现形式，一般都是基本单位，是提供原始资料的实体，从样本中所得出的数据资料称作样本变量。

3.1.3.3　抽样单位

抽样单位是指从总体中进行抽样时，作为直接抽取对象的单元。它是指样本抽取过程中的单位形式。抽样单位与总体单位在形式上有时并非一致。例如，要调查某市运动服商店的分布情况，则构成总体的总体单位是销售运动服的商店，但抽样时可按商业街道来抽，对抽中的街道来调查其卖运动服商店的情况，这时抽样单位是商业街道。

抽样单位与样本单位也是两个完全不同的概念，从抽样单位中抽出构成样本的单位才是样本单位，故样本单位是从抽样单位中产生的。样本单位的形式一般是基本单位，而抽样单位则不尽然。

3.1.3.4 抽样框

抽样框是指用来代表总体并从中抽选样本的一个框架。其具体表现形式主要包括总体全部单位的名册、地图等。

抽样框在服装市场抽样调查中处于基础地位，它是服装市场抽样调查必不可少的部分，其对于推断总体具有相当大的影响。对于服装市场抽样调查来说，样本的代表性如何，抽样调查最终推算的估计值真实性如何，首先取决于抽样框的质量。

3.1.3.5 抽样比

抽样比是指在服装市场抽样调查中抽选样本时,所抽取的样本单位数与总体单位数之比。

3.1.3.6 置信度

置信度也称可靠度或置信水平、置信系数，即在服装市场抽样调查中抽样对总体参数做出估计时，由于样本的随机性，其结论总是不确定的。因此，采用一种概率的陈述方法，也就是数理统计中的区间估计法，即估计值与总体参数在一定允许的误差范围以内，其相应的概率有多大，这个相应的概率就称作置信度。

3.1.3.7 误差

误差是指样本指标与总体指标之间的差距。这个差距的大小关系到在服装市场抽样调查中抽样估计的准确程度，误差越大，估计的准确程度越低。误差问题是抽样理论的中心问题之一。在服装市场抽样调查实践中，误差有两种形式：一是系统性误差；二是随机误差。

3.2 服装市场随机抽样调查法

服装市场随机抽样调查法，是服装市场抽样调查法的基本组成部分，它是指按照随机原则从总体中抽选样本的抽样方法。其主要特点是：由于机会均等，抽选出来的样本可以大致代表全及总体；可以依据样本资料推算被研究总体的情况，从而可以较为迅速地取得同全面调查大体一致的结果。

所谓全及总体，是指所要调查研究的那个对象的全部单位，通常用 N 表示。抽样总体是从全及总体中抽取的、作为直接观察对象的全部单位，简称样本，通常用 n 表示。例如，要调查 3 万件旗袍的质量，从中抽出 300 件旗袍进行实际质量检查。在这里全及总体 N=30000 件，抽样总体 n=300 件。而根据全及总体计算的统计指标叫全及总体指标，也称总体指标。根据抽样总体计算的指标叫抽样指标，也称样本指标。如上例中，3 万件旗袍的合格率为全及指标，抽出的 300 件旗袍的合格率为抽样指标。

小思考：

服装市场随机抽样方式又分为有哪些类型呢？

根据调查对象的性质和研究的目的不同，服装市场随机抽样方式又分为：简单随机抽样调查法、等距随机抽样调查法、类型随机抽样调查法和整群随机抽样调查法等。

3.2.1　服装市场简单随机抽样调查法

服装市场简单随机抽样（又称纯随机抽样）调查法，是指按照随机原则，直接从总体 N 个单位中抽取几个单位作为样本的调查方法。无论是重复抽样（即被抽到者仍参加下一次抽取）还是不重复抽样（即被抽到者不再参加下一次抽取），都要保证每个单位在抽选中有相等的中选机会。它是抽样调查中最基本也是最简单的方式。

3.2.1.1　服装市场直接抽选法

服装市场直接抽选法，是指直接从服装市场调查总体中随机抽取样本单位的方法。例如，从服装仓库存放的所有同类的服装产品中，随机指定若干箱服装产品进行质量检验等。这种方法仅限于服装市场总体单位较少的抽样调查。

3.2.1.2　服装市场抽签法

服装市场抽签法，是指给全及服装市场总体的各单位编上序号，并做成号签，将号签搅拌均匀，从中抽选。被抽到的号码所代表的单位就作为样本的一员，直到抽足预先规定的样本数为止。这种方法简单易行，在服装市场总体单位数不多时可以采用。若服装市场总体单位数很多时，编号做签工作量大且难，这种方法就不适合了。

3.2.1.3 服装市场随机数表法

服装市场随机数表法，是指先将服装市场总体中的全部个体分别标上$1 \sim n$个号码，然后利用随机数表随机抽出所需的样本。随机数表又称乱数表，是把$0 \sim 9$的十个数字，按随机原则和每组数字位数要求（如二位一组、三位一组、四位、五位甚至更多位一组等），编制成的一张表，使表内任何号码的出现都有相等的概率。其格式如表3-2所示。

表3-2 随机数表（部分表）

10	09	73	25	33	76	52	01	35	86	34	67	35	48	76	80	95	90	91	17
37	54	20	48	05	64	89	47	42	96	24	80	52	40	37	20	63	61	04	02
08	42	26	89	53	19	64	50	93	03	23	20	90	25	60	15	95	33	47	64
99	01	90	25	29	09	37	67	07	15	38	31	13	11	65	88	67	67	43	97
12	80	79	99	70	80	15	73	61	47	64	03	23	66	53	98	95	11	68	77
39	29	27	49	45	66	06	57	47	17	34	07	27	68	50	36	69	73	61	70
00	82	29	16	65	31	06	01	08	05	45	57	18	24	06	35	30	34	26	14
35	08	03	36	06	85	26	97	76	02	02	05	16	56	92	68	66	57	48	18
14	43	62	76	59	63	57	33	21	35	05	32	54	70	48	90	55	35	75	48
02	17	17	68	33	73	79	64	57	53	03	52	96	47	78	35	80	83	42	82
65	81	33	98	85	11	19	92	91	70	98	52	01	77	67	14	90	56	86	07
86	79	90	74	39	23	40	30	97	32	11	80	50	54	31	39	80	82	77	32
73	05	38	52	47	18	62	38	85	79	83	45	29	96	34	06	28	89	80	83
28	46	82	87	09	83	49	12	56	24	88	68	54	02	00	86	50	75	84	01
60	93	52	03	44	35	27	38	84	35	99	59	46	73	48	87	51	76	49	69

随机数表法抽样过程如下：首先把服装市场总体所有单位加上编号，然后从任意列、任意行的某个数字开始，向任意方向去顺序抽选。凡遇总体编号范围外的随机数字或重复的随机数字将其去掉，在编号范围内的数字号则留下，直到抽选够规定的样本数量为止。

例1，云海针织厂欲从服装市场上流行的40种T恤衫中抽取4种，并从986名消费者中抽选100名进行消费倾向调查。问：应如何抽选？

解：任取《随机数表》（见《数学用表》）或部分表，见表3-2。

（1）要从40种T恤衫中抽选4种，首先将各种T恤衫按1~40编号，编号最多是两位数字。然后，从表中任取两列作为计算单位。如果取3、4列，即从第一个09开始，顺序往下数，第一个数字09、第四个数字01、第六个数字29和第八个数字08在编号范围里，而第二、三、五、七个数字均大于40应舍弃。因此，09，01，29，08这4个数字所代表的T恤衫就可作为抽取的样本单位。

（2）将986名消费者按1~986编号。因为总体单位是三位数，所以可把随机数表中三个数字连成一组，即用三位数作为抽取单位。如果以第二行第六列为起点，顺次由左向右抽取，可得048，056，489，474，296为样本单位。抽选号码所代表的消费者即为被调查者。

服装市场简单随机抽样法的优点是：方法简单，当全及总体名单完整时，可直接从中随机抽取样本。由于抽取概率相同，计算抽样误差及对全及指标加以推断较为方便。

服装市场简单随机抽样法的局限性在于：当总体很大时，对每个单位编号、抽签等都会遇到难以克服的困难。另外，当全及总体的标志变异程度较大时，简单随机抽样的代表性就不如经过分组后再抽样的代表性高。但这种抽样方式从理论上说最符合随机原则，它的抽样误差容易得到数学上的论证，所以，可以作为设计其他更复杂的抽样组织形式的基础，同时，也是衡量其他抽样组织形式抽样效果的比较标准。

3.2.2　服装市场等距随机抽样调查法

服装市场等距随机抽样调查法（又称机械抽样或系统抽样），简称"等距抽样"，就是事先将服装市场全及总体各单位按某一标志排列，然后依固定顺序和间隔（也就是抽样距离）来抽取样本单位的一种抽样调查方法。

如果设总体为N，现在需要抽取一个容量为n的样本，可以将总体单位N按一定标志排列，编上序号，然后将N划分n个单位相等的部分，每部分都包含K个单位，即$\frac{N}{n}=k$，k就是抽样距离。并在第一部分顺序为1，2，3，…，i，…，k个单位中随机抽取一个单位i；而在第二部分中抽取第$i+k$单位；在第三部分中抽取第$i+2k$，…，在第n部分抽取第$i+(n-1)k$单位，共n个样本单位，其中每个样本单位序号的间隔均为k。

服装市场等距抽样的随机性表现在抽取的第一个样本单位上，因为当第一个样本单位确定后，其余的各样本单位也就确定了。在此，也可人为地以1~k的中心单位作为抽选点。当k为奇数时，$i=\frac{k+1}{2}$；当k为偶数时，$i=\frac{k+2}{2}$。

例2，对滨江市开发区6万户居民进行家庭购买力调查，需要抽取1200户为样本，如何进行等距抽样？若以中心单位来抽选，又如何进行？

解：$N=60000$户，$n=1200$户

$$抽样间隔\ k=\frac{N}{n}=\frac{60000}{1200}=50$$

（1）若随机抽取，可以在编号1~50中任意抽取一编号，假定抽出8号，以后每隔50号抽出一户，即抽出8，58，108，158，208，…为样本单位，直到抽足第1200个单位：$i+（n-1）k=8+（1200-1）\times 50=59958$（号）为止。

（2）若按中心单位抽选，先计算i。因为k为偶数，故：

$$i=\frac{k+2}{2}=\frac{50+2}{2}=26$$

则抽取的序号依次为26，76，126，176，226，…为样本单位，直到抽足第1200个单位：$i+（n-1）k=26+（1200-1）\times 50=59976$（号）为止。

服装市场等距抽样总体各单位的顺序排列，可以是无关标志，也可以是有关标志。所谓无关标志，是指排列的标志与单位变量数值的大小无关或不起主要影响作用，如例2中，若60000户居民的序号是按门牌顺序编号的，就属于无关标志等距抽样。而有关标志是指排列的标志与单位变量数值的大小有关或起主要影响作用，如例2中，对开发区居民家庭购买力的调查，可将各户居民按前三年的购买力状况排队来顺序抽取，就是有关标志等距抽样。

服装市场等距抽样由于是在各单位大小顺序排列基础上，再按某种规则依一定间隔取样，这样可以保证所取得的样本单位比较均匀地分布在总体各部分，有较高的代表性。它是纺织服装市场调查中应用广泛的一种抽样方式。其局限性在于：运用等距抽样的前提是要有全及总体每个单位的有关资料，特别是按有关标志排队时，应需要有更为详细的资料。另外，无论是无关标志排列还是有关标志排列，都应注意避免抽样间隔与现象本身的周期性相重合而引起的系统误差的影响。

3.2.3　服装市场类型随机抽样调查法

服装市场类型随机抽样调查法（又称分层抽样或分类抽样），简称"类型抽样"，是根据服装市场总体单位具有的某种标志将所有单位分成若干类型，再在各类型中随机抽取必要数量样本单位的方法。

服装市场类型抽样把总体中标志值比较接近的单位归为一组，使各类内的分布比较均匀，而且保证各组有中选的机会，因此具有较好的抽样效果。另外由于分类常常

按一定的组织形式进行，就可以给抽样工作的组织带来许多便利。例如，服装产品调查可按不同的型号、不同的材质、不同的地区分组进行；对竞争对手的调查，可按规模、促销手段、销售方式等标志分类进行等。

服装市场类型抽样可分成等比例类型抽样与不等比例类型抽样两种。等比例类型抽样，就是把总体分类后，在每种类型中抽取样本单位的比例是相同的；不等比例类型抽样，就是把总体分类后，在每种类型中抽取的样本单位比例是不相同的。

使用等比例类型抽样，通常按各组单位数占总体单位数的一定比例来抽取样本，哪一组单位多就多取样，单位少的则少取样，以保持各组样本单位数（n_i）与样本总容量（N_i）之比等于各组总体单位数与总体单位数之比。即：$\dfrac{n_1}{N_1} = \dfrac{n_2}{N_2} = \cdots = \dfrac{n_k}{N_k} = \dfrac{n}{N}$，所以，各组的样本单位数应为：$n_i = \dfrac{n \times N_i}{N}(i = 1, 2, \cdots k)$。

例3，乐城县共有600000农户，其中纯务农户为200000户，兼业户（亦工亦农户）为360000户，纯务工户为40000户。现要求使用等比例分类抽样法抽取6000户进行家庭服装产品购买力调查。

解：总体 $N = 600000$ 户，样本单位数 $n = 6000$ 户

设纯农户 $N_1 = 200000$ 户；兼业户 $N_2 = 360000$ 户；纯务工户 $N_3 = 40000$ 户。

抽样比例 $P = \dfrac{n}{N} = \dfrac{6000}{600000} = \dfrac{1}{100} = 1\%$

从三种农户中分别抽选的样本数为：

$n_1 = N_1 \times P = 200000 \times 1\% = 2000$（户）

$n_2 = N_2 \times P = 360000 \times 1\% = 3600$（户）

$n_3 = N_3 \times P = 40000 \times 1\% = 400$（户）

即从纯务农户、兼业户、纯务工户中分别抽选2000户、3600户、400户。

服装市场类型随机抽样调查法，适用于总体单位数量较多且各单位之间差异较大的调查对象。它把科学的分组方法与抽样原理有机地结合起来，既能划分出性质相近的各类型组，以减少标志值之间的差异程度，又能按照随机原则，保证大数法则的正确运用。在样本数量相同时，它比简单随机抽样和等距抽样的抽样误差小。在抽样误差要求一定时，用它抽样比简单随机抽样和等距抽样所需样本量要少，代表性较强，在社会购买力调查、居民家庭收支调查、服装商品销售量调查中应用广泛。其局限性在于：必须对总体的情况有较多的了解，否则难以做出科学的分类；特别是非等比例抽样，要求在调查前准确了解各类型组的标志变异程度大小是比较困难的。

3.2.4 服装市场整群随机抽样调查法

服装市场整群随机抽样调查法（又称分群抽样），简称整群抽样，是将总体各单位按照一定的属性或条件划分成若干群，然后以群为单位从中随机抽取一些群，并对中选群的所有单位进行全面调查，由此推断总体情况的调查方法。

如果设总体为 N，将 N 分成 R 群，在 R 群中随机抽取 r 群组成样本，对中选的 r 群的所有单位进行调查。

例4，绅士服装厂欲对该厂所在的滨江市"绅士牌"服装市场占有情况做一调查。现已确知，全市共有8个所辖区的224家商场在销售该厂的"绅士牌"服装。8个区的商场分布情况如表3-3所示。现采用整群抽样，从中抽选2个区的商场进行调查，问应如何进行？

表3-3　商场分布情况表

所辖区代号	A	B	C	D	E	F	G	H
商场数（个）	16	22	44	38	14	36	40	14

解：设所有销售"绅士牌"服装的商场为总体 N（N=224）家；依销售该服装商场的所辖区将总体分成 R（R=8）个群。

现从8个群中随机抽取2（r=2）个群。如果抽定B和F，则由B和F两个区的所有商场组成调查样本，即对B和F所在区的58家（22+36=58）商场进行"绅士牌"服装市场占有率调查。

服装市场整群随机抽样调查法的主要优点是：调查单位比较集中，组织工作比较方便。在某些情况下，由于不适宜采用个体抽取调查单位的方法，只能采用整群抽样。其局限性在于：由于抽样单位比较集中，限制了样本在总体分配的均匀性，所以代表性较低，抽样误差较大。在服装市场调查实践中，采用整群抽样时，一般都要增加一些样本单位，以减少抽样误差，提高估计准确性。

由于服装市场整群随机抽样调查法是对中选群进行全面调查，因此，它只存在群间抽样误差，不存在群内抽样误差。当各群间差异越小时，整群抽样的调查结果就越准确。在服装市场调查中，当群内各单位间的差异较大、各群之间差异较小时，则适于采用整群抽样方式。

3.3　服装市场非随机抽样调查法

服装市场非随机抽样调查法，是指抽样时不遵循随机原则，而是由调查者根据调查目的和要求，主观设定某个标准从总体中抽选样本的抽样调查法。

小思考：

服装市场非随机抽样调查方式又分为有哪些类型呢?

根据调查对象的性质和研究的目的不同，服装市场非随机抽样调查方式主要分为四种：服装市场任意抽样调查法、服装市场判断抽样调查法、服装市场配额抽样调查法和服装市场滚雪球抽样调查法。

3.3.1　服装市场任意抽样调查法

服装市场任意抽样调查法，也称"便利抽样"和"偶遇抽样"。是调查者依据自身便利条件，在服装市场总体单位中任意抽取样本的一种抽样方法。例如，"街头拦人法"，即在街头向过往行人作服装产品访问调查；"空间抽样法"，即在服装商场营业现场，征询顾客对服装商品或市场供求方面的意见等。

服装市场任意抽样调查法简便易行，可及时获得市场信息，又省时省费用。但只有在调查总体单位差异小的情况下才有代表性，否则抽样偏差大，其结果可信程度低。因此，它一般用于非正式的探索试验性调查，正式服装市场调查采用较少，以免失误。

3.3.2　服装市场判断抽样调查法

服装市场判断抽样调查法，也称"目的抽样"和"立意抽样"，是指根据调查者的主观判断，选取调查单位组成样本的一种抽样方法。在实践中，有很多典型性调查，例如，服装企业销售的服装商品结构变化、居民家庭收支情况等，都可以采取服装市场判断抽样调查法来选取样本。

应用服装市场判断抽样调查法的前提，是调查者必须对服装市场总体的有关特征有相当的了解。应选择最能代表普遍情况的调查对象，判断抽样样本单位的选取，通常可分为两种情况：一种是选取"多数型"样本，即在调查总体占多数的单位中挑选出来的样本；另一种是选取"平均型"样本，即在调查总体中挑选代表平均水平的样本单位。在判断抽样中，判断样本单位代表性的大小完全凭调查者的知识、经验与判断能力。因此，如果服装市场总体中调查单位比较少，调查者对调查对象的特征又比较了解，那么选用判断抽样，其样本也会有较大的代表性。在精确度要求不很高的情况下，服装企业为了迅速获得解决日常经营决策问题的客观依据与资料，常常运用服装市场判断抽样调查法。

3.3.3　服装市场配额抽样调查法

服装市场配额抽样调查法，也称"定额抽样"，是指将服装市场总体中的所有单位按一定的标志分为若干类（组），确定各类（组）样本分配数额，然后在每个类（组）中，用任意抽样或判断抽样方法选取单位的一种抽样方法。它类似于随机抽样中的类型抽样，其区别在于：类型抽样是按随机原则抽选样本，而配额抽样则是由调查者在各类（组）内主观判断抽选样本、分配数额。服装市场配额抽样调查法由于实施简单，而且可以保证总体的各个类别在样本中都有代表，使样本具有较高的代表性，所以在服装市场调查中常被使用。采用服装市场配额抽样调查法，事先要对总体中所有单位按其属性、特征分成若干类型，这些属性、特征被称为"控制特征"。例如，消费者调查中的性别、年龄、收入、职业、文化程度等。然后，按照各个控制特征分配样本数额。

按调查者判断抽选样本时，考虑一个或多个标准配额要求的不同，服装市场配额抽样调查法又可分为：独立控制配额抽样调查法和相互控制配额抽样调查法两种。

3.3.3.1　独立控制配额抽样调查法

独立控制配额抽样调查法，是指根据服装市场调查总体的不同特征，对具有某个特征的调查样本分别规定单独的分配数额，而不规定必须同时具有更多特征的样本数额。这种抽样方式，调查人员抽取调查对象的机动余地较大。

例5，全程服装集团欲寻找"全程牌"服装联营商场，采用独立控制配额抽样调查法，确定控制特征（即分类标志）为区域、商场规模、有无经营过"全程牌"服装等三项，调查样本单位数为100家商场。现根据各项分类标志值在总体值中所占比例分配样本数额，列成表3-4。

表3-4 独立控制配额抽样分配表

区域	数量（个）	规模	数量（个）	是否经营过"金程牌"服装	数量（个）
A区 B区 C区 D区	28 16 22 34	大型 中型 小型	12 40 48	经营过 没有经营过	36 64
合计	100	合计	100	合计	100

表3-4中对所抽商场的所在区域、规模和经营状况分别规定了样本数额，而没有规定三者之间的关系。因此，在调查者具体抽样时，抽选不同规模的商场，无须顾及区域和是否经营过"金程牌"服装。同样，在抽选不同区域或不同经营状况的商场时，也不必顾及其他两个分类标准。例如，在100家商场中，抽选6家大型商场，16家经营过"金程牌"服装的商场，至于在何区域抽，可由调查人员掌握。

3.3.3.2 相互控制配额抽样调查法

相互控制配额抽样调查法，又称交叉控制配额抽样调查法，是指对调查对象的各个特征的样本数额交叉分配进行抽选的调查方法。在例5中，如果采用相互控制配额抽样调查法，就必须对区域、规模、经营状况这三项特征同时规定样本分配数，见表3-5。

表3-5 相互控制配额抽样分配表

规模 经营状况 所在区域	大型		中型		小型		合计
	有	没有	有	没有	有	没有	
A	4	0	16	2	4	2	28
B	2	2	8	0	2	2	16
C	0	2	2	2	4	12	22
D	2	0	2	8	6	16	34
小计	8	4	28	12	16	32	100
合计	12		40		48		

从表3-5可以看出，相互控制配额抽样对每一个控制特征所需分配的样本数额都作了具体规定，调查者必须按照规定在总体中抽取调查单位。

独立控制配额抽样调查法的优点是：简单易行，所需费用较低。其缺点是：调查者为方便起见，有可能在选择样本时过于偏重具有某一特征的小组，这就会影响样本过于偏重某一特征，也就会影响到样本的代表性、调查的可信性，而相互控制配额抽样就可以弥补这一缺陷。

3.3.4　服装市场滚雪球抽样调查法

服装市场滚雪球抽样调查法，是通过以一触十、以十触百等类似"滚雪球"的方式抽取样本的方法。这种方法的前提，是服装市场总体样本单位之间具有一定的联系，是在不清楚（或不甚清楚）总体的情况下，了解总体或总体的部分单位。这种方法最初运用于社会调查，后来应用范围逐步扩大。目前，服装市场调查中也应用此法。

服装市场滚雪球抽样调查法的第一步是找出少数样本单位；第二步是通过这些样本单位了解更多的样本单位；第三步是通过更多的样本单位去了解还要更多的样本单位。以此类推，就像滚雪球一样，了解的样本单位越来越多，其调查结果就越接近于总体。例如，前面的情景导入：《锦衣公司的抽样调查》就是采用服装市场滚雪球抽样调查法

这种方法的局限性是样本单位之间必须有一定的联系。如果样本单位之间缺乏联系，或者有意割断联系，那么滚雪球抽样就会缺乏依据，影响抽样调查的进行及其效果。

鉴于服装市场非随机抽样调查法灵活方便，较能适应多变的服装市场环境，因此，经常性、小规模的服装市场调查倾向于采用此法。服装市场非随机抽样调查法的缺点是不能判断误差，对所调查结果的把握程度难以精确估计，在运用非随机抽样时必须注意这一点。

3.4　服装市场抽样调查误差与样本量

在服装市场实际调查中，常常会遇到样本量取多少才合理、如何才能避免不必要的误差、尽量接近真实等问题。

3.4.1　服装市场抽样调查误差类型

由于各方面因素的作用，在服装市场实际调查中，调查结果总会存在误差。通常

我们将服装市场抽样调查误差分为：服装市场抽样误差、服装市场非抽样误差两类。

小思考：

服装市场抽样调查误差有哪些类型呢？

3.4.1.1 服装市场抽样误差

服装市场抽样误差，是指通过测量服装市场总体的部分单位，而非总体的全面单位，来估计总体特征产生的误差，形成原因在于选择的特定样本不能完整地代表总体。这是由于抽样的偶然性造成的，是不可避免的误差，其大小与样本的大小、总体的大小、所研究的总体特征的变异性、抽样设计、估计方法等有关。

3.4.1.2 服装市场非抽样误差

服装市场非抽样误差，是指在所有服装市场调查活动过程中，所产生的除去抽样误差以外的所有误差，主要由于人为的差错造成。其中的系数误差给调查结果可能造成更大的影响。

服装市场非抽样误差产生的原因，主要有：

（1）非观测误差。非观测误差，是由于调查的覆盖面不周全或无回答（不在家或拒答）产生的。

（2）观测误差。观测误差，是由于被访问者故意错答或误解错答以及访问者的过失造成的。

（3）误差的来源。误差的来源是多方面的，在方案设定中应关注总误差的降低而非某种类型误差的大小。例如，如果一味地为了降低抽样误差而加大样本量，那么就忽视了样本增大后，增加了访问者误差，从而令总体误差增大。另外，服装市场非抽样误差比抽样误差危害更大，抽样误差是可以计算的，有研究表明，在总误差中往往非抽样误差占了主要部分。有些时候，有的调查方案会不惜增大某类型的误差来减少总误差。

总而言之，服装市场普查不存在抽样误差，但可能存在较大的非抽样误差；而服装市场抽样调查会产生抽样误差和非抽样误差。

3.4.2 服装市场抽样调查样本量

在服装市场抽样调查开始之前，确定抽多少样本单位是个很重要的问题，样本数量过少，会使调查结果出现较大的误差，与预期目标相差甚远；而样本数量过多，会造成人力、财力和时间的浪费。因此，样本量的确定是进行服装市场抽样调查时，需要解决的一个重要问题。

3.4.2.1 样本量的影响因素

服装市场抽样调查的样本量，由以下几个因素决定：

（1）被调查对象标志的差异程度。即总体方差的大小，方差越大，所需的样本量一般也越大。

（2）允许误差（又称极限误差）数值的大小。允许误差与样本量的平方根大致成反比，允许误差越小，样本量越大；反之，允许误差越大，样本量越小。允许误差的大小主要取决于调查的目的和费用的投入：调查结果要求比较精确，又有足够的费用投入，允许误差可以小一些；反之，允许误差可以大一些。

（3）调查结果的可靠程度。可靠程度，即置信度或置信水平的高低，所要求的置信度越高，样本量应当越大；所要求的置信度较低，样本量就可以小一些。

（4）抽样的方法。采用服装市场类型随机抽样和等距随机抽样，比简单随机抽样需要的样本数量少一些。

此外，根据调查经验，调查表的回收率或访问的成功率高低，也是影响样本数量的一个重要因素。在回收率低的情况下，应适当加大样本量。

3.4.2.2 样本量的确定

服装市场抽样调查样本量的确定，一般可以从以下几个方面考虑：

（1）可支配预算。样本容量的大小，通常是直接地或间接地由可支配的预算额决定的。所以样本容量通常是在确定预算后才确定的。一个销售经理如果有20000元预算可用于某项服装市场调查，那么除去其他项目成本（如调查方案和问卷的设计，数据的处理、分析等）后，余下的那部分资金才决定样本容量的大小。如果可支配的资金太少，可以确定的样本量太小，就必须做出决定，是补充更多的资金还是放弃这一项目。

（2）以往的经验。在接受服装企业委托调查的项目中，一些委托者往往会要求样本容量为200、400、600、900或其他的特定量。这个数据的确定有时是出于对抽样误差的考虑，而有时则只是依据以往的经验，或过去进行的类似调查中采用的样本量。对指定样本量这种做法的合理解释，归结起来只能说是"一种强烈的感觉"，认为某一特定的样本容量是必要的或适当的。

（3）要分析的子群体。在任何确定样本容量的问题中都必须认真考虑，所要分析并据此做统计推断的总体样本的各个子群数量的预期容量。例如，从整体上看符合要求的样本容量为900，但如果要分别分析男性与女性被调查者，并且要求男性与女性的样本各占一半，那么每个子群的容量仅为450。这个数字是否能使分析人员对两组的特征做出预期的统计推断呢？再者，如果要按年龄和性别分析调查结果，问题就变得更复杂了。

（4）传统的统计方法。运用传统的统计方法做重要推断时，需要考虑下面三条信息：

首先，总体标准差的估计值；

其次，抽样的允许误差范围；

最后，抽样结果在实际总体值的特定范围（抽样结果加减抽样误差）内的预期置信度。

根据以上三条信息，就可以计算出服装市场简单随机抽样调查法所需的样本容量了。

◎核心概念

（1）服装市场抽样调查法：是指从全部调查研究对象中抽选一部分单位进行调查，并据此对全面调查研究对象做出估计和推断的一种调查方法，是一种非全面调查法。服装市场抽样调查法包括：服装市场随机抽样调查法、服装市场非随机抽样调查法。

（2）服装市场随机抽样调查法：是服装市场抽样调查法的基本组成部分，它是指按照随机原则从总体中抽选样本的抽样方法。其主要特点是：由于机会均等，抽选出来的样本可以大致代表全及总体；可以依据样本资料推算被研究总体的情况，从而可以较为迅速地取得同全面调查大体一致的结果。根据调查对象的性质和研究目的的不同，服装市场随机抽样调查法又分为：服装市场简单随机抽样调查法、服装市场等距随机抽样调查法、服装市场类型随机抽样调查法和服装市场整群随机抽样调查法等。

（3）服装市场简单随机抽样调查法：又称纯随机抽样，是指按照随机原则，直接从总体N个单位中抽取几个单位作为样本的调查方法。

（4）服装市场等距随机抽样调查法：又称机械抽样或系统抽样，简称等距抽样，就是事先将服装市场全及总体各单位按某一标志排列，然后依照固定顺序和间隔（也就是抽样距离）来抽取样本单位的一种抽样调查方法。

（5）服装市场类型随机抽样调查法：又称分层抽样或分类抽样，简称类型抽样，是根据服装市场总体单位具有的某种标志将所有单位分成若干类型，再在各类型中随机抽取必要数量样本单位的方法。

（6）服装市场整群随机抽样调查法：又称分群抽样，简称整群抽样，是将总体各单位按照一定的属性或条件划分成若干群，然后以群为单位从中随机抽取一些群，并对选中群的所有单位进行全面调查，由此推断总体情况的调查方法。

（7）服装市场非随机抽样调查法：是指抽样时不遵循随机原则，而是由调查者根据调查目的和要求，主观设立某个标准从总体中抽选样本的抽样调查法。根据调查对象的性质和研究目的的不同，服装市场非随机抽样方式主要分为四种：服装市场任意抽样调查法、服装市场判断抽样调查法、服装市场配额抽样调查法和服装市场滚雪球抽样调查法。

（8）服装市场任意抽样调查法：又称便利抽样和偶遇抽样，是根据调查者自身的便利条件，在服装市场总体单位中任意抽取样本的一种抽样方法。

（9）服装市场判断抽样调查法：又称目的抽样和立意抽样，是指根据调查者的主观判断，选取调查单位组成样本的一种抽样方法。

（10）服装市场配额抽样调查法：也称定额抽样，是指将服装市场总体中的所有单位按一定的标志分为若干类（组），确定各类（组）样本分配数额，然后在每个类（组）中，用任意抽样或判断抽样方法选取单位的一种抽样方法。按调查者判断抽选样本时，考虑一个或多个标准配额要求的不同，服装市场配额抽样调查法又可分为：独立控制配额抽样调查法和相互控制配额抽样调查法两种。

（11）服装市场滚雪球抽样调查法：是通过以一触十、以十触百等类似"滚雪球"的方式抽取样本的方法。

（12）服装市场抽样误差：是指通过测量服装市场总体的部分单位，而非总体的全部单位，来估计总体特征产生的误差，形成原因在于选择的特定样本不能完整地代表总体。

（13）服装市场非抽样误差：是指在所有服装市场调查活动过程中，所产生的除去抽样误差以外的所有误差，主要是由于人为的差错造成的。

📂 复习思考

1.单项选择题

（1）（　　）是指从全部调查研究对象中抽选一部分单位进行调查，并据此对全面调查研究对象做出估计和推断的一种调查方法，是一种非全面调查法。

    A.服装市场抽样调查法　　　　　　B.服装市场随机抽样调查法

    C.服装市场全面调查法　　　　　　D.服装市场非随机抽样调查法

（2）（　　）是服装市场抽样调查法的基本组成部分，它是指按照随机原则从总体中抽选样本的抽样方法。

    A.服装市场简单随机抽样调查法　　B.服装市场随机抽样调查法

    C.服装市场等距随机抽样调查法　　D.服装市场类型随机抽样调查法

（3）（　　）是指按照随机原则，直接从总体 N 个单位中抽取几个单位作为样本的调查方法。

  A. 服装市场等距随机抽样调查法 B. 服装市场类型随机抽样调查法

  C. 服装市场简单随机抽样调查法 D. 服装市场整群随机抽样调查法

（4）（ ）是指抽样时不遵循随机原则，而是由调查者根据调查目的和要求，主观设立某个标准从总体中抽选样本的抽样调查法。

  A. 服装市场任意抽样调查法   B. 服装市场判断抽样调查法

  C. 服装市场配额抽样调查法   D. 服装市场非随机抽样调查法

（5）（ ）是根据调查者自身的便利条件，在服装市场总体单位中任意抽取样本的一种抽样方法。

  A. 服装市场判断抽样调查法   B. 服装市场配额抽样调查法

  C. 服装市场任意抽样调查法   D. 服装市场滚雪球抽样调查法

2. 多项选择题

（1）服装市场抽样调查法包括（ ）。

  A. 服装市场随机抽样调查法   B. 服装市场非随机抽样调查法

  C. 服装市场全面调查法   D. 服装市场重点调查法

（2）服装市场随机抽样调查法又分为（ ）。

  A. 服装市场简单随机抽样调查法 B. 服装市场等距随机抽样调查法

  C. 服装市场类型随机抽样调查法 D. 服装市场整群随机抽样调查法

（3）服装市场非随机抽样方式主要分为（ ）。

  A. 服装市场任意抽样调查法   B. 服装市场判断抽样调查法

  C. 服装市场配额抽样调查法   D. 服装市场滚雪球抽样调查法

（4）按调查者判断抽选样本时，考虑一个或多个标准配额要求的不同，服装市场配额抽样调查法又可分为（ ）。

  A. 总体控制配额抽样调查法   B. 部分控制配额抽样调查法

  C. 独立控制配额抽样调查法   D. 相互控制配额抽样调查法

（5）服装市场抽样调查法常见的抽样调查术语有：总体、样本、（ ）误差等。

  A. 抽样单位   B. 抽样框

  C. 抽样比   D. 置信度

3. 判断题（正确答案打"√"，错的打"×"）

（1）服装市场抽样调查法是一种非全面调查法。   （ ）

（2）服装市场非随机抽样调查法是服装市场抽样调查法的基本组成部分，它是指按照随机原则从总体中抽选样本的抽样方法。   （ ）

（3）服装市场随机抽样调查法由于机会均等，抽选出来的样本可以大致代表全及总体。 （   ）

（4）服装市场抽样调查会产生抽样误差和非抽样误差。 （   ）

（5）在回收率低的情况下，应适当减少样本量。 （   ）

4.简答题

（1）什么是服装市场抽样调查法？它与服装市场普遍调查法有何区别？

（2）什么是服装市场随机抽样调查？它有哪些主要特点？

（3）什么是服装市场非随机抽样调查？其抽样方式主要有哪些？

（4）服装市场非随机抽样误差产生的原因有哪些？

（5）如何确定服装市场抽样调查的样本容量？

📂 案例分析

珠江三角洲牛仔服抽样调查的抽样方案

一、调查对象

珠江三角洲的居民。

二、调查目的

牛仔服选择倾向。

三、抽样方式

利用网络平台，采用多层次多阶段随机抽样。

四、设计思路

1.样本量的确定

在置信度为95%，抽样误差为3%的条件下，样本量为106。所以，所抽到的每个市县的样本量是100个左右；对于没抽到的市县，调查50个样本作为补充调查，对6~12岁的儿童进行附带调查。

2.样本分配方法

考虑到经费的可行性，样本分配以统计员城乡队的调查网为基础，采用分层抽样的方法进行，分为农村和城市。农村又分为：沿海、沿江和山区；城市又分为：大型、中型和小型。

五、操作步骤

1.分层分配样本。（具体过程在此省略）

2.抽选调查单位。

3.市县的样本分配。

4.入户调查。

六、补充调查

对未抽取的市县，每个市县调查10个样本作为补充样本。

七、抽样复调查

为了控制调查质量，按3%的比例对各地的抽样情况进行调查。要求调查员将居委会、村委会的抽样资料、被调查人的详细地址及个人资料精心保存，以便复查时使用。

【问题分析】

1.服装市场抽样调查方案一般包括哪些内容？

2.此服装市场抽样调查方案是否合理？

📁 实战演练

活动3-1

活动主题：认知体验服装市场随机抽样调查法

活动目的：增加感性认识，实地体验服装市场随机抽样调查法，能够处理服装市场抽样误差。

活动形式：

1.人员：将全班分成若干小组，3~5人为一组，以小组为单位开展活动。

2.时间：与教学时间同步。

3.方式：就近实地开展一次服装市场随机抽样调查。

活动内容和要求：

1.活动之前要熟练掌握服装市场随机抽样调查的设计，做好相应的知识准备。

2.以小组为单位提交服装市场随机抽样调查等书面资料。

3.服装市场随机抽样调查资料撰写时间为2天。

4.授课教师可根据每个小组提交的书面调查资料按质量评分，并计入学期总成绩。

活动3-2

活动主题：认知体验服装市场非随机抽样调查法

活动目的：增加感性认识，实地体验服装市场非随机抽样调查法，能够处理服装市场抽样误差。

活动形式：

1.人员：将全班分成若干小组，3~5人为一组，以小组为单位开展活动。

2.时间：与教学时间同步。

3.方式：就近实地开展一次服装市场非随机抽样调查。

活动内容和要求：

1.活动之前要熟练掌握服装市场非随机抽样调查的设计，做好相应的知识准备。

2.以小组为单位提交服装市场非随机抽样调查等书面资料。

3.服装市场非随机抽样调查资料撰写时间为2天。

4.授课教师可根据每个小组提交的书面调查资料按质量评分，并计入学期总成绩。

项目二 说一说服装市场预测

任务4　什么是服装市场预测

◎知识目标

1.服装市场预测的概念；

2.服装市场预测的类型和内容；

3.服装市场预测的要求和程序。

◎能力目标

1.能对服装市场预测有初步的了解；

2.能掌握服装市场预测的类型和要求；

3.能确定服装市场预测的内容和步骤。

📂 任务导航

📂 情景导入

尼西奇公司的市场预测

日本尼西奇公司成立于1921年，第二次世界大战结束时公司仅有职工30多人，主要生产雨衣、游泳帽、卫生带、尿垫等商品。由于常常订货不足，所以企业经营很不稳定。随着战后日本经济的复兴，国民经济开始好转，人民生活水平日益提高，生活方式也逐渐发生变化。于是，尼西奇公司开展了市场调查与预测活动。他们收集到了一份日本人口普查的调查资料，得知日本每年大约出生250万个婴儿。因此，他们预测：现在人们的生活方式都在变化，如果每个婴儿用两条尿垫，一年就需要500万条，这是一个相当广阔的市场。如果把眼光放到国外，市场就更大了。而生产尿垫，正是尼西奇公司的专长。因此尼西奇公司决定：集中力量，创立品牌，将公司变成尿垫专业公司。

由于尼西奇公司具有专门生产婴儿尿垫的核心竞争优势，公司很快就拥有1000多名职工，3亿日元资本，创造了年销售额高达120亿日元的业绩。目前，尼西奇公司生产的尿垫不仅占据了70%的日本市场，而且畅销到西欧、美洲、大洋洲、非洲以及东欧市场，每年销售额仍以20%的速度递增，尼西奇公司已经成为日本首屈一指的"尿垫大王"和世界上最大的尿布专业公司。

想一想

什么是服装市场预测？尼西奇公司做了什么市场预测？服装市场预测有哪些种类和内容？服装市场预测步骤如何？下面将为你一一道来。

📂 核心知识

俗语说"凡事预则立，不预则废"。服装企业管理的关键在于决策，而决策的前提是预测。随着我国社会主义市场经济体制的建立和发展，服装市场预测已越来越受到我国服装企业的重视。

4.1　服装市场预测是什么

4.1.1　服装市场预测的含义

预测是对今后将要发生的或目前还不明确的事物进行预先的估计和推测。市场预测是预测的科学理论和方法在市场经济方面的应用。随着我国社会主义市场经济的发展，市场预测工作得到了企业的普遍重视。

小思考：

什么是服装市场预测呢？服装市场预测和服装市场调查有什么关系呢？

4.1.1.1　服装市场预测的概念

服装市场预测，是指在对影响服装市场的诸因素进行系统调查的基础上，运用科学的方法和数学模型，对未来一定时期内的服装市场供求变化规律以及发展趋势进行分析，进而作出合乎逻辑的判断、预测和测算。例如，对服装企业的某个服装产品的需求情况的预测；销售发展变化情况的预测；对服装原材料、服装设备、服装价格等的预测，以及对服装消费者心理、消费习惯和消费者购买力状况变化的预测等。

4.1.1.2　服装市场预测和服装市场调查的关系

服装市场预测和服装市场调查，都是服装企业在其经营活动中研究服装市场变化的方法，它们对于服装企业的经营决策起着同样重要的作用，但两者并不是一回事，两者既有密切的联系，也有不同的特点，主要区别表现在：

（1）两者研究对象的侧重点不同。服装市场调查侧重于调查服装市场的过去情况和现状，及时并正确地掌握信息，了解情况；服装市场预测则是研究服装市场的未来，通过服装市场信息，掌握服装市场未来的变化趋势。

（2）两者的研究方法不同。服装市场调查的方法，实际上是一种取得服装市场信息资料的方法，一般采取定性方法较多；而服装市场预测的方法，是在服装市场调查的基础上，根据已有资料作出科学推断和估计的方法。它不但充分运用定性分析方法，还大量应用定量分析方法，例如，建立数学模型、使用计算机进行运算等。

（3）两者的要求不同。服装市场调查为服装市场预测和决策提供资料，因此，力求调查资料的准确可靠，符合客观实际。服装市场预测的目的，是为科学决策提供事先的认识依据，所以必须考虑更多的因素，研究决策的科学性和可行性，使服装市场预测符合决策的需要。

服装市场调查和服装市场预测的联系，可以用一句话进行概括：即服装市场调查是服装市场预测的基础和前提，而服装市场预测是服装市场调查的延续和发展。

4.1.2 服装市场预测的原理

经过长期的摸索，服装企业积累起丰富的经验和知识，逐步掌握了服装市场变化规律，凭借各种先进的科学手段，根据服装市场的历史和现状，推演服装市场发展的趋势，并做出相应的估计和推测。具体而言，服装市场预测需要以下基本原理作指导。

4.1.2.1 服装市场惯性原理

惯性原理，是指任何事物的发展，从过去到现在再到未来，在时间上都具有连续性。没有一种事物的发展与其过去的行为没有联系，过去的行为不仅影响现在，还会影响到未来。因此，可以从事物的历史和现状推演出事物的未来。

服装市场的发展也有这样一个过程，在时间上也表现出一定的连续性。尽管服装市场瞬息万变，但这种发展变化在长期的过程中，也存在一些可以被人们认识的规律性（如竞争规律、价值规律等）。惯性原理是服装市场时间序列分析预测法的主要依据。

4.1.2.2 服装市场因果原理

因果原理，指任何事物都不可能孤立存在，都是与周围的各种事物相互制约、相互促进的。一个事物的发展变化，必然会影响到其他有关事物的发展变化。例如，受次贷危机的影响，导致美国的经济衰退，同时，也给中国服装的出口带来了严重损失。无论是一因一果，还是一因多果甚至一果多因，但有其因就必有其果，这就是规律。因此，从已知某一事物的变化规律，推演出与之相关的其他事物的发展变化趋势是合理的。服装市场投入产出分析法，是对因果原理的最好运用。

4.1.2.3 服装市场类推原理

类推原理，指许多事物相互之间在结构、模式、性质、发展趋势等方面客观存在着相似之处。根据这种相似性，人们可以在已知某一事物的发展变化情况的基础上，通过类推的方法，推演出相似事物未来可能的发展趋势。例如，连衣裙的发展与旗袍的发展就有某些类似之处，可以利用旗袍的发展规律，来类推连衣裙的发展规律。类推原理在服装市场领先指标中得到了很好的运用。

4.1.2.4 服装市场概率原理

概率原理，指任何事物的发展都有一个被认识的过程。人们不可能完全把握未来，但根据经验和历史，很多时候能预测出一个事物发生的大致概率，根据这种可能性，采取对应措施。有时人们可以通过抽样设计和调查等科学方法，来确定某种情况发生的可能性。

在服装市场的发展过程中，也存在着必然性和偶然性，而且在偶然性中隐藏着必然性。通过对服装市场发展偶然性的分析，揭示其内部隐藏的必然性，可以凭此推测服装市场发展的未来。从偶然性中发现必然性，就是通过概率论和数理统计方法，求出随机事件出现各种状态的概率，然后根据概率去预测对象的未来状态。服装市场马尔可夫预测法、交叉影响法等，都需要运用概率原理。

4.1.3 服装市场预测的作用

服装企业进行的服装市场预测，通常是微观市场预测，其作用主要有以下几个方面：

4.1.3.1 是服装企业选择目标市场、制订经营战略的基础

服装企业的经营战略，首先要在分析服装企业外部环境和内部条件的基础上，确定较长时期的经营目标；然后选择为实现目标应采取的措施和途径，包括选择产品的发展方向、资源的获取与合理配置、重大技术创新项目的实施、企业组织结构和生产结构的调整等。服装企业对外部环境的分析，本身就属于服装市场调查与预测的范围。服装企业经营目标的修正、经营手段的调整，也是对服装市场变化做出的反应。

4.1.3.2 能促进服装企业提高市场适应能力和竞争能力

服装企业对服装市场适应能力的强弱，集中表现在能否合理调动内部资源，能否及时按照市场需要组织生产和流通。通过服装市场预测，掌握服装市场需要什么服装商品、消费这种商品的顾客是谁、需求的特点和变化趋势如何等信息，就能及时地调整服装企业内部资源结构。服装市场上的竞争也是一种获得信息的竞争，谁首先拥有

服装市场信息，谁就掌握了主动，也就能在市场竞争中处于优势地位。

4.1.3.3 是服装企业的产品进入国际市场并取得成功的关键

一般而言，服装企业对其他国家的地理、文化和经济等方面了解得并不多，想知道自己的产品在国际市场上能否畅销更不容易，而且国际市场比国内市场更具有风险性。但是国际市场上仍存在许多机遇，可供服装企业去捕捉。服装企业要想把握这些市场机会，必然需要针对国际市场开展调查和预测。

4.1.3.4 能促进服装企业提高经济效益

服装企业全部经济活动的核心，是提高经济效益。只有产品适销对路，才能增加销售收入，加快资金周转，减少费用开支。服装企业通过开展服装市场预测活动，指导生产和流通的时间安排，使服装商品适时进入服装市场，及时地转移到服装消费者手中，就能取得生产经营的主动性，使服装企业以较少的资金经营较多的服装商品，从而促进经济效益的提高。

4.2 服装市场预测有哪些类型

服装市场预测从不同角度划分，可以有多种分类。

小思考：

服装市场预测有哪些类型呢？

我们从不同角度来划分，服装市场预测一般可分为以下几种不同的种类：

4.2.1 服装市场预测按质与量层次划分

服装市场预测依据预测要求，按质与量的侧重点不同，可分为服装市场定性预测法和定量预测法。

4.2.1.1 服装市场定性预测法

服装市场定性预测法，也称经验判断分析预测法，是指对服装市场未来的性质和发展方向的预测方法。虽然也有数量计算，但主要不在于推算未来的数量表现。例如，服装市场供求预测，就是要预见未来服装市场是供大于求，还是供不应求。

服装市场定性预测法，主要有：销售人员意见法、经理人员意见法、顾客意见法、集合意见法、主观概率法、专家会议法、头脑风暴法、特尔菲法等。各种定性预测的方法、原理和如何运用，将在后面的章节中详细加以论述。

服装市场定性预测法的优点是比较灵活，不需要多少经费，花费的时间短。如果运行得当，很有实用价值。其缺点是比较主观、片面，预测精准度较差。

4.2.1.2　服装市场定量预测法

服装市场定量预测法，也称统计预测法，是指使用统计方法，对统计资料进行推算的预测方法，其主要目的是推算预测对象未来的数量表现。

服装市场定量预测法，具体又可分为：服装市场时间序列分析预测法和因果分析预测法两种。

（1）服装市场时间序列分析预测法。服装市场时间序列分析预测法，是根据预测连续性原理，收集和整理待预测事物过去的资料，从中寻找出该事物随时间变化的规律，用数学模型将其表示出来，并据此进行预测的方法。其中常用的有指数平滑法、趋势外推法、季节指数法等。

（2）服装市场因果分析预测法。服装市场因果分析预测法，是根据预测的相关性原则，从各种经济现象之间的相互因果关系中进行预测的方法。其中常用的有回归分析法、计量经济模型法、投入产出法等。

以上各种定量预测方法，将在后面的任务中详细加以论述和学习。

此外，服装市场定量预测法还可分为：点值预测和区间预测。点值预测是预测的变量值表现为单个数值。区间预测是预测的变量值处于一定区间之内，表现为一个由下限数值和上限数值所确定的数值范围。例如，预测某市服装商品销售额为150万元，这就是点值预测。预测某市明年A服装需求量为30万~40万件，这就是区间预测。

4.2.2　服装市场预测按时间层次划分

依据服装市场预测所指的未来时间的长短，可以把服装市场预测划分为：服装市场近期预测、短期预测、中期预测和长期预测。一般又把"未来时间"的长短（或称远近）称为预测期。

4.2.2.1　服装市场近期预测

服装市场近期预测，即预测期一般在一周以上，半年以内，主要是为服装企业日常经营决策服务。通过服装市场近期预测，有助于服装企业及时了解服装市场动态，掌握服装市场行情变化的有利时机。服装市场近期预测，讲究预测时效性，以定量分析为主。

4.2.2.2 服装市场短期预测

服装市场短期预测，指预测期一般在半年以上、2年以内，主要是测算年度服装市场需求量，为服装企业编制年度计划、安排市场、组织货源提供依据。服装市场短期预测，既有利于促进和提高服装企业经营决策水平，同时也有利于整个服装企业经营管理水平的提高。服装市场短期预测，以定性分析为主。

4.2.2.3 服装市场中期预测

服装市场中期预测，指预测期一般在2年以上、5年以内，一般是对政治、经济、技术、社会等影响服装市场发展起长期作用的因素进行调查分析后，作出未来服装市场发展趋势预测，为服装企业制订中期规划提供依据。在方法上，服装市场中期预测采用定性和定量相结合，并以定量分析为主。

4.2.2.4 服装市场长期预测

服装市场长期预测，指预测期一般在5年以上，为服装企业制订长期发展规划或制定经营战略提供依据。服装市场长期预测的对象，在这里主要是指服装企业营销条件的长期发展趋势，主要包括与服装企业产品发展有关的经济技术发展趋势，同时还包括政治、社会发展趋势。由于服装市场长期预测的时间跨度大，涉及的因素复杂，而且大部分属不确定因素，因此，服装市场长期预测一般多采用定性预测方法，并不讲究数字的准确性，只是大致勾画出方向性的目标。

4.2.3 服装市场预测按产品层次划分

服装市场预测，按照产品层次划分，可分为：服装市场单项产品预测、同类产品预测、分消费对象的产品预测和产品总量预测。

4.2.3.1 服装市场单项产品预测

服装市场单项产品预测，即对某单项服装产品（如T恤衫、裙子、衬衫、西服、羽绒服等）按品牌、规格、质量、档次等分别预测其市场需求量，这是服装市场预测的基础。

4.2.3.2 服装市场同类产品预测

服装市场同类产品预测，是指按产品类别（如按针织品类、纯毛类、纯棉类等）预测服装市场需求量的预测方法。对服装市场同类产品的预测，还可以进一步按同类产品的不同特征，如产地、质量等，分别进行分类预测。

4.2.3.3 服装市场分消费对象的产品预测

服装市场分消费对象的产品预测，包括两种情况：一是按某一消费对象（例如工人、农民、工程技术人员、公务员等）需要的各种服装产品进行的预测；二是按不同消费对象所需求的某种服装产品的花色、款式、规格进行的预测。例如，休闲服不仅可以按男装、女装、童装进行预测，还可以按老年、中年、青年，以及胖、中、瘦体形分别进行预测。

4.2.3.4 服装市场产品总量预测

服装市场产品总量预测，就是针对服装消费者需求的各种服装产品的总量所进行的一种市场预测。

4.2.4 服装市场预测按空间层次划分

服装市场预测，按空间层次可以划分为：国际市场预测、国内市场预测、地区市场预测、行业或企业市场占有率预测。

4.2.4.1 服装国际市场预测

服装国际市场预测是一种对世界服装市场发展的预测。这种预测可以划分为不同的地区服装市场预测，例如，中东市场、拉美市场、欧洲市场以及美国市场、日本市场等。服装国际市场预测，主要是对服装企业国际营销环境的发展趋势及营销渠道、营销方式、营销机会，以及服装企业国际竞争等作出估计。由于涉及因素较多，工作复杂，一般采用定性分析，作中长期预测。

4.2.4.2 服装国内市场预测

服装国内市场预测，是一种对某类（种）服装产品的国内需求和市场竞争态势的预测。服装国内市场预测，也可以按地区来划分，如农村市场、城市市场；还可以按地理区域来划分，如东北、华北等地区市场等。服装国内市场预测，一般是中长期预测。实际上服装国内市场预测，往往也是对整个行业的市场预测。

4.2.4.3 服装地区市场预测

服装地区市场预测，是指服装企业对服装产品进入某一地区的目标市场的预测，如东北地区、华北地区、西北地区以及华东、中南等地区市场。有时可以更加明确、具体地划分，如北京、上海、广州等地区市场。服装地区市场预测，一般着重于对市场潜力、消费习俗、服装企业的产品销售额或服装企业市场占有率等进行预测。其主要目标是扩大服装产品市场占有率，开拓新市场或巩固服装企业原有市场。服装地区市场预测，多数属于中期、短期、近期预测。

当然，在对国内市场或某一地区进行市场预测时，例如，对服装市场占有率进行的预测（将在后面介绍），对国家和服装企业来说，就更为重要。这有助于国家对经济的宏观调控，也有助于服装企业保住眼前的一块"地盘"。

总之，服装市场预测除以上几种分类外，还有其他分类，但主要的服装市场预测分类就是以上几种。服装市场预测的类型，如图4-1所示。

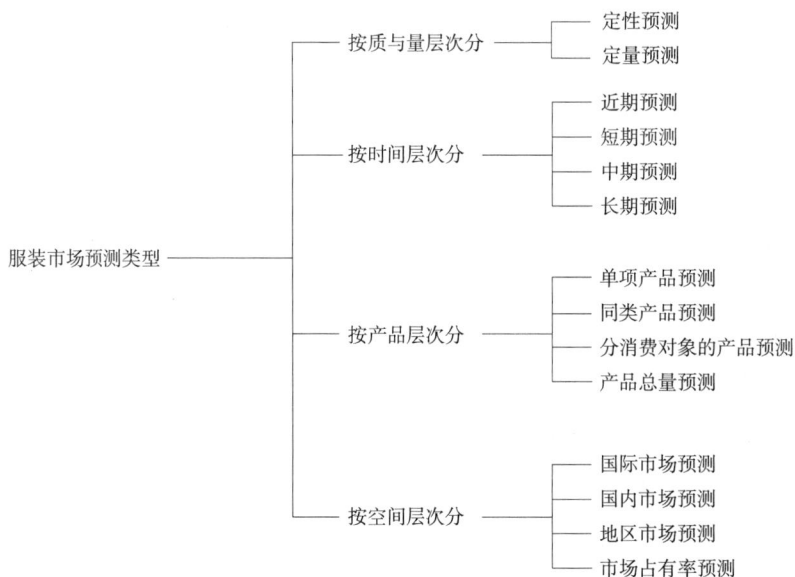

图4-1　服装市场预测的类型

4.3　服装市场预测的内容

服装市场预测和服装市场调查一样，内容非常广泛，也比较复杂。由于服装市场主体的不同及服装市场预测的目的要求不同，使服装市场预测的侧重点也有所不同。从服装企业来说，服装市场预测主要有以下几个方面的内容。

小思考：
服装市场预测内容有哪些呢？

4.3.1　服装市场需求预测

服装市场需求，是指某种服装商品的现实购买者和潜在购买者对需求的总和。而服装市场需求预测，是预测消费者、用户在一定时期、一定市场范围内，对某种服装商品具有货币支付能力的需求。它包括：服装需求量的预测，服装商品的品种、规格、花色、型号、款式、质量、包装、品牌、商标及需要时间的预测等。

影响服装市场需求的因素有很多，包括社会因素、政治因素、经济因素、自然因素、产品销售因素等。主要是经济因素中的社会购买力，例如，消费者收入、消费者支出、币值等因素。因此，对服装市场需求的预测，必须在充分调查的基础上，对服装商品购买力、服装消费需求量等分别进行预测，并搞清楚购买者需要什么，以及需要多少。服装市场需求预测包括质与量两个方面：从质的方面考察，服装市场需求预测要解决"需求什么"的问题；从量的方面考察，服装市场需求预测需要解决"需求多少"的问题。

服装市场需求的变化，制约着销售；销售是否畅通，又决定着生产规模和经营成果能否实现。一般来说，需求增大时，销售畅通，销售量会增加，价格也会上升，服装企业的生产规模也就会随之扩大；反之，需求减少时，销售受阻，销售量会减少，价格也会大跌，生产规模也就会随之受到制约。服装企业常常预测服装市场需求变化，就可以及时调整企业的生产规模，防止服装产品滞销，保持良性循环。

4.3.2　服装产品生命周期预测

服装产品生命周期，是指一种服装新产品上市，在服装市场上由弱到强，又由盛转衰，直到被服装市场淘汰的全过程。它包括试销期、成长期、成熟期、衰退期四个阶段（具体特点将在后面介绍）。服装产品生命周期预测，就是对销售量、获利能力的变化进行分析，在服装产品生命周期全过程中，对服装产品需求量和利润量随时间变化的趋势所进行的预测。

服装产品在其生命周期的不同阶段，由于服装市场需求和竞争状况的不同，其成本、销售、利润潜量等都是不同的，因此，预测服装产品的生命周期的转折时期就显得特别重要。它便于服装企业确定其服装产品所处的阶段或将要进入的阶段，从而采取相应的经营决策，把握服装市场时机，增加服装商品销量，提高利润收入。

4.3.3　服装市场占有率预测

服装市场占有率预测，是指在一定的市场范围内，服装企业提供的某种服装商品的销售量，在同一市场服装商品总销售量中所占的比例预测；或指该服装企业的服装商品销售量，占当地市场服装商品销售量的比例预测。

随着商品经济的不断发展，人们的需求日益增加，单个服装企业由于所拥有资源的有限性，决定了人们的某种需求是由提供相同或类似服装产品的众多服装企业群组成的。除特殊情况外，任何一个服装企业都不可能独占某一服装市场，而只能占有这一市场的一定份额。由于市场经济条件下竞争的日益激烈，哪种服装产品畅销，便会使许多服装企业把经营方向转向哪里。然而在一定条件下、一定时期内，某种服装商品的社会总需求量是一定的，一个服装企业的市场占有率增大了，则另一个服装企业的市场占有率便会减少。

服装企业进行服装市场占有率预测分析，可以揭示服装企业所处的地位及变迁机会，使服装企业不为销售量的绝对数所迷惑，真正感受到服装市场竞争的压力，从而促进服装企业注重服装产品的更新换代，注重员工素质和服务质量的提高，注意促销艺术的改进，留住老顾客，吸引新顾客，使服装企业在服装市场竞争中立于不败之地。

4.3.4　服装市场销售预测

服装市场销售预测，是指对服装企业的服装商品销售的预测。即从服装企业角度预测本企业未来服装商品销售的前景。它包括"质"与"量"两个方面：质的预测是解决"适销对路"问题，例如，同一种服装产品从多处进货，消费者喜欢外地产品还是本地产品，服装产品销售状态是畅销还是滞销等等。量的预测是解决"销售数量和销售额"的问题，例如，保本的销量预测、实现目前利润的销量预测、服装企业最大利润的销量预测等。

在市场经济条件下，服装企业参与市场竞争的目的是争夺市场、扩大销路，获取利润。利润与销量直接相关，在其他条件不变的情况下，销量的扩大就意味着利润的增加。对服装企业的服装商品销售进行预测，可以使服装企业进一步了解消费者的具体要求，找出服装商品销售在服装市场上存在的问题，为服装企业确定生产经营计划，特别是销售计划、销售措施提供依据。

4.3.5 服装商品资源预测

服装商品资源预测，是指在一定时期内，投放服装市场的可供出售的服装商品资源总量及其构成，以及各种服装商品可供量的变化趋势的预测。可供出售的服装商品资源主要来自生产部门，其次是进口，此外还有国家储备、商业部门的服装商品储存以及社会潜在的物资。

我国由于外贸进口主要受国家控制，所以服装商品的资源预测，主要是预测生产部门可供销售的服装商品总量及其构成。在预测时，往往与需求预测结合起来，用于预见未来服装市场需求矛盾的变化趋势。

服装市场预测的内容除以上几种外，还有服装市场价格预测、服装流行趋势预测等，其中服装市场需求预测、服装产品生命周期预测、服装市场占有率预测、服装市场销售预测是服装市场预测的主要内容，我们将在后面重点学习。

4.4 服装市场预测的要求和程序

服装市场预测作为一个信息系统，它的正常运转要有一套基本的要求，并且要遵循一定的基本程序。

小思考：

服装市场预测有哪些基本要求呢？

4.4.1 服装市场预测的基本要求

服装市场预测的基本要求是：保证预测工作的目的性、客观性、综合性、及时性、持续性、反馈性、科学性和经济性。

4.4.1.1 服装市场预测的目的性

服装市场预测的目的性，是要求每一项预测都必须明确预测信息的服装企业和用途，以及服装企业对预测结果的某些要求等。服装市场预测信息的服装企业，是营销决策者，因此预测者与决策者之间的沟通非常重要。服装企业的主管人员常常是直接领导预测工作的，主管人员重视预测工作，有利于促进预测者与决策者之间的沟通，从而保证预测工作有明确的目的性。相反，如果预测者与决策者之间缺少沟通，那么预测工作就容易产生很大的盲目性，导致出现一些用处不大但花费不少的预测报告。因此，服装市场预测，必须事先明确其目的。

4.4.1.2　服装市场预测的客观性

服装市场预测是建立在科学基础之上的市场研究活动，这种研究活动是客观的。但是服装市场预测毕竟是由各种人通过主观活动完成的，因此在服装市场预测中，必须遵循客观才能克服主观随意性。要求服装市场预测所提供的信息必须客观、真实、可靠，不弄虚作假，不凭个人感情与主观愿望，也不凭"长官意志"想当然，更不能主观臆断。遵守客观性原则，要求在服装市场预测中深入实际调查研究，认真审核预测中各种信息的准确性和可靠性，去伪存真，去粗存精。

4.4.1.3　服装市场预测的综合性

服装市场和服装企业的营销活动是复杂的，受政治、经济、社会和技术等多方面的影响，服装市场预测是一种典型的综合性研究工作。这就需要服装市场预测人员具有比较广博的知识和社会经验，善于进行综合性的、多向性的思考和分析，并且预测资料应尽量多，尽量全面。预测方法也应避免单一，要将定量方法和定性方法相结合，既善于逻辑推理，又善于直觉判断。为了加强预测工作的综合性，预测者队伍中既要有熟悉数量方法的专业人员，又要有熟悉市场情况、具有丰富实践经验的实际工作人员。

4.4.1.4　服装市场预测的及时性

及时性是信息变化的一个特点。信息无处不在、无时不有，每时每刻都产生新的信息，任何信息对服装企业经营者来说，既是机会又是风险。为了帮助服装企业经营者不失时机作出决策，要求服装市场预测快速、及时地提供必要的最新信息，信息越及时，不能预料的因素就越少，预测的误差就越小。

4.4.1.5　服装市场预测的持续性

市场的变化是连续不断的，不可能停留在某一个时点上。相应地，服装市场预测必须不间断地持续进行。在实际工作中，一旦服装市场预测有了初步结果，就应当将预测结果与实际情况相比较，及时纠正预测误差，使服装市场预测保持较高的动态准确性。要保证服装市场预测的及时性，很重要的一点是进行经常性的、持续性的预测工作。只有平常对服装市场及其变化进行不间断的分析、推测，才能在关键时刻及时地拿出准确的预测。

4.4.1.6 服装市场预测的反馈性

服装市场预测有了初步的结果，但预测工作并没有结束，而应当不断地将预测结果与实际值进行比较。如果发现误差，应反馈到预测系统。预测系统通过误差分析，找出产生误差的原因，提出改进预测系统的办法，从而减少预测误差，提高预测的可靠性和准确性。在服装市场预测中，反馈和误差处理是必不可少的一环。

4.4.1.7 服装市场预测的科学性

服装市场预测所采用的资料，必须经过去粗取精、去伪存真的筛选过程，才能反映预测对象的客观规律。运用资料时，应遵循近期资料影响大、远期资料影响小的法则，才符合连贯性原则的要求。预测模型也应精心挑选，必要时还需先进行试验，找出最能代表事物本质的模型，以减少预测误差。

4.4.1.8 服装市场预测的经济性

服装市场预测是要花费人力和财力的。有时候，由于预测所需时间长，所预测的因素又较多，往往需要投入大量的人力、物力和财力，这样就要求服装市场预测工作本身必须讲求经济效益。因此，在服装市场预测中，要明确经济效益原则，根据需要与可能开展活动，尤其在需要动员大量人力、物力、财力时，必须量力而行，否则花费过大，导致效益不高。在预测经费有限的条件下，先保证那些价值高、费用小的项目。另外，如果服装企业自己进行服装市场预测的成本很高，那么，可以委托专门机构，例如可以委托市场调查与预测的咨询公司进行预测。

4.4.2 服装市场预测的基本程序

服装市场预测的基本程序，就是开展服装市场预测工作的步骤，它有利于提高预测工作的效率，保障预测的精度与质量，以便更有效地为服装企业经营决策提供服务，具体如下。

4.4.2.1 确定预测目标

在进行服装市场预测之前，首先要确定预测目标。因为服装市场预测的其他步骤，都是由预测目标决定的。有了明确的预测目标，才能有的放矢地确定需要收集和整理哪些信息资料。例如，要预测消费者对服装商品的需求情况，就要通过抽样调查了解消费者需要哪些服装商品、数量多少、什么时候需要等。有了明确的预测目标，不仅可以决定需要收集和整理哪些信息资料，而且可以确定需要采取什么预测方法，应取得何种预测结果，预测的重点放在哪里等。因此，目标明确、要求具体，是有效地进行服装市场预测的前提和决定性一步。

4.4.2.2 拟订预测计划

为了保证服装市场预测目标的顺利实现，要拟定具体周详、切实可行的预测计划。预测计划应包括的主要内容为：由哪个单位负责服装市场预测工作，预测前应做的准备工作，收集和整理信息资料的步骤和方法，预测方法的选择，对预测准确度的要求，预测工作的期限，预测费用等。例如，《广联服装公司关于2023年第四季度羊毛衫在金马服装市场的销售额的预测计划》。当然，预测计划拟定后不是一成不变的，通过预测的实践，出现了新问题，就必须对原计划作必要的修正。可以说，预测计划是确保预测工作按时按质完成的重要依据。

4.4.2.3 收集和整理信息资料

建立预测目标，不能凭主观臆断，而应该以有关的信息资料为依据。为此，要有的放矢地收集预测目标未来发展的有关信息资料。信息资料包含内部资料和外部资料。内部资料主要包括服装企业内部积累的统计资料、市场调查报告、市场动态分析等。外部资料主要包括政府部门公布的统计资料、高等院校和科研单位的研究报告、互联网和报刊发表的服装市场资料等。对已有的原始资料要进行整理，凡是统计指标的口径、统计核算的方法、统计的时间等前后不一致的，都要进行调整。凡是受某些非常因素影响的数据，都要加以剔除。凡是通过整理发现原始资料需要补充的，都要尽量收集补齐。信息资料整理的步骤包括：分类、编校、编号、列表、百分比计算等，具体内容同我们前面学过的服装市场调查的信息资料整理相似，这里不再赘述。

4.4.2.4 选择预测方法，建立预测模型

预测方法的选择要服从预测目的，其核心是建立预测模型。在服装市场预测时，应根据预测目标和占有的信息资料，选择适当的预测方法和模型进行预测。预测方法不同，预测结果也就不一样。选择预测方法和预测模型，还要考虑预测费用的多少和对预测精度的要求。按照选定的预测方法所得出的预测结果，一定要尽量接近于客观事物的实际情况。例如，某服装公司1~3月的服装销售额分别为165万、250万、350万，若采用简单平均来估计4月的销售额，则4月的销售额为255万。这个预测结果显然与销售额的发展趋势不同。因此，就必须了解所采用的预测方法的基本特性，认识其优缺点，以便在实践中正确使用，提高预测的准确度。有时还可以把几种预测方法结合起来使用，互相验证和综合分析预测结果。

一般来说，对定量预测，可以建立数学模型；对定性预测，可以建立逻辑思维模型。然后选择适当的预测方法，进行预测模型计算和估计。关于预测的方法和模型，将在后面学习。

4.4.2.5 进行实际预测

进行实际预测，就是根据预测模型，输入有关资料，经过运算，从而获得预测结果。在运算中，会涉及数理统计学、计量经济学、高等数学等相关知识。随着电子计算机技术的发展和普及，往往借助于电子计算机进行运算，这样大大缩短了运算时间，减少了运算工作量。

4.4.2.6 分析评价预测结果

由于预测要依据历史资料，同时预测模型又是简化了的模型，不可能包括影响预测对象的所有因素，因此，误差是不可避免的。这时，我们应对初步的预测结果进行验证，分析是否已达到预测目标的要求，估计预测误差的大小是否在允许的范围之内，估计预测结果的合理程度怎样等。在分析评价的基础上，如果不合理，则重新确定预测目标或改进预测数学模型，再一步步地进行预测，直至误差偏小；如果合理，则提出预测报告，供决策参考。

4.4.2.7 提出预测报告

预测报告是对整个预测工作的概括和总结。具体地说，应将预测活动的全过程及取得的预测结果进行概括说明，指出预测的精度、预测目标实现的前提条件和可能性、实现预测结果应采取的措施和计划。同时，认真总结预测的经验和教训，进一步改进预测工作。

服装市场预测的基本程序，如图4-2所示。

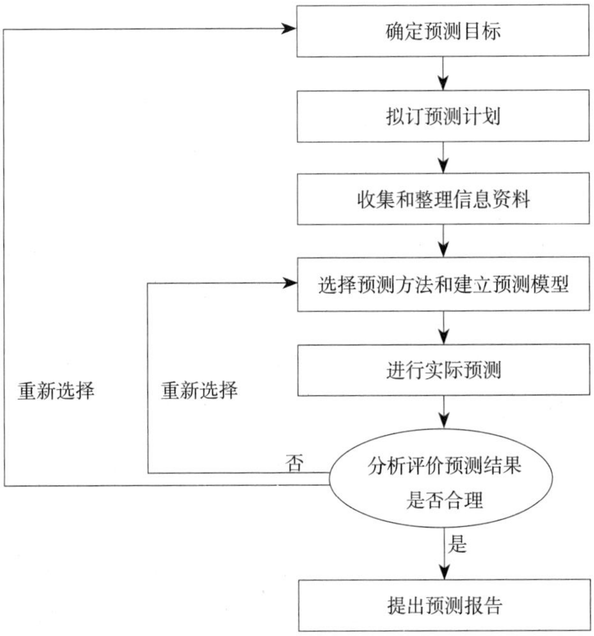

图4-2 服装市场预测的基本程序

◎ 核心概念

（1）服装市场预测：指在对影响服装市场的诸因素进行系统调查的基础上，运用科学的方法和数学模型，对未来一定时期内的服装市场供求变化规律以及发展趋势进行分析，进而作出合乎逻辑的判断、预测和测算。

（2）服装市场定性预测法：也称经验判断分析预测法，是指推测预测对象未来的性质和发展方向的预测方法。

（3）服装市场定量预测法：也称统计预测法，是指使用统计方法对统计资料进行推算的预测方法，其主要目的是推算预测对象未来的数量表现。

（4）服装市场近期预测：指预测期在一周以上，半年以内，主要是为服装企业日常经营决策服务。

（5）服装市场短期预测：指预测期一般在半年以上至2年以内，主要是测算年度服装市场需求量，为服装企业编制年度计划、安排市场、组织货源提供依据。

（6）服装市场中期预测：指预测期一般在2年以上至5年以内，一般是在对政治、经济、技术、社会等影响服装市场发展起长期作用的因素进行调查分析后，作出未来服装市场发展趋势预测，为服装企业制定中期发展规划提供依据。

（7）服装市场长期预测：指预测期一般在5年以上，为服装企业制定长期发展规划或制定经营战略提供依据。

（8）服装市场单项产品预测：指对某单项服装产品按品牌、规格、质量、档次等分别预测其市场需求量，这是服装市场预测的基础。

（9）服装市场同类产品预测：指按产品类别预测服装市场需求量的预测方法。

（10）服装市场分消费对象的产品预测：包括两种情况：一是按某一消费对象需要的各种服装产品进行的预测；二是按不同消费对象所需求的某种服装产品的花色、款式、规格进行的预测。

（11）服装市场产品总量预测：指针对服装消费者需求的各种服装产品的总量所进行的一种市场预测。

（12）服装国际市场预测：这是一种对世界服装市场发展的预测。这种预测还可以划分为不同地区的服装市场预测，主要是对服装企业国际营销环境的发展趋势及营销渠道、营销方式、营销机会以及服装企业国际竞争等作出估计。一般采用定性分析，作中长期预测。

（13）服装国内市场预测：是一种对某类（种）服装产品的国内需求和市场竞争态势的预测。也可以按地区或者地理区域划分来预测，一般是中长期预测，往往也是对整个行业的市场预测。

（14）服装地区市场预测：指服装企业对服装产品进入某一地区的目标市场的预测，一般侧重于对市场潜力、消费习俗、服装企业的产品销售额或服装企业市场占有率等进行预测，多数属于中、短、近期预测。

（15）服装市场需求预测：是预测消费者、用户在一定时期、一定市场范围内，对某种服装商品具有货币支付能力的需求。

（16）服装产品生命周期预测：指在服装产品生命周期全过程中，对服装产品需求量和利润量随时间变化的趋势所进行的预测。

（17）服装市场占有率预测：指在一定市场范围内，服装企业提供的某种服装商品的销售量，在同一市场服装商品总销售量中所占比例的预测；或指该服装企业的服装商品销售量，占当地市场服装商品销售量的比例预测。

（18）服装市场销售预测：指对服装企业的服装商品销售的预测，即从服装企业角度预测本企业未来服装商品销售的前景。它包括质与量两个方面：质的预测是解决"适销对路"的问题；量的预测是解决"销售数量和销售额"的问题。

（19）服装商品资源预测：指在一定时期内，对投放服装市场的可供销售的服装商品资源总量及其构成和各种具体服装商品可供量的变化趋势的预测。

📁 复习思考

1.单项选择题

（1）服装市场定性预测法也称（　　），是指推测预测对象未来的性质和发展方向的预测方法。

  A.经验判断分析预测法   B.服装市场定性预测法

  C.统计预测法   D.服装市场定量预测法

（2）（　　）指预测期一般在半年以上至2年之内，主要是测算年度服装市场需求量，为服装企业编制年度计划、安排市场、组织货源提供依据。

  A.服装市场近期预测   B.服装市场中期预测

  C.服装市场长期预测   D.服装市场短期预测

（3）（　　）是指按产品类别预测服装市场需求量，对服装市场同类产品的预测。

  A.服装市场单项产品预测 B.服装市场同类产品预测

  C.服装市场产品总量预测 D.服装市场分消费对象的产品预测

（4）（　　）是指服装企业对服装产品进入某一地区的目标市场的预测。

  A.服装国际市场预测   B.服装国内市场预测

      C.服装地区市场预测   D.服装市场目标预测

（5）（　　）是指在一定时期内，投放服装市场的可供出售的服装商品资源总量及其构成和各种具体服装商品可供量的变化趋势的预测。

      A.服装市场需求预测   B.服装商品资源预测

      C.服装市场销售预测   D.服装市场占有率预测

2.多项选择题

（1）服装市场预测需要（　　）基本原理作指导。

      A.服装市场惯性原理   B.服装市场因果原理

      C.服装市场类推原理   D.服装市场概率原理

（2）服装市场预测按质与量层次可分为（　　）。

      A.服装市场需求预测法   B.服装市场定性预测法

      C.服装市场定量预测法   D.服装市场销售预测法

（3）服装市场预测按时间层次可分为（　　）。

      A.服装市场近期预测   B.服装市场短期预测

      C.服装市场中期预测   D.服装市场长期预测

（4）服装市场预测的内容，主要有（　　）和服装产品生命周期预测。

      A.服装市场需求预测   B.服装市场占有率预测

      C.服装市场销售预测   D.服装商品资源预测

（5）在服装市场预测中，服装市场预测步骤有（　　）、进行实际预测、分析评价预测结果、提出预测报告。

      A.确定预测目标   B.拟订预测计划

      C.收集和整理信息资料   D.选择预测方法建立预测模型

3.判断题（正确答案打"√"，错的打"×"）

（1）服装市场调查是服装市场预测的基础和前提，而服装市场预测是服装市场调查的延续和发展。　　　　　　　　　　　　　　　　　　　　（　　）

（2）服装市场定量预测法，也称经验判断分析预测法。　　　　　　（　　）

（3）服装市场短期预测，即预测期在半年以下至1周，主要是为服装企业日常经营决策服务。　　　　　　　　　　　　　　　　　　　　　　　（　　）

（4）服装产品生命周期预测指在服装产品生命周期全过程中，对服装产品需求量和利润量随时间变化的趋势所进行的预测。　　　　　　　　　　（　　）

（5）服装市场预测作为一个信息系统，它的正常运转要有一套基本的要求，以及要遵循一定的基本程序。　　　　　　　　　　　　　　　　　（　　）

4.简答题

（1）服装市场预测和服装市场调查有何区别？

（2）服装市场预测有什么作用？

（3）服装市场预测有哪些类型？

（4）服装市场预测的内容有哪些？

（5）服装市场预测有哪些要求和程序？

📁 案例分析

盛红服装厂的破产

盛红服装厂是一家拥有30多年历史的服装企业，该厂以生产女装商品为主。

在20世纪90年代，女装吊带裙还没有在中国流行，厂主要领导因为受国外市场的影响，在工厂未做国内服装市场预测的情况下，只凭自己的主观臆断，就匆忙决定：通过银行融资，投入大量资金，生产女装吊带裙。结果，盛红服装厂虽然耗费了巨额资金，但是市场却不看好，几乎没有什么反响。

由于当时的中国女性受传统文化影响，一时无法接受这种无袖的吊带裙，造成产品严重滞销，库存积压严重，资金无法周转。盛红服装厂只能"拆东墙补西墙"，最后资金链断裂，靠举债度日，导致负债累累，不久工厂只好宣布倒闭。

【问题分析】

1.什么是服装市场预测？

2.盛红服装厂为什么会破产？通过本案例你得到哪些启示？

📁 实战演练

活动主题：认知体验服装市场预测

活动目的：增加感性认识，能够掌握服装市场预测的含义、种类和步骤，实地体验服装市场预测。

活动形式：

1.人员：将全班分成若干小组，3~5人为一组，以小组为单位开展活动。

2.时间：与教学时间同步。

3.方式：就近实地参观一次大型服装展览。

活动内容和要求：

1.活动之前要熟练掌握服装市场预测的含义、内容和步骤，做好相应的知识准备。

2.以小组为单位提交书面服装市场预测资料。

3.服装市场预测资料撰写时间为2天。

4.授课教师可根据每个小组提交的书面预测资料按质量评分，并计入学期总成绩。

任务5　选择服装市场预测方法

◎知识目标

1.服装市场经验判断分析预测法；

2.服装市场时间序列分析预测法；

3.服装市场因果分析预测法。

◎能力目标

1.能掌握服装市场经验判断分析预测法、服装市场时间序列分析预测法和服装市场因果分析预测法；

2.能够运用服装市场经验判断分析预测法、服装市场时间序列分析预测法和服装市场因果分析预测法进行市场预测。

📂 任务导航

📂 情景导入

芳华服装公司的预测

芳华服装公司为了深入了解顾客对公司服装产品的需求，更好地服务于目标顾客，公司决定进行服装市场定性调查预测。

芳华服装公司邀请了100名服装消费者，请他们简略地画出分别购买公司两款服装产品的消费者的形象，一款是芳华牌套装，另一款是时尚牌吊带裙。服装消费者不约而同地将购买芳华牌套装的消费者画成比较成熟的职业女性，而将购买时尚牌吊带裙的消费者画成年轻苗条的时尚女性。

芳华服装公司通过服装市场调查，定性预测了服装消费者对公司这两款服装产品的观念，因此，精准地开展服装产品宣传，终于使两款服装产品都取得了令人满意的销售业绩。

想一想

芳华服装公司采用了哪种服装市场预测方法？服装市场预测方法有哪些？如何选择服装市场预测方法？下面将为你一一道来。

核心知识

市场预测的方法有很多，有人估计市场预测的方法有200多种。在这些市场预测方法中，使用比较广泛也比较有效的方法有30多种。如果根据实际应用时的技术手段的特点，可把它们归纳为定性预测和定量预测两大类。

小思考：

什么是服装市场定性预测法和定量预测法？

服装市场定性预测法，是对未来服装市场发展的性质进行预测分析，它既包括对未来服装市场发展的方向、趋势以及重大转折点等的预测，也可以包括对未来服装市场发展的速度、相对值、基本状况发展程度的预测分析。例如，服装市场经验判断预测法。

服装市场定量预测法，是指对未来服装市场发展目标有因果等关系的影响因素定量进行预测的方法。服装市场定量预测法，一般在充分的数据资料基础上，运用数学方法，有时结合计算机技术，对未来服装市场的发展趋势、程度结构进行数量上的预测分析。例如，服装市场时间序列分析预测法、服装市场因果分析预测法。

服装市场定性预测法和定量预测法，是服装市场预测中最基本的两类市场预测方法。下面我们将重点学习服装市场预测中几种常用的定性预测和定量预测方法，如图5-1所示。

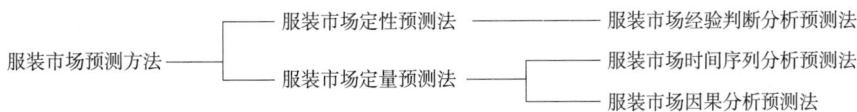

```
                        ┌── 服装市场定性预测法 ──────────── 服装市场经验判断分析预测法
服装市场预测方法 ────────┤                              ┌── 服装市场时间序列分析预测法
                        └── 服装市场定量预测法 ─────────┤
                                                       └── 服装市场因果分析预测法
```

图5-1　服装市场预测方法

5.1　服装市场经验判断分析预测法

服装市场经验判断分析预测法，简称经验判断法，是指在服装市场预测过程中，预测者根据服装市场信息资料、运用经验和主观分析判断，或者整合集体智慧进行综合分析，对未来服装市场发展作出判断预测的一种方法。

小思考：

什么是服装市场经验判断分析预测法？

服装市场经验判断分析预测法，是一种传统的预测方法，属于定性预测。它包括：服装市场个人判断预测法、服装市场集体判断预测法和服装市场专家预测法，如图5-2所示。

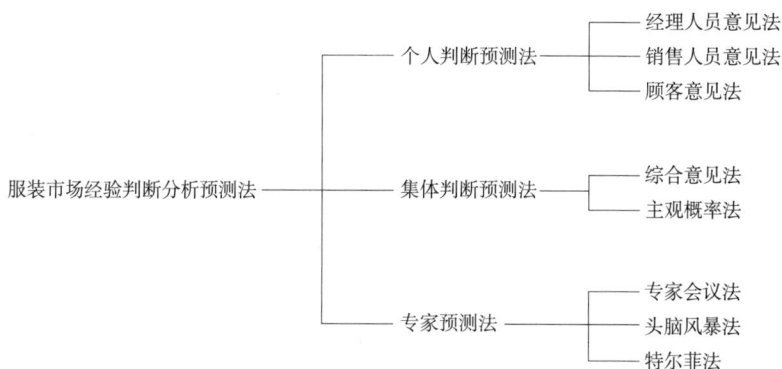

```
                                          ┌── 经理人员意见法
                        个人判断预测法 ──┤── 销售人员意见法
                                          └── 顾客意见法

服装市场经验判断分析预测法 ──          集体判断预测法 ──┤── 综合意见法
                                          └── 主观概率法

                                          ┌── 专家会议法
                        专家预测法 ──────┤── 头脑风暴法
                                          └── 特尔菲法
```

图5-2 服装市场经验判断分析预测法

5.1.1 服装市场个人判断预测法

服装市场个人判断预测法，是指预测者个人根据所掌握的服装市场信息资料，凭借自己的知识和经验，对预测目标作出符合客观实际的估计与判断的方法。在服装市场预测中，常用的服装市场个人判断预测法有：服装市场经理人员意见法、服装市场销售人员意见法和服装市场顾客意见法。

5.1.1.1 服装市场经理人员意见法

服装市场经理人员意见法，是根据厂长、经理等高级主管人员的意见，加以综合后得出预测结果的一种方法。由于高级主管人员对服装企业的产、供、销情况比较熟悉，掌握的资料也比较全面，而且对服装企业的发展战略、宏观经济环境也了解较多，又具有实践经验，因而是一种常用的预测方法。

服装市场经理人员意见法，其主要步骤是：

（1）由经理根据经营管理的需要，向业务主管部门提出预测目标；

（2）各业务主管部门根据自己所掌握的情况，提出自己的预测意见；

（3）经理对各种意见综合、判断、分析，得出预测结果。

下面通过事例，说明服装市场经理人员意见法的应用。

例1，摩登百货商场，对明年春季四大类穿着商品销售情况进行预测。根据各销售部门预测的情况，商场经理汇总得出明年春季风衣销售将增长3~4倍；牛仔服增长80%~90%；男女衬衫增长70%~80%。而面料、针织、鞋帽销售增长分别为40%、50%和30%。由此分析预测，明年春装市场看好，四大类穿着商品中牛仔服将上升最高。

服装市场经理人员意见法的优点是：简单、经济、预测时间短，不需要有大量资料，可以发挥集体智慧使预测结果更准确，如果服装市场情况发生了变化，可以立即修正。其局限性在于：预测的结果容易受主观因素的影响，对服装市场变化、顾客的期望等问题了解得不仔细、预测的精确度不够高。因此，这种方法一般用于近期和短期的服装市场预测，或者结合其他方法使用。

5.1.1.2 服装市场销售人员意见法

服装市场销售人员意见法，就是在进行服装市场预测时，服装企业将本企业销售人员集中起来，让他们对自己负责的销售区域（或产品）未来的销售额作出估计，然后把他们每一个人的估计销售额汇总起来，对服装市场销售前景作出预测的方法。该方法一般适用于近期或短期预测。

服装市场销售人员意见法，其一般的步骤是：

（1）由服装公司、企业向销售人员提供背景材料。背景材料包括本服装公司、企业的营销策略、措施、产供销的统计资料和市场信息，供销售人员作为预测参考之用；

（2）销售人员根据自己所经营的服装商品品种、种类、顾客消费情况及经营状况，预测次季、次年的销售量和销售额；

（3）各销售区域、商场负责人，对销售人员的预测结果进行审定、修正，并进行汇总、上报；

（4）服装公司、企业将下属销售区域、商场的预测数进行汇总、审核、修订后，得出预测总数。

下面通过事例，说明服装市场销售人员意见法的应用。

例2，鸿运服装公司有3名销售人员，他们对自己负责的销售区域下一年度皮衣销售额分别做了估计，见表5-1。

表5-1 各销售人员估计销售额表 单位：万元

预测人员	估计值						
	最高销售额	概率	最可能销售额	概率	最低销售额	概率	期望值
钱姓销售员	8000	0.2	6400	0.5	4800	0.3	6240
赵姓销售员	6000	0.3	5600	0.6	4800	0.1	5640
孙姓销售员	6000	0.3	5200	0.6	4400	0.1	5360

表中期望值的计算公式为：

期望值＝最高销售额×概率＋最可能销售额×概率＋最低销售额×概率

如果将这三个销售人员的期望值合计求平均，就可以得出鸿运服装公司下一年度皮衣销售的预测值为5747万元。

销售人员意见法的优点是：销售人员最接近服装市场和客户，对用户的需求、销售动向和厂家的产品等比较了解，预测结果经多次审核、修正，较为接近实际。此外，预测目标由销售人员自己提出，也易于调动他们完成销售任务的积极性。不足之处是：销售人员受工作岗位限制，虽然对近期、局部情况了解较多，而对服装公司、企业发展战略和宏观经济发展状况却了解较少。因此，预测的结果难免会出现一些偏差。

5.1.1.3 服装市场顾客意见法

服装市场顾客意见法，又叫用户意见法，是指通过收集用户购买意向、需求数量和对服装商品评价等方面的意见，然后来推断服装商品未来需求量的一种预测方法。

在收集用户意见时，可采用抽样调查等方式。收集用户意见，可通过下列途径：

（1）由服装市场调查人员，对用户进行个别访问、电话询问、征询用户意见。

（2）发放调查表或邮寄调查表，征集用户意见。

（3）通过举办服装商品展销会、订货会，征询用户意见。

（4）通过服装商品零售柜台，直接征集用户意见。

服装市场预测人员对征询到的用户意见进行综合分析，并根据以往的经验和当时的经济状况，就可以预测用户在一定时期内，对服装商品的需求数量、质量、品种、规格和价格等情况。

例3，海州市服装工贸集团公司2022年4月召开了一次订货会，该公司在订货会上采用发放调查表的方式，对与会者进行了产品需求调查，调查项目见表5-2。

表5-2　针织机械需求情况调查表

用户名称		所在地区	省　市　县
人数规模		主要生产品种	

请您回答下列问题（在回答栏中写明或打"√"，如不便回答，可写"?"）

问题	回答
1.贵单位现有多少针织设备？	台车__台；棉毛机__台；螺纹机__台；羊毛衫圆机__台；弹力网眼机__台；其他____
2.贵单位最近计划增添针织设备吗？	今年下半年：不增；增加__台；不清楚。明年：不增；增加__台；不清楚
3.贵单位认为我厂产品在哪些方面有缺点？服务方面有什么问题？	质量；品种；规格；包装；按合同交货；技术服务；其他____
4.您估计您单位明年对我厂产品需求量方面会有变化吗？	不变；增加；减少；不清楚（这仅是征求您个人的看法，不作订货依据）
5.如有变化的话，您估计百分比有多大？	1%~5%；6%~10%；11%~15%；16%~20%；21%~25%；26%~30%；31%以上
6.您估计您单位明年对我厂产品的需求，在规格和品种方面有变化吗？	不变；有改变；增加；减少；不清楚
7.其他变化的情况能告诉我们吗？	可能增加的规格和品种是_____；可能减少的规格和品种是_____。
8.贵单位当前需要我厂帮助解决哪些问题？	品种选择；针织设备使用方法；针织机械配件；其他_____
9.贵单位对我厂有哪些意见和要求？	

请您将此表于____月____日前填好送回，十分感谢您的支持!

调查表中1、2问题是为用户建立针织机械使用档案；3、8、9问题是为了改进产品质量，提高服务质量；4、5问题是本次调查的主要问题，是预测下一年度针织机械销量的依据；6、7问题征询用户在下一年度对针织机械品种、规格方面的需求，为调整产品作参考。

该公司将调查表进行汇总后，根据4、5两个问题的答案，进行分析判断。该公司预测：2023年的针织机械销量比2022年有所增长，增长幅度为16%~20%。

5.1.2　服装市场集体判断预测法

服装市场集体判断预测法，又叫集体意见法，是指根据预测目标，通过会议的形式，召集与预测目标有关联的各方面人员，进行集体分析判断，得出预测结果的方法。集体判断法与个人判断法相比，克服了个人判断的局限性，能够做到集思广益，充分发挥集体的智慧和力量。常用的服装市场集体判断预测法有：服装市场综合意见法和服装市场主观概率法。

5.1.2.1 服装市场综合意见法

服装市场综合意见法，是以会议的形式，综合厂长、经理、经营管理人员、业务人员的意见，根据已掌握的信息资料，提出个人看法，对未来服装市场作出判断，最后用平均法进行数据处理，得出服装市场预测结果的方法。它是进行近期、短期服装市场预测的常用方法。

服装市场综合意见法，其预测步骤是：

（1）征询各类人员的预测意见；

（2）计算各类人员预测的期望值；

（3）计算各类人员的平均期望值；

（4）计算综合判断预测值。

下面通过事例，说明服装市场综合意见法的应用。

例4，东方服装公司由张总经理、主管经营的李副总经理、3名中层管理人员和3名销售员进行下一年的销售额预测。根据现有的服装市场信息资料，在综合分析判断的基础上，每个人从各自不同角度提出了自己对销售额的期望值（期望值的计算参见主观概率法）。

（1）计算各类人员的平均期望值：张总经理的销售期望值为3200万元；李副总经理的销售期望值为3400万元。2名公司级领导销售期望值的重要程度相同，权数相同，故平均期望值为 $\frac{3200+3400}{2}$ =3300（万元）。

3名中层管理人员，根据他们对服装市场信息掌握的情况、服装市场销售预测的经验、分析判断问题的角度、能力等的不同，分别给予不同的权数，见表5-3。

表5-3 管理人员销售期望值与权数

职能部门	销售期望值（万元）	权数
销售部刘经理	3100	0.5
生产部赵经理	3500	0.2
财务部钱经理	3320	0.3

平均期望值：3100×0.5+3500×0.2+3320×0.3=3246（万元）

3名销售人员的销售期望值分别为：2720万元、2900万元、3360万元，如果他们的业务水平、分析判断能力、预测经验大致相同，其预测值重要程度相同、权数相同，

那么销售额平均期望值为：$\dfrac{2720+2900+3360}{3}=3000$（万元）

（2）将公司级领导、中层管理人员、销售人员三者的销售期望值进行综合判断，根据三者期望值的重要程度决定其预测权数。如果公司领导、中层管理人员、销售人员的权数分别为5、3、2，则综合判断预测值为：

$$\dfrac{3300\times5+3246\times3+3000\times2}{5+3+2}=3223.8（万元）$$

即采用综合意见法的预测结果：东方服装公司明年销售额为3223.8万元。

服装市场综合意见法的优点是：参加人员较多，占有较大的信息量，能集思广益、相互启发、取长补短；发挥了服装企业内不同层次人员的聪明才智，较全面地集中了各方面意见。此外，还具有快速、及时、节省经费、计算简便等优点。不足之处主要有：易受心理因素的影响，例如，由于参加会议的人员可能有上级、权威人士、前辈、同事等，故碍于"面子"和自尊心，而不能做到畅所欲言。易受个性因素影响，例如，每个人不同的性格，可能影响与会者充分发表意见，难以形成统一认识。

5.1.2.2 服装市场主观概率法

服装市场主观概率法，是指预测小组以主观概率为权数，对定性预测中的各种定量估计进行加权平均，得出综合性预测结果的方法。主观概率，是个人对某一事件在未来发生可能性大小的主观估计值，反映个人对事件在未来发生可能性的主观判断的信任程度。主观概率也必须符合概率论的基本公理：即每一事件发生的概率大于或等于零，小于或等于1；必然发生的事件概率等于1，必然不发生的事件概率等于零；在同一总体中各事件概率之和等于1。

服装市场主观概率法，其预测步骤是：

（1）每个预测者对未来销售作出最高、最可能和最低三种估计，确定各种估计的主观概率，加权平均计算每个人的预测期望值；

（2）根据过去预测的准确程度，确定参加预测者每个人的主观概率，对每个人的预测期望值进行加权平均，计算综合预测值。

下面通过事例，说明服装市场主观概率法的应用。

例5，鸿发服装公司的3名销售人员对下一年销售额的预测见表5-4。

表5-4 销售人员预测期望值计算表

销售员	估计	销售额（万元）	主观概率	销售额×概率（万元）
赵姓销售员	最高销售额	3600	0.3	1080
	最可能销售额	3200	0.5	1600
	最低销售额	2800	0.2	560
	期望值		1/3	3240

续表

销售员	估计	销售额（万元）	主观概率	销售额×概率（万元）
钱姓销售员	最高销售额 最可能销售额 最低销售额	3400 3000 2600	0.2 0.6 0.2	680 1800 520
	期望值		1/3	3000
陈姓销售员	最高销售额 最可能销售额 最低销售额	3200 800 2400	0.2 0.5 0.3	640 400 720
	期望值		1/3	1760

赵姓销售员的期望值为：3600×0.3+3200×0.5+2800×0.2=3240（万元），而钱姓、陈姓销售员的预测期望值可以此类推。

如果3位销售员的判断能力不相上下，其主观概率各为1/3，则3人平均预测销售额为：$\frac{3240+3000+1760}{3}$=2667（万元）

如果根据3位销售员的经验、能力等，确定他们预测值的权数分别为1，2，1，则综合预测值为：$\frac{3240\times1+3000\times2+1760\times1}{1+2+1}$=2750（万元）

每个人期望值权数的确定，一般是根据过去个人判断预测的准确程度来确定的。

为了校正预测结果，还要计算平均偏差程度作为校正依据。根据过去若干年的实际数和预测数对比，计算比率、平均比率和平均偏差程度，见表5-5。

表5-5　平均比率计算

年份	2015	2016	2017	2018	2019	2020	2021	2022	平均比率
实际值预测值比率	0.94	1.02	0.92	0.95	1.00	1.03	0.96	1.04	0.98

平均比率是各年比率的简单算术平均数。

$$平均比率=\frac{0.94+1.02+0.92+0.95+1.00+1.03+0.96+1.04}{8}=0.98$$

各年实际值比预测值有高有低，所以各年实际值与预测值的平均比率为98%。

$$平均偏差程度=平均比率-1=98\%-1=-2\%$$

表明实际值比预测值平均低2%，也就是预测值比实际值平均偏高2%。因此，应将预测值扣除2%加以校正。经校正后，则该公司明年销售额预测值为：2750×98%=2695（万元）。

服装市场主观概率法，经常与前面介绍的服装市场经理意见法、销售人员意见法、顾客意见法综合运用。

5.1.3　服装市场专家预测法

服装市场专家预测法，又叫专家征询法，它是以专家为获取信息的对象，根据专家自己的知识、经验和分析判断能力，在历史和现实有关资料综合分析的基础上，对未来服装市场变化趋势做出预见和判断的方法。它包括：服装市场专家会议法、服装市场头脑风暴法和服装市场特尔菲法。

5.1.3.1　服装市场专家会议法

服装市场专家会议法，又称会议调查法，是指预测者邀请专家以开调研会的方式，向与会专家获取有关预测对象的信息，经归纳、分析、判断和推算，预测服装市场未来趋势的一种预测方法。

选择专家可以通过以下途径：由本领域或相关领域的权威人士，以及熟悉业务的高层领导推荐；从有关学术刊物上选择；通过专家之间相互推荐；通过学术团体、学术机构或组织推荐等。

采用服装市场专家会议法进行服装市场预测时，邀请的专家代表面应广，代表性应强；要根据市场预测对象范围的大小、难易程度，来确定会议规模。一般来说，会议规模不宜过大，以不超过10人为宜。为确保讨论质量，预测者要根据预测目标的要求，事先准备调查提纲，并且要精心选择会议主持人。

服装市场专家会议法，与服装市场个人判断法相比：提供的信息量大，考虑的因素多；分析的依据全面、系统，说服力强；研究问题的层次深；提供的预测方案丰富具体、准确可靠。特别是专家对预测对象发表个人意见时，便于相互交流信息、相互启发，弥补个人判断的不足。

5.1.3.2　服装市场头脑风暴法

服装市场头脑风暴法，是指根据服装市场预测目标的要求，组织各类专家相互交流意见，进行智力碰撞，产生新的思维和观点，并使这些论点进一步深化、集中，进而得出最佳预测结果。它是服装市场专家会议法的进一步发展，是运用专家们创造性思维进行预测的一种方法。服装市场头脑风暴法可分为：服装市场直接头脑风暴法和服装市场质疑头脑风暴法两大类。

（1）服装市场直接头脑风暴法。服装市场直接头脑风暴法，就是采用对所要预测的 问题共同进行探讨，直接鼓励专家进行创造性的思维活动，促进专家小组得出预测结果的一种方法。具体做法如下：

①确定与会专家的名单、人数和会议时间。为了提供一个创造性的思维环境，与会人员尽量互不认识；如果相互认识，一般不选择领导参加；会议人员一般以10人为宜；会议时间以60分钟为宜，时间不宜过长。

②会议主持人要创造一种自由、平等、民主的讨论气氛，支持和鼓励不同意见，激发参加者参与讨论的积极性。会议主持人只出题目，不谈个人看法，严格限制讨论范围，讨论要求具体明确、主题突出，对各种意见和方案不持否定和批评态度，只讨论设想而不分析这种设想是否正确和可行。自己谈自己的，不对别人的设想进行评论，提出的预测设想多多益善，因为讨论问题越广越深，产生有价值的设想的概率就越大。

③会议发言不允许宣读事先准备好的发言稿，提倡即席发言，发言要精炼，切忌长篇大论、详细论述。

④会议主持人按如下程序将各种设想进行归类、比较和评价：对所有提出的设想编制名称一览表；用专业术语表述每一种设想的内容和特点；找出重复或互为补充的设想进行比较分析，以此为基础形成一种较为完整的综合设想；分组编制不同设想的一览表，并对每一种设想提出评价意见。

（2）服装市场质疑头脑风暴法。服装市场质疑头脑风暴法，是指对直接头脑风暴法提出的已系统化的预测方案，进行质疑分析的预测方法。其做法与服装市场直接头脑风暴法基本相同，只是对一种预测方案实现的可行性进行全面质疑和评价，在对已提出的设想能否实现进行论证时，分析存在的制约因素以及排除限制因素的建议。在质疑过程中，鼓励提出可行性设想，从而进一步完善预测方案，形成一个更科学、更可行的预测结果。

5.1.3.3 服装市场特尔菲法

服装市场特尔菲法，是在专家会议法的基础上发展起来的一种直观预测方法。它是采用函询调查，向参与预测课题的专家分别提出问题，然后将他们回答的意见综合、整理、归纳，匿名反馈给各个专家，再次征求意见，然后加入综合、整理、反馈，这样经过多次的反复循环最终得出预测结果的一种经验判断法。特尔菲（Delphi）是阿波罗神殿所在地的希腊古城之名，特尔菲法是由美国兰德公司在20世纪40年代末首创，在国外的各种预测领域被广泛采用，并收到良好的预测效果。

服装市场特尔菲法一般按下列程序进行，如图5-3所示。

服装市场特尔菲法，其预测步骤是：

（1）主持人根据预测的目的和要求，拟定预测目标，提供有关资料，选定有理论水平和实践经验的专家15~20人；

（2）将调查提纲寄送给每一位专家，请他们凭借自己的主观经验，对目标市场作

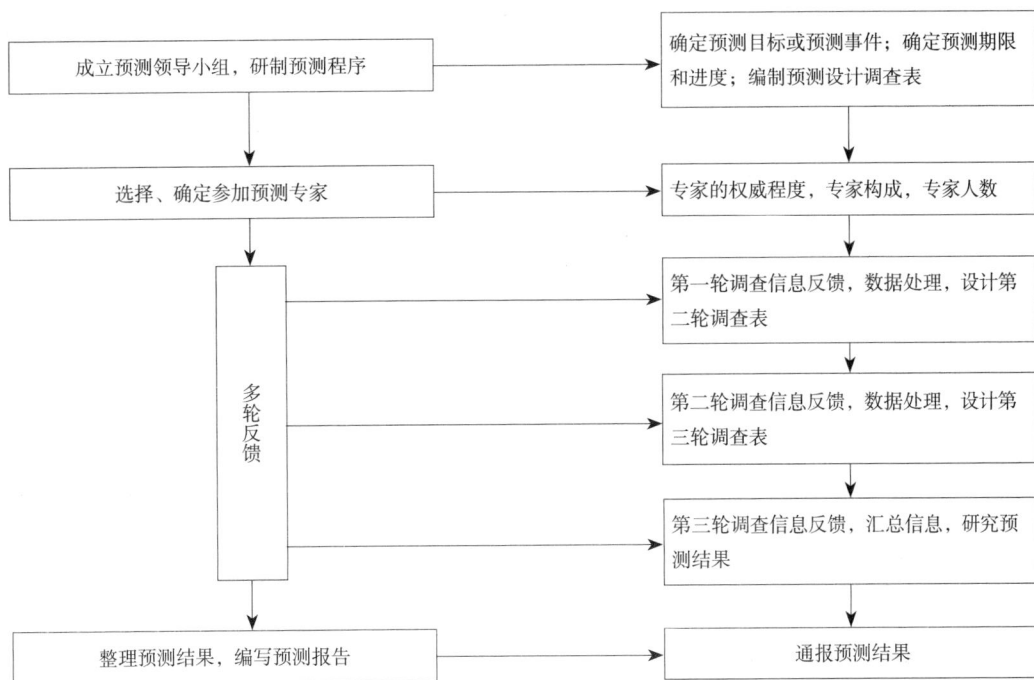

图5-3　特尔菲法预测程序图

出分析和评估，通过会议讨论或信函征询的形式，得出服装市场的初步结果；

（3）主持人将各种不同的预测结果及数据分类汇总并反馈给各个专家，继续讨论或书面征询，几经反复，最后得出较为符合服装市场实际的预测结果；

（4）主持人根据基本趋于一致的预测结果，写出总结报告，以供决策者参考。

服装市场特尔菲法，具有匿名性、反馈性、多向性和收敛性等特点，主要适用于宏观的、长期的服装市场预测。其优点在于：以专家的丰富知识和实践经验为判断基础，充分发挥专家的专业特长，在缺乏资料的情况下，预测结果可靠；征询意见广泛，不受地区、部门限制，方法简便、易行、实用。其不足在于：预测时间较长，回收率不高、专家中途退出、意见受心理因素等影响而不全面，往往对预测结果的精确性产生不利影响。

5.2　服装市场时间序列分析预测法

服装市场时间序列分析预测法，也称时间序列预测技术、时间数列预测法、时间序列分析法，或简称时序预测法，它是以连续性原理为依据，以假设事物过去和现在的发展变化趋势会延续到未来为前提，从预测对象的历史资料所组成的时间序列中，找出事物发展的趋势，并用其趋势延伸来推断未来状况的一种预测方法。美国哈佛大学首先使用此法，用于商情研究和预测。目前，它已成为世界各国经济预测的基本方法之一，不仅在微观，而且在宏观范围得到广泛应用。

小思考：

服装市场时间序列分析预测法有哪些具体方法？

关于服装市场时间序列分析预测法，我们具体学习：服装市场平均预测法、服装市场指数平滑预测法、服装市场线性趋势外推预测法、服装市场季节指数预测法等方法，如图5-4所示。

图5-4　服装市场时间序列分析预测法

5.2.1　服装市场平均预测法

服装市场平均预测法，是通过对历史数据的分析，消除时间序列的随机波动和季节波动，寻找时间序列的基本发展趋势所进行的预测方法。它主要包括：服装市场简单平均法和服装市场移动平均法两种。简单平均法又可分为：算术平均法和加权算术平均法两种。移动平均法又可分为：算术移动平均法和加权移动平均法两种。

5.2.1.1　服装市场简单平均法

（1）算术平均法，就是以观察期预测变量的简单算术平均数作为下期预测值的预测法。它适用于趋势比较稳定的时间序列的短期预测。其计算公式为：

$$\overline{X}_{n+1} = \overline{X} = \frac{X_1 + X_2 + \cdots + X_n}{N} = \frac{\sum_{i=1}^{n} X_i}{N} \ (i=1,2,3,\cdots,\ n) \tag{5-1}$$

式中：$\bar{X}$ —— 简单算术平均数；

$\bar{X}_{n+1}$ —— 第 n+1 期的预测值；

$X_1, X_2, \cdots, X_n$ —— 观测值，即各期（年、季或月）的销售量；

N —— 期数，即数据个数；

i —— 观测值的顺序号。

下面通过事例，说明服装市场简单算术平均法的应用。

例6，金辉服装厂1~3月服装销售额分别为12万元、14万元、11万元，请预测4月的销售额。

解：按式（5-1）计算得：

4月预测销售额 $\bar{X}_4$ =（12+14+11）/3=12.33（万元）

从上方事例可知，此预测方法简便易行。但由于将近期销售额和远期同等看待，而未能充分反映服装市场需求变化的最新趋势。因此，在服装市场变化较大、数据变动明显时，预测的准确度就会降低。当然，这里的预测数据可以是销售额，也可以是价格、供应量、销售量或其他市场变量。

由于简单算术平均法将各期观测值同等看待，但实际上近期观测值又含有更多的时间序列变化趋势的信息，而远期的则较少，因此简单算术平均法就很难做到准确预测，所以就需要引进加权算术平均法。

（2）加权算术平均法，是以预测变量预测期的加权算术平均数作为下期预测值的预测方法。给近期观测值较大的权数，给远期观测值较小的权数。其计算公式为：

$$\bar{X}_{n+1} = \bar{X} = \frac{X_1 W_1 + X_2 W_2 + \cdots + X_n W_n}{W_1 + W_2 + \cdots + W_n} = \frac{\sum_{i=1}^{n} W_i X_i}{\sum_{i=1}^{n} W_i} (i = 1, 2, 3, \cdots, n) \qquad （5-2）$$

式中：$\bar{X}$ —— 加权算术平均数；

$\bar{X}_{n+1}$ —— 第 n+1 期预测值；

X_i —— 该期内的时间序列中的各值；

W_i —— 与 X_i 相应的权数；

i —— 顺序号。

下面通过事例，说明服装市场加权算术平均法的应用。

例7，根据例6资料，用加权算术平均法预测。

解：首先以1~3月的加权算术平均数作为4月的预测值，权数依次取1，2，3时，4月的销售额预测值为，由式（5-2）得：

$\overline{X}_4 = （1×12+2×14+3×11）/（1+2+3）=12.17（万元）$

运用加权算术平均法准确预测的关键是权数的确定，但是，权数的确定却没有规则可循，通常要凭借预测者的经验判断来主观确定。一般来说，若历史资料变动较大，则应进一步加大近期观测值的权数，以抵消历史资料大幅度变动对预测结果的影响，如可由远及近采用等比数列（如1，2，4，8，16，…）为权数。若历史资料变动幅度较小，则权数不必相差太大，如可由远及近采用等差数列（1，2，3，…，n）为权数，当历史资料呈现的倾向变化时，采用加权算术平均法仍会出现滞后偏差，造成较大的误差。

5.2.1.2 服装市场移动平均法

（1）算术移动平均法，这种方法是把过去若干时期（如n期）对预测值影响显著的实际销售额相加，求得平均值，作为第t+1期的预测值。在预测下一期时，去掉第一期的数据，补上最近一期的实际量，向前移动一期求得平均值，作为新一期的预测值。其计算公式为：

$$\hat{X}_{t+1} = \overline{X}_t^{(1)} = \frac{X_t + X_{t-1}+\cdots+X_{t-n+1}}{n} = \frac{1}{n}\sum_{i=t-n+1}^{t} X_i(t=n,n+1,\cdots,N) \tag{5-3}$$

式中： $\overline{X}_t^{(1)}$ —— 第t期的移动平均数；

$\hat{X}_{t+1}$ —— 第t+1期预测值；

$X_t,X_{t-1},\cdots,X_{t-n+1}$ —— 序列第 $t,t-1,\cdots,t-,n+1$ 期的观测值；

n —— 移动平均期数；

N —— 序列中的数据个数（样本容量）。

下面通过事例，说明服装市场算术移动平均法的应用。

例8，根据例6资料，用前3个月预测出4月的销售额为12.33万元，4月实际销售额为12.35万元，移动期数n=3，试预测5月的销售额。

解：按式（5-3）计算得：

$$\hat{X}_5^{(1)} = \overline{X}_4^{(1)} = \frac{12.35+11+14}{3} = 12.45（万元）$$

如果要预测6月的销售额，则用5、4、3月的数据。

算术移动平均法中的移动期数（在本例中是3）可根据历史资料的具体情况而定，既要包括足够的期数以抵消随机波动的影响，但又不能太多，否则会产生与算术平均法同样的问题。

算术移动平均法虽然有利于消除干扰，揭示长期趋势，但它将各期观测值等同看待不够合理，这就类似于上面介绍的算术平均法，所以有必要引进加权移动平均法。

（2）加权移动平均法，就是对各组数据加权求移动平均数进行预测的方法。其公式为：

$$\hat{X}_{t+1}^{(1)} = \frac{W_t \cdot X_t + W_{t-1} \cdot X_{t-1} + \cdots + W_{t-n+1} \cdot X_{t-n+1}}{W_t + W_{t-1} + \cdots + W_{t-n+1}} = \sum_{i=t-n+1}^{t} W_i X_i \Bigg/ \sum_{i=t-n+1}^{t} W_i \ (t = n, n+1, \cdots, N)$$

$$(5-4)$$

其中，W_i 是权数，是根据时间序列的具体情况，凭经验，按近期大、远期小原则而设计。例如，当 n=3 时，可如此设计权数：

t	3/6	0.5	0.4	0.6
$t-1$	2/6	0.3	0.3	0.3
$t-2$	1/6	0.2	0.3	0.1

无论怎样设计权数，都要使其尽量符合实际——影响力大的数据具有大的权数，并保证权数之和为1。

下面通过事例，说明服装市场加权移动平均法的应用。

例9，粤兴服装集团1~5月服装的销售额分别是650万元、550万元、600万元、650万元、700万元。令 $n=3$，$W_3=0.5$，$W_2=0.3$，$W_1=0.2$。运用加权移动平均法预测6月的销售额。

解：按式（5-4）计算得：

$$\hat{X}_6^{(1)} = (0.5 \times 700 + 0.3 \times 650 + 0.2 \times 600) / (0.5 + 0.3 + 0.2) = 665（万元）$$

到6月底，预测7月的销售额。假定6月的实际销售额为686万元，则7月的销售额预测值为：

$$\hat{X}_7^{(1)} = (0.5 \times 686 + 0.3 \times 700 + 0.2 \times 650) / (0.5 + 0.3 + 0.2) = 683（万元）$$

所以，用加权移动平均法预测的7月销售额为683万元。

总之，在应用平均法时，需先取得历史数据，然后用式（5-1）或式（5-2）或式（5-3）或式（5-4）来计算未来时期的预测值。应用移动平均法时，则还需确定移动期数；应用加权移动平均法时，则需进一步确定权数。

5.2.2　服装市场指数平滑预测法

服装市场指数平滑预测法，也称指数移动平均法，是通过对指数平滑序列进行指数平滑，以求得指数平滑值，然后利用它们之间的滞后偏差规律，建立线性模型，对有明显上升或下降趋势的时间序列进行预测的方法。服装市场指数平滑预测法，是移动平均法的发展，分为一次指数平滑法和多次指数平滑法。多次指数平滑法是二次及二次以上的指数平滑法，其基本原理与二次指数平滑法相同。这里只学习一次和二次指数平滑法。

5.2.2.1 服装市场一次指数平滑法

服装市场一次指数平滑法，是以预测变量的本期实际值和本期的预测值为基数，分别给两者以不同的权数，计算出指数平滑值，作为下期预测值的一种预测方法。其预测公式为：

$$\overline{X}_{n+1} = \alpha \cdot X_n + (1-\alpha)\overline{X}_n \qquad (5-5)$$

式中：$\overline{X}_n$ 和 $\overline{X}_{n+1}$ ——分别代表本期和下期的预测值；

$\qquad\qquad X_n$ ——本期的实际值；

$\qquad\qquad \alpha$ 平滑系数，也称修正系数，$0 \le \alpha \le 1$。

如果在式（5-5）中把 $\overline{X}_n$ 的值用公式：$\overline{X}_n = \alpha \cdot X_n + (1-\alpha)\overline{X}_{n-1}$ 代替，则

$$\overline{X}_{n+1} = \alpha \cdot X_n + (1-\alpha)[\alpha \cdot X_{n-1} + (1-\alpha)\overline{X}_{n-1}] = \alpha \cdot X_n + \alpha(1-\alpha)X_{n-1} + (1-\alpha)^2 \overline{X}_{n-1}$$

依此类推，可得：

$$\overline{X}_{n-1} = \alpha \cdot X_n + \alpha(1-\alpha)X_{n-1} + \alpha(1-\alpha)^2 X_{n-2} + \cdots + \alpha(1-\alpha)^{n-1} \cdot X_1 + (1-\alpha)^n \overline{X}_1 \qquad (5-6)$$

当 n 充分大时，$(1-\alpha)^n$ 充分小，即 $n \to \infty$，$(1-\alpha)^n \to 0$。所以上式可写为：

$$\overline{X}_{n-1} \approx \alpha \cdot X_n + \alpha(1-\alpha)X_{n-1} + \cdots + \alpha(1-\alpha)^{n-1} X_1 \qquad (5-7)$$

由此可见，指数平滑法求得的预测值，实质上是预测变量全部历史数据的加权平均值，其权数为 α，$\alpha(1-\alpha)$，$\cdots$，$\alpha(1-\alpha)^{n-1}$，是一种指数形式的权数，它依次递减为等比数列。指数平滑法的名称亦由此而来。

式（5-5）的另一种写法可对指数平滑法作进一步理解。通过重新调整式（5-5）中的各项，可得：

$$\overline{X}_{n+1} = \overline{X}_n + \alpha(X_n - \overline{X}_n) \qquad (5-8)$$

上式说明，用指数平滑法算出的下期预测值，仅是本期预测值加上平滑系数乘以本期预测误差。很显然，当式中 α 值接近1时，下期预测中包含对本期预测所发生的误差作了很大的调整。相反，当 α 值接近于0时，下期预测就没有对本期预测误差作多大调整。因此，α 值大小对预测效果有直接的影响，反映了预测者对近期数据重要性的看法。α 越接近1，说明近期对下期越重要，反之亦然。

指数平滑法和加权平均法的局限性都是缺少一种好的方法来确定适当的权数。常用的方法是将几个或几组权数进行试算比较，看哪一个误差最小，由此选定权数，并作预测。指数平滑法中还有一个问题，就是 $\overline{X}_1$ 的确定。按照式（5-5）有：

$$\overline{X}_1 = \alpha \cdot X_0 + (1-\alpha)\overline{X}_0 \qquad (5-9)$$

而式中 X_0 和 $\overline{X}_0$ 是不存在的。所以，需用其他方法来估算。一般来说，初始值距离预测期越远，指数权数就越小，α 对预测的影响也就越小，反之亦然。因此，当历

史数据足够多（如30个以上）时，可取 $\bar{X}_1 = X_1$；当历史数据不够多（如不足15个）时，可选取前若干期的平均值，作为 X_1 值。此外，也可用其他数学方法估计初值 $\bar{X}_1$。

例10，大红鹰服装集团公司第一季度的销售额为3600万元，预测值为3800万元，试用一次指数平滑法预测第二季度的销售额。

解：根据式（5-5）得，第二季度的销售额为：

当 α =0.1时，$0.1 \times 3600 + （1 - 0.1）\times 3800 = 3780$（万元）

当 α =0.3时，$0.3 \times 3600 + （1 - 0.3）\times 3800 = 3740$（万元）

当 α =0.5时，$0.5 \times 3600 + （1 - 0.5）\times 3800 = 3700$（万元）

当 α =0.9时，$0.9 \times 3600 + （1 - 0.9）\times 3800 = 3620$（万元）

由此可见，由于平滑系数取值不同，所得预测值也有所不同。服装市场一次指数平滑法，一般适用于受不规则变动影响，而没有稳定的发展趋势的时间序列。用于有明显的上升或下降趋势的时间序列预测就不够准确，需要采用服装市场二次指数平滑法，把趋势的影响考虑进去。因此，一般不直接采用一次指数平滑法进行预测，而是在此基础上，再进行一次指数平滑，求得平滑系数，建立起预测模型，再进行预测。

5.2.2.2 服装市场二次指数平滑法

服装市场二次指数平滑法，是对一次指数平滑序列再进行一次指数平滑，以求得二次指数平滑值，然后利用它们之间的滞后偏差规律，建立线性模型，对有明显上升或下降趋势的时间序列进行预测的方法。

二次指数平滑值的计算公式为：

$$\bar{\bar{X}}_n = \alpha \cdot \bar{X}_n + (1-\alpha)\bar{\bar{X}}_{n-1} \qquad (5-10)$$

式中：$\bar{\bar{X}}_n$ 和 $\bar{\bar{X}}_{n-1}$ 分别为第 n 和 $n-1$ 期的二次指数平滑值；

其他符号的含义与式（5-5）同。

运用式（5-10）计算二次指数平滑值时，也需确定初值 $\bar{\bar{X}}_1$，并选定 a 值。一般令 $\bar{\bar{X}}_1 = \bar{X}_1$，$a$ 值与一次指数平滑时取相同数值。二次指数不直接用作预测值，而是同一次指数平滑值一起用来计算线性方程的参数。

二次指数平滑法的预测方程为：

$$\hat{X}_{n+T} = a_n + b_n \cdot T \qquad (5-11)$$

式中：$\hat{X}_{n+T}$ —— 第 $n+T$ 期的预测值；

n —— 一次和二次指数平滑值的期号；

T —— 所需预测的超前期数；

a_n、b_n —— 参数。

参数 a_n、b_n 的计算公式为：

$$\begin{cases} a_n = 2\bar{X}_n - \bar{\bar{X}}_n & （5-12） \\ b_n = \dfrac{\alpha}{1-\alpha}(\bar{X}_n - \bar{\bar{X}}_n) & （5-13） \end{cases}$$

下面通过事例，说明服装市场二次指数平滑法的应用。

例11，亚洲服装集团公司的服装产品库存量变化见表5-6，假设 $a=0.2$，按上述公式计算各有关数据。试预测第25期的库存余量。

解：先计算参数 a_{24}、b_{24}，利用式（5-10）和式（5-11）得：

$$a_{24} = 2 \times 230.191 - 208.136 = 252.246$$

$$b_{24} = \frac{0.2}{0.8} \times (230.191 - 208.136) = 5.5138$$

所以，按式（5-9）得，第25期的预测值为：

$$\hat{X}_{25} = 252.246 + 5.5138 \times 1 = 258（万件）$$

如果预测第30期的库存余量，则

$$\hat{X}_{30} = 252.246 + 5.5138 \times 6 = 285（万件）$$

表5-6　用二次指数平滑法预测库存量

1	2	3	4	5	6	7
时期 N	库存余量	一次指数平滑值 $\bar{X}_n$	二次指数平滑值 $\bar{\bar{X}}_n$	a 值	b 值	预测值= $a+bT$ （$T=1$）
1	143	143.000	143.000	—	—	—
2	152	144.800	143.360	146.240	0.36000	—
3	161	148.040	144.296	151.784	0.93600	147
4	139	146.232	144.683	147.781	0.38720	153
5	137	144.386	144.624	144.147	0.00595	148
6	174	150.308	145.761	154.856	1.13696	144
7	142	148.647	146.338	159.956	0.57724	156
8	141	147.177	146.494	147.741	0.15592	151
9	162	150.694	147.214	152.974	0.72004	148
10	180	156.075	148.986	163.164	1.77228	154
11	164	157.660	150.721	164.599	1.73482	165
12	171	160.328	152.642	168.014	1.92145	166

续表

1	2	3	4	5	6	7
时期 N	库存余量	一次指数平滑值 $\bar{X}_n$	二次指数平滑值 $\bar{\bar{X}}_n$	a值	b值	预测值= $a+bT$ (T=1)
13	206	169.462	156.006	182.919	3.36404	170
14	193	174.170	159.639	188.701	3.63274	186
15	207	180.736	163.858	197.613	4.21938	193
16	218	188.189	168.724	207.653	4.86607	202
17	229	196.351	174.250	218.452	5.52531	212
18	225	202.081	179.816	224.346	5.56621	214
19	204	202.465	184.346	220.584	4.52973	230
20	227	207.372	188.951	225.792	4.60519	225
21	223	210.497	193.260	227.735	4.30930	231
22	242	216.798	197.968	235.628	4.70754	232
23	239	221.238	202.622	239.855	4.65411	241
24	266	230.191	208.136	252.246	5.51377	245
25	—	—	—	—	—	258

一般来说，服装市场二次指数平滑法，比服装市场一次指数平滑法有更好的效果，而且，服装市场二次指数平滑法不仅像服装市场一次指数平滑法那样能处理短期模式，而且能处理长期线性趋势模式的时间序列。

5.2.3　服装市场线性趋势外推预测法

服装市场线性趋势外推预测法，是指对具有线性变化趋势的时间序列拟合出直线方程，并进行预测的方法。

在应用这种方法时，首先要判定时间序列是否具有线性变化趋势。具体判定方法：

（1）把所有的历史数据 X_1，X_2，…，X_n 画在"$t-x$"平面直角坐标系中，观察 X_1，X_2，…，X_n 是否近似在一条直线上，如果是，即可用线性趋势外推法；

（2）用增量法，即计算 $\Delta X_t = X_t - X_{t-1}$，看 ΔX_1，ΔX_2，…，ΔX_n 是否在一个常数附近变化，或画在坐标系中，看是否基本上呈一条水平直线。因为，如果 X_t 是直线变化趋势，则有 $X_t = a + bt$ 的形式，所以，$\Delta X_t = X_t - X_{t-1} = b$（直线斜率），是一个常数；

（3）如果上述判断结果是肯定的，则下一步就要拟合直线方程：

$$\hat{X}_t = a + bt \qquad (5\text{-}14)$$

式中：$\hat{X}_t$ ——第 t 期的预测值或拟合值；

　　　a，b ——方程的系数。

预测的关键是估计出 a 和 b，估计的方法有二次指数平滑法、半平均值法和最小二乘法。

5.2.3.1 服装市场半平均值法

服装市场半平均值法，就是把时间序列分成两部分，分别代入方程 $\hat{X}_t = a + bt$，然后两组方程分别相加，得到两个方程，解方程组即可算出参数 a、b 的值。

下面通过事例，说明服装市场半平均值法的应用。

例12，南方服装厂历年来男衬衣销售资料见表5-7。试用线性趋势外推法预测2022年、2023年的销售量。

解：先用半平均值法求出直线方程的参数，以2016~2018年为一组，2019~2021年为另一组，得到如下两个方程：

第一组：$12108 = a + b \times (-5)$

　　　　　$13779 = a + b \times (-3)$

　　　　　$14593 = a + b \times (-1)$

第二组：$19800 = a + b \times 1$

　　　　　$21430 = a + b \times 3$

　　　　　$24535 = a + b \times 5$

把第一组和第二组三个方程分别相加得：

$$\begin{cases} 40479 = 3a + (-9) \cdot b \\ 65765 = 3a + 9 \cdot b \end{cases}$$

解方程组得：

$$a = 17707.5 \qquad b = 1404.8$$

故得线性趋势方程：$\hat{X}_t = 17707.5 + 1404.8t$

所以，2022年、2023年的预测销售量为：

$$\hat{X}_{2022} = 17707.5 + 1404.8 \times 7 = 27541 \text{（件）}$$

$$\hat{X}_{2023} = 17707.5 + 1404.8 \times 9 = 30351 \text{（件）}$$

表5-7 南方服装厂历年男衬衣销售量   单位：件

年份	销售量 X_i	t_i	$X_i t_i$	备注
2016	12108	−5	−60540	
2017	13779	−3	−41337	
2018	14593	−1	−14593	
2019	19800	+1	19800	
2020	21430	+3	64290	
2021	24535	+5	122675	

5.2.3.2 服装市场最小二乘法

用服装市场半平均值法拟合出来的直线，不一定是最精确的。因为在时间序列分组时，没有明确如何对半分，故可以有各种分法，求出不同的参数值。要判定哪一个最精确，则需要进行复杂的计算。但是，用服装市场最小二乘法可确保拟合得出的直线方程，是对时间序列的最佳线性拟合。

服装市场最小二乘法，是寻找参数 a、b 值，使方程 $\hat{X}_t = a + bt$ 的拟合值 $\hat{X}_t$ 与其实际观察值 X_t 的偏差 $(X_t - \hat{X}_t)$ 的平方和 $\Sigma(X_t - \hat{X}_t)^2$ 最小的方法。

根据微积分中的极值原理，欲使

$$S = \Sigma(X_t - \hat{X}_t)^2 = \Sigma(X_t - a - b \cdot t)^2 \qquad (5-15)$$

取最小值，则 $S=S(a,b)$，关于 a 和 b 的偏导数必为0。所以，对式（5-15）求偏导数，并令其等于零，得出两个方程：

$$\begin{cases} aS/a\alpha = 2\Sigma(X_t - a - b \cdot t) \times (-1) = 0 \\ aS/ab = 2\Sigma(X_t - a - b \cdot t) \times (-t) = 0 \end{cases}$$

解方程组，可得 a 和 b 的值。

对时间序列参数，只要适当选取 t 的值，a、b 可用下式计算：

$$\begin{cases} a = \dfrac{\Sigma X_t}{n} = \bar{X} & (5-16) \\[3mm] b = \dfrac{\Sigma X_i t_i}{\Sigma t_i^2} & (5-17) \end{cases}$$

选取 t 值要分两种情况：当观察值个数 n 是奇数时，令中间这个观察值的 $t = 0$，两边分别取 ± 1，± 2，…即可；如果 n 是偶数，则上下对半分，各观察值的 t 值分别取 ± 1，± 3，± 5，…即可（表5-7）。

下面通过事例，说明服装市场最小二乘法的应用。

例13，以表5-7数据为例，用最小二乘法重新预测2022年、2023年的销售量。

解：

$$a = \frac{12108 + 13779 + \cdots + 24535}{6} = 17707.5$$

$$b = \frac{(-60540) + (-41337) + \cdots + 122675}{(25 + 9 + 1) \times 2} = 1290$$

所以，拟合方程为：$\hat{X}_t = 17707.5 + 1290t$

故2022年、2023年的预测销售量为：

$$\hat{X}_{2022} = 17707.5 + 1290 \times 7 = 26738 \text{（件）}$$

$$\hat{X}_{2023} = 17707.5 + 1290 \times 9 = 29318 \text{（件）}$$

5.2.4　服装市场季节指数预测法

服装商品的生产和销售活动呈现出有规律的周期性变动，这是在一年中常见的现象。这种变动叫作季节变动，通常以12个月或4季度为一周期。服装市场季节指数预测法，就是以服装市场的循环周期（一年或一季）为跨越期求得移动平均值，并在移动平均值的基础上求得季节指数，然后以最后一个移动平均值、趋势增长值和季节指数为依据，对服装市场未来的发展趋势作出量的预测方法。

服装市场季节指数预测法，通常用于观察具有季节性波动的预测。服装产品的市场需求呈明显的季节性波动，而且这种波动是有规律地发展的。

下面通过事例，说明服装市场季节指数预测法的应用。

例14，北江市涤棉府绸的销售量三年内各个季节的销售资料见表5-8。试计算各年各季的季节指数。

表5-8　2020~2022年北江市涤棉府绸各季销售量情况　　单位：万米

年份 销售量 季度	2020年	2021年	2022年	三年合计
春季（1~3月）	228	224	258	710
夏季（4~6月）	348	344	400	1092
秋季（7~9月）	428	468	472	1368
冬季（10~12月）	260	292	262	814
年总需求量	1264	1328	1392	3984

解：从表5-8中可以看出，涤棉府绸的销售量淡季和旺季相差一倍左右，若用移动平均法预测某个季节的服装市场需求量，那么就不可能符合实际情况，因此，就可以用季节指数法进行预测。

计算方法：

$$某年各季平均需求量=\frac{当年市场销售量}{4}$$

$$某季市场需求量的季节指数=\frac{某季的市场销售量}{当年各季平均销售量}\times100\%$$

$$某季预测需求量=\frac{年需求量}{4}\times平均季节指数$$

所以，2020年春季的季节指数为：

$$228\div\frac{1264}{4}\times100\%=72.15\%$$

其余类推，分别计算出各年各季节的指数，填入表5-9中。

表5-9 2020~2022年各季的季节指数

季节指数 度数 \ 年份	2020年 （%）	2021年 （%）	2022年 （%）	平均季节指数 （%）
春季（1~3月）	72.15	67.47	74.14	71
夏季（4~6月）	110.13	103.61	114.94	110
秋季（7~9月）	135.44	140.96	135.63	137
冬季（10~12月）	82.28	87.95	75.29	82

例15，根据例14的资料，现预计2023年全年市场对涤棉府绸需求量是1456万米，各季节的市场需求量是多少？

解：根据表5-9中的平均季节指数，可得2023年

春季需求量：1456÷4×71%=258（万米）

夏季需求量：1456÷4×110%=400（万米）

秋季需求量：1456÷4×137%=499（万米）

冬季需求量：1456÷4×82%=299（万米）

5.3 服装市场因果分析预测法

在服装市场预测的定量方法中，服装市场因果分析预测法是与服装市场时间序列预测法不同的另一类预测方法。服装市场时间序列预测法侧重从时间轴来考虑预测对象的变化和发展，时间序列发展数学模型一般都是时间的函数。而服装市场因果分析预测法，则是一种从分析事物变化的因果关系入手，通过统计分析和建立数学模型提示，来预测目标与其他有关的经济变量之间的数量变化关系，据此进行预测的方法，即把其他相关因素的变化看作"因"，把预测对象的变化看作"果"，建立因果之间的数学模型，并根据相关因素的变化，推断预测对象的变化趋势的方法。

服装市场因果分析预测法，在预测时也需要历史数据，但是它与服装市场时间序列预测法还是有根本性区别的。主要是服装市场时间序列预测法只用预测变量的历史数据，不作因果分析，并假定现在的趋势会延续到未来。而服装市场因果分析预测法需要预测变量和影响变量的历史数据，并在预测时首先通过其他途径获得影响变量的未来值，然后求得预测值。

小思考：

常用的服装市场因果分析预测方法有哪些？

常用的服装市场因果分析预测方法有：服装市场回归分析预测法、服装市场投入产出预测法、服装市场经济计量模型预测法等，此外还有服装市场因子推演预测法、服装市场比例系数预测法等。

我们主要学习：服装市场回归分析预测法和服装市场因子推演预测法，如图5-5所示。

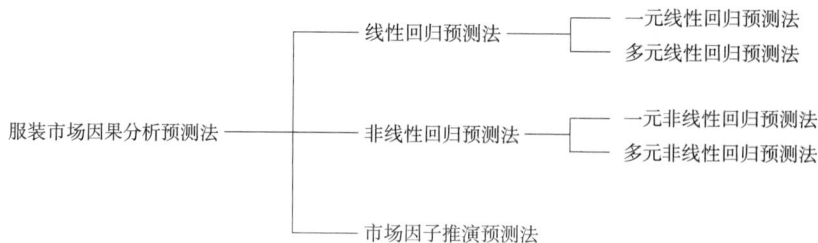

图5-5　服装市场因果分析预测法

5.3.1　服装市场线性回归预测法

服装市场回归分析预测法，是一种建立在数理统计分析理论基础上的统计预测方法，它处理的是经济变量之间客观存在的某种因果关系。例如，居民货币收入增加，就会影响到消费品需求增加；服装产品量增加，就能降低单位的成本等。这种因果关系往往无法用精确的数学关系来描述，只有通过对大量的历史数据进行统计处理，才能找出它们之间的关系和规律。

实际资料的分析，可以粗略了解它们之间的影响关系，回归分析则明确地把这种关系表达出来，并可以反映表达式的有效性。

如果预测变量的影响因素是一个，那么这样的回归称为一元回归；如果影响因素有两个或多个，则称为多元回归。根据预测变量与影响变量的关系，可分为线性回归和非线性回归。非线性回归，一般先转化为线性形式，然后进行回归分析。

5.3.1.1　服装市场一元线性回归预测法

服装市场一元线性回归预测法，是指两个具有线性关系的变量，配合线性回归模型，根据自变量的变动来预测因变量平均发展趋势的方法。它所反映的是一个自变量对因变量的线性影响关系，因而称为一元线性回归，亦称简单回归，是回归预测中最基本、最简单的预测方法，也是掌握其他回归预测方法的基础。

服装市场一元线性回归预测法，其基本原理和步骤如下：

（1）分析影响预测对象的有关因素，选定自变量。预测对象确定后，首先要根据经济理论和实践经验，找出影响预测对象的各种因素及其影响方向和程度，这要靠调查来完成。在分析时，要弄清哪些因素是基本的、起决定作用的；哪些因素虽不是主要的，但对预测对象确有影响；哪些因素影响很小，可以忽略不计等。如果某些因素的影响程度难以把握，可以暂时保留，因为回归分析法本身有判别变量影响大小的方法。当然，利用服装市场一元回归预测时，必须在许多因素中找出一个决定性因素，作为自变量。如果回归效果不显著，则可以增加变量。如果一开始就发现有多个变量，对预测对象的影响程度同等重要，则应选择多元回归方法。

（2）选择合适的回归模型，建立回归方程。自变量确定后，可以根据自变量与因变量的统计数据资料，分析两者的关系。假定只有一个自变量的情况，其分析方法是：把自变量 x 与因变量 y 的统计数据，画在直角坐标系中，观察这些点（x，y）的分布情况，该图通常被称为散布图。如果这些点近似地成一条直线，就可以作线性回归。

另一种方法，是分析自变量 x 与因变量 y 的线性相关性，通过计算相关系数而得，其公式为：

$$r = \frac{\sum_{i=1}^{n}(x_i - \overline{x}) \cdot (y_i - \overline{y})}{\sqrt{\sum_{i=1}^{n}(x_i - \overline{x})^2} \sqrt{\sum_{i=1}^{n}(y_i - \overline{y})^2}} \quad （5-18）$$

式中：r ——线性相关系数；

$$\overline{x} = \frac{\sum x_i}{n}$$

$$\overline{y} = \frac{\sum y_i}{n}$$

相关系数 r 的绝对值 $|r| \le 1$，当 $|r|$ 接近于1时，说明 x 与 y 的线性相关性强，采用线性方程回归预测的结果好；如果绝对值 $|r|$ 接近于0，则说明 x 与 y 的线性相关性弱，不宜用线性回归来作预测。所以，根据相关系数的绝对值 $|r|$ 的大小，可判断能否采用线性回归预测法。

其次，建立回归方程并求出模型的参数。直线回归方程的一般形式为：

$$\hat{y} = a + bx \quad （5-19）$$

回归分析法，参数 a、b 用最小二乘法求得，也就是说 a、b 必须满足使偏差平方和最小。

$$\sum_{i=1}^{n}(\hat{y}_i - y_i)^2 = \sum_{i=1}^{n}(a + bx_i - y_i)^2 \quad （5-20）$$

根据微积分中的极值原理，可解得 a 和 b 的计算公式为：

$$a = \overline{y} - b\overline{x} \quad （5-21）$$

$$b = \frac{\sum x_i y_i - \dfrac{1}{n}\sum y_i \cdot \sum x_i}{\sum x_i^2 - \dfrac{1}{n}(\sum x_i)^2} \quad （5-22）$$

式中各变量的含义，与计算 r 值的公式相同。得到了回归方程的参数，即意味着预测的数学模型建立起来了。

（3）检验回归方程的有效性。主要看两个方面：一是回归方程的准确性；二是方程参数的显著性。回归方程的准确性，是指利用回归模型 $\hat{y} = a + bx$，能在多大程度上解释以往观察值的变化情况；回归方程参数的显著性，是指回归参数 a 和 b 是否显著地不等于零，通常用 t—检验来判定。

对方程总体效果，即准确性的判断，一般可用相关系数的平方来检验。r^2 称为方程有效性的判定系数。

$$r^2 = \frac{[\sum_{i=1}^{n}(x_i - \overline{x})(y_i - \overline{y})]^2}{\sum_{i=1}^{n}(x_i - \overline{x})^2 \sum_{i=1}^{n}(y_i - \hat{y})^2} \qquad (5-23)$$

式（5-23）通过一定的变换后可转化为下式：

$$r^2 = \frac{\sum_{i=1}^{n}(\hat{y}_i - \overline{y})^2}{\sum_{i}^{n}(y_i - \overline{y})^2} \qquad (5-24)$$

式中：$\hat{y}_i$——利用回归方程 $\hat{y} = a + bx$ 得到的第 i 个拟合值。

上式用文字表达就是：判定系数等于用回归方程解释的离差占总离差的比例。这个比例越高，说明回归效果越好。不过对回归总效果更加科学和精确的判定方法，是用 F——统计量，这里不作介绍。

也可以直接用 $|r|$ 来判别。为了保证回归方程具有最低程度的线性关系，要求 r 的计算值大于相应的最低临界值 r_α，这个临界值 r_α 就是相关检验的标准，r_α 可直接从《相关系数 r 检验表》（见"数学用表"）查出，表中给出了对不同 n（注意表中第一列的数字是 $n-2$）在两种显著性水平 α（0.05 及 0.01）相关系数达到显著的最小值。例如，当取 $n=11$，即 $n-2=9$，若 $|r| \geq 0.602$，我们就说 r 在 $\alpha = 0.05$ 的水平上显著，线性关系明显。若 $|r| < 0.602$，则不显著，x 与 y 之间的线性关系不明显，此时称 x 与 y 无线性相关，在此情形下回归直线没有什么意义。这时要重新选择自变量或增加自变量，建立新的回归模型。

（4）根据模型进行预测。如果通过检验认为回归方程效果显著，则说明模型有效，然后根据自变量取值，代入模型即可得到预测值。

例16，通过对表5-10的分析可以看出，凯达西服百户拥有量（普及率）与人均月收入之间存在着相关关系，且呈线性相关。由于西服普及率的变化只与居民月收入这一个因素有关，所以两者之间的关系属于一元线性回归。

表5-10 凯达西服普及率与人均月收入表

序号	1	2	3	4	5	6	7	8	9	…
西服普及率 y_i	4.8	5.7	7.0	8.3	10.4	12.4	13.1	13.6	15.3	…
人均月收入 x	15	18	24	30	35	39	44	48	50	…

解：①凯达西服普及率与人均月收入散布图，如图5-6所示。

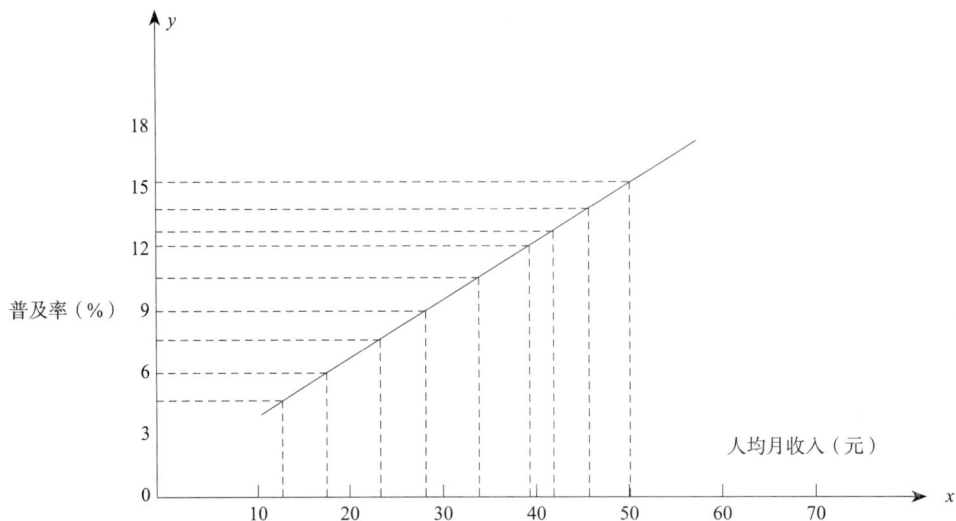

图5-6 凯达西服普及率与人均月收入散布图

②设反映它们之间关系的线性方程为：

$$\hat{y} = a + bx$$

式中：$\hat{y}$ 为西服的普及率及预测值；a、b 为方程系数；x 为居民月收入。

③现列表计算，见表5-11。

表5-11 凯达西服普及率预测计算表 单位：百元

序号 n	人均月收入 x	西服普及率 y	x^2	y^2	xy
1	15	4.8	225	23.04	72
2	18	5.7	324	32.49	102.6
3	24	7.0	576	49.00	168
4	30	8.3	900	68.89	249
5	35	10.4	1225	108.16	364
6	39	12.4	1521	153.76	483.6
7	44	13.1	1936	171.61	576.4
8	48	13.6	2304	184.96	652.8
9	50	15.3	2500	234.09	765
Σ	303	90.6	11511	1036	3433.4

由式（5-21）和式（5-22）得：

$$b = \frac{n\Sigma xy - \Sigma y \cdot \Sigma x}{n\Sigma x^2 - (\Sigma x)^2} = \frac{9 \times 3433.4 - 303 \times 90.6}{9 \times 11511 - (303)^2} = 0.293$$

$$a = \bar{y} - b\bar{x} = \frac{\Sigma y - b\Sigma x}{n} = \frac{90.6 - 0.293 \times 303}{9} = 0.202$$

于是有一元线性回归方程 $\hat{y} = 0.202 + 0.293x$，从公式中可以看到，居民人均月收入每增加100元，则西服的普及率可增加0.293件。

④判断与计算线性方程 $\hat{y} = 0.202 + 0.293x$ 的相关性，虽然在步骤 ①的散布图中，可以看出西服的普及率与居民月收入之间存在着线性关系，但仍需通过相关系数 r 进行确切的分析与认定，由式（5-23）得：

$$r = \frac{n\Sigma xy - \Sigma x\Sigma y}{\sqrt{[n\Sigma x^2 - (\Sigma x)^2][n\Sigma y^2 - (\Sigma y)^2]}}$$
$$= \frac{9 \times 3433.3 - 303 \times 90.6}{\sqrt{[9 \times 11511 - (303)^2][9 \times 1036 - (90.6)^2]}}$$
$$= 0.95$$

通过查克拉桑相关系数等级表（表5-12），可见每百户拥有西服件数与居民月收入之间有着最高级别的强相关关系，因此，可用上述公式进行预测。

表5-12　克拉桑相关系数等级表

相关强度等级	最低级	低级	中级	高级	最高级
r	0~0.25	0.26~0.40	0.41~0.55	0.56~0.70	0.71~1.00

⑤预测当人均月收入达到1300元、2000元时,凯达西服的普及率有多少？

当 $x = 1300$ 元时，　$\hat{y} = a + bx = 0.202 + 0.293 \times 130 = 381$（件/百户）

当 $x = 2000$ 元时，　$\hat{y} = a + bx = 0.202 + 0.293 \times 200 = 586$（件/百户）

5.3.1.2　服装市场多元线性回归预测法

在实际的服装市场预测中，服装产品销售变化是一个因变量的变化，往往是受多种因素影响的结果，即是受多个自变量作用的结果。如果各个影响因素与因变量之间的相关关系可以同时用近似的线性表示，则可以建立多元线性回归模型来进行分析和预测。多元是指两个以上自变量对因变量的影响。多元线性回归方程，是用来表示一个因变量与多个自变量之间相关关系及其变动规律性的一种数学模型。

多元线性回归的基本方程式是：

$$\hat{y} = a + b_1 x_1 + b_2 x_2 + \ldots + b_n x_n \qquad （5-25）$$

式中：$\hat{y}$——因变量，预测值；

a——多元线性方程在 y 轴上的截距；

$b_1, b_2 \ldots b_n$——自变数；

$x_1, x_2 \ldots x_n$——自变量。

服装市场多元线性回归预测法，与服装市场一元线性回归预测法的原理基本相同。由于服装市场多元线性回归预测法复杂，必须借助计算机计算，这里从略。

5.3.2　服装市场非线性回归预测法

在服装市场预测中，预测变量与某个相关因素之间的数量关系也可能是非线性的，这就需要建立合适的非线性回归方程进行预测。我们主要学习服装市场一元非线性回归预测法、多元非线性回归预测法。

5.3.2.1　服装市场一元非线性回归预测法

采用服装市场一元非线性回归预测法，首先要建立一元非线性回归方程，其步骤和方法，与服装市场一元线性回归预测法基本相同，唯一的区别是必须把非线性的转化为线性的，然后求出各参数。

常用的一元非线性模型有：

（1）双曲线型。

$$\frac{1}{y} = a + \frac{b}{x} \qquad （5-26）$$

令 $y' = \frac{1}{y}$，$x' = \frac{1}{x}$，则有：

$$y' = a + bx' \qquad （5-27）$$

（2）幂函数型。

$$y = ax^b \qquad （5-28）$$

令 $y' = \lg y$，$x' = \lg x$，$a' = \lg a$，则有：

$$y' = a + bx' \qquad （5-29）$$

（3）指数函数型。

$$y = ae^{bx} \qquad （5-30）$$

令 $y' = \ln y$，$a' = \ln a$，则有：

$$y' = a' + bx \qquad （5-31）$$

$$y = ae^{\frac{b}{x}} \qquad (5-32)$$

令 $y' = \ln y$，$x' = \dfrac{1}{x}$，$a' = \ln a$，则有：

$$y' = a' + bx' \qquad (5-33)$$

（4）对数曲线型。

$$y = a + b\lg x \qquad (5-34)$$

令 $x' = \lg x$，则有：

$$y = a + bx' \qquad (5-35)$$

（5）S曲线型。

$$y = \frac{1}{a + be^{-x}} \qquad (5-36)$$

令 $y' = \dfrac{1}{y}$，$x' = e^{-x}$，则有：

$$y' = a + bx' \qquad (5-37)$$

5.3.2.2　服装市场多元非线性回归预测法

对于服装市场多元非线性回归预测法，主要是通过建立多元非线性模型进行预测。一些多元非线性模型可转化为多元线性回归问题，例如，典型的柯布·道格拉斯生产函数：

$$G = A \cdot L^{\alpha} \cdot I^{\beta} \qquad (5-38)$$

式中：A、α、β——系数；

$\qquad G$——国民收入；

$\qquad L$——劳动力数量；

$\qquad I$——投资。

通过对上式两边取对数，即可转化为线性形式，这里不做详细讨论。

5.3.3　服装市场因子推演预测法

服装市场因子推演预测法，是通过分析服装市场因子来推算服装市场潜量的一种预测方法。所谓服装市场潜量，是指在某种市场营销环境下，服装企业尽最大努力进行销售之后，服装市场需求所达到的最大数额。服装企业销售，只是服装市场需求量中某服装企业所实现的一部分。这就是说，某服装企业的销售，决定于服装市场潜量实现的比率和服装企业的市场占有率。

所谓市场因子，是指服装市场中存在的能引起对某种服装产品需要的实际事物。例如，一定时期内适龄青年结婚数量即是婚纱的市场因子；学龄儿童的数量是校服的一个市场因子等。市场因子通常取决于服装产品使用者的人口数量和有支付能力的需求以及购买欲望，这就要求对用户的情况作深入的分析。分析时，要把服装产品的使用者与产品的购买者区别开来。在购买活动中，家庭各成员或有关人员对购买决策的影响力，是个非常微妙的问题。有时候，购买一件服装商品的决定者似乎是男人，但有时也许是他的妻子或孩子。在家庭成员中，某件服装商品的实际购买者，可能是该商品的使用者，也可能是其他成员。例如，购买男衬衫，虽然购买者往往是妇女，但男衬衫的市场潜量则取决于男人的数量。此外，还要了解可能引起用户实际购买数量变化的原因，例如，结婚率影响购买服装、家具、电器的数量，人口出生率影响购买婴儿服装等用品的数量等。

例17，南江市红蜻蜓童装公司通过分析历年的统计资料，得出"10000个婴儿出生能卖出婴儿套装5100套"的结论。本年度全市人口650万人，人口出生率为1.2%，预测下年度婴儿套装的需求量（假如该市仅有一家婴儿套装生产企业，如有多家，则应测算企业的市场占有率）。

解：

下年度婴儿套装市场需求潜量＝下年度婴儿出生数目 × 婴儿套装购买率

$$= 6500000 \times 1.2\% \times \frac{5100}{10000}$$
$$= 39780（套）$$

所以，下年度该市对婴儿套装的需求潜量为39780套。

服装市场因子推演预测法，适用于在服装市场因子变化无常的情况下进行预测。其优点是：简单明了，省时、省费用。

◎ 核心概念

（1）服装市场定性预测法：是对未来服装市场发展的性质进行预测分析，它既包括对未来服装市场发展的方向、趋势以及重大转折点等的预测，也包括对未来服装市场发展的速度、相对值、基本状况发展程度的预测分析。

（2）服装市场定量预测法：是指对未来服装市场发展目标有因果等关系的影响因素定量进行预测的方法。

（3）服装市场经验判断分析预测法：简称经验判断法，是指在服装市场预测过程中，预测者根据服装市场信息资料，运用经验和主观分析判断，或者综合集体智慧，进行综合分析，对未来服装市场发展作出判断预测的一种方法。

（4）服装市场个人判断预测法：是指预测者个人根据所掌握的服装市场信息资料，凭借自己的知识和经验，对预测目标作出符合客观实际的估计与判断的方法。常用的服装市场个人判断预测法有：服装市场经理人员意见法、服装市场销售人员意见法和服装市场顾客意见法。

（5）服装市场集体判断预测法：又称集体意见法，是指根据预测目标，通过会议的形式，召集与预测目标有关联的各方面人员，进行集体分析判断，得出预测结果的方法。常用的服装市场集体判断预测法有：服装市场综合意见法和服装市场主观概率法。

（6）服装市场专家预测法：又称专家征询法，它是以专家为获取信息的对象，根据专家自己的知识、经验和分析判断能力，在历史和现实有关资料综合分析的基础上，对未来服装市场变动趋势做出预见和判断的方法，包括服装市场专家会议法、服装市场头脑风暴法和服装市场特尔菲法。

（7）服装市场时间序列分析预测法：也称时间序列预测技术、时间序列预测法、时间序列分析法，或简称时序预测法，它是以连续性原理为依据，以假设事物过去和现在的发展变化趋势会延续到未来为前提，从预测对象的历史资料所组成的时间序列中，找出事物发展的趋势，并用其趋势延伸，来推断未来状况的一种预测方法。

（8）服装市场平均预测法：是通过对历史数据的分析，消除时间序列的随机波动和季节波动，寻找时间序列的基本发展趋势所进行的预测方法。它主要包括：服装市场简单平均法和服装市场移动平均法两种。

（9）服装市场指数平滑预测法：也称指数移动平均法，是通过对指数平滑序列进行指数平滑，以求得指数平滑值，然后利用它们之间的滞后偏差规律，建立线性模型，对有明显上升或下降趋势的时间序列进行预测的方法。服装市场指数平滑预测法，是移动平均法的发展，分为：服装市场一次指数平滑法和服装市场多次指数平滑法。

（10）服装市场线性趋势外推预测法：是指对具有线性变化趋势的时间序列拟合出直线方程，并进行预测的方法。

（11）服装市场季节指数预测法：就是以服装市场的循环周期（一年或一季）为跨越期求得移动平均值，并在移动平均值的基础上求得季节指数，然后以最后一个移动平均值、趋势增长值和季节指数为依据，对服装市场未来的发展趋势作出量的预测的方法。

（12）服装市场因果分析预测法：是一种从分析事物变化的因果关系入手，通过统计分析和建立数学模型提示，来预测目标与其他有关的经济变量之间的数量变化关系，据此进行预测的方法。

（13）服装市场一元线性回归预测法：是指两个具有线性关系的变量，配合线性回归模型，根据自变量的变动来预测因变量平均发展趋势的方法。

（14）服装市场一元非线性回归预测法：是指通过建立一元非线性回归方程，把非线性的转化为线性的，然后求出各种参数的预测方法。

（15）服装市场因子推演预测法：是通过分析服装市场因子，来推算服装市场潜量的一种预测方法。

📁 复习思考

1.单项选择题

（1）（　　）是对未来服装市场发展的性质进行预测分析，它既包括对未来服装市场发展的方向、趋势以及重大转折点等的预测，也可以包括对未来服装市场发展的速度、相对值、基本状况发展程度的预测分析。

  A.服装市场定性预测法   B.服装市场经验判断分析预测法

  C.服装市场定量预测法   D.服装市场时间序列分析预测法

（2）（　　）是一种从分析事物变化的因果关系入手，通过统计分析和建立数学模型提示，来预测目标与其他有关的经济变量之间的数量变化关系，据此进行预测的方法。

  A.服装市场经验判断分析预测法 B.服装市场因果分析预测法

  C.服装市场时间序列分析预测法 D.服装市场定量预测法

（3）（　　）是指预测者个人根据所掌握的服装市场信息资料，凭借自己的知识和经验，对预测目标作出符合客观实际的估计与判断的方法。

  A.服装市场专家预测法   B.服装市场集体判断预测法

  C.服装市场定量预测法   D.服装市场个人判断预测法

（4）（　　）是通过对历史数据的分析，消除时间序列的随机波动和季节波动，寻找时间序列的基本发展趋势所进行的预测方法。

  A.服装市场指数平滑预测法 B.服装市场季节指数预测法

  C.服装市场平均预测法   D.服装市场线性趋势外推预测法

（5）（　　）是指两个具有线性关系的变量，配合线性回归模型，根据自变量的变动来预测因变量平均发展趋势的方法。

  A.服装市场一元线性回归预测法 B.服装市场比例系数预测法

  C.服装市场一元非线性回归预测法 D.服装市场因子推演预测法

2.多项选择题

（1）常用的服装市场个人判断预测法有（　　）。

A. 服装市场经理人员意见法　　　B. 服装市场销售人员意见法

C. 服装市场顾客意见法　　　D. 服装市场综合意见法

（2）服装市场专家预测法包括（　　）。

A. 服装市场主观概率法　　　B. 服装市场专家会议法

C. 服装市场头脑风暴法　　　D. 服装市场特尔菲法

（3）服装市场平均预测法包括（　　）。

A. 服装市场算术平均法　　　B. 服装市场加权算术平均法

C. 服装市场算术移动平均法　　　D. 服装市场加权移动平均法

（4）服装市场指数平滑预测法可分为（　　）。

A. 服装市场一次指数平滑法　　　B. 服装市场季节指数预测法

C. 服装市场多次指数平滑法　　　D. 服装市场线性趋势外推预测法

（5）服装市场因果分析预测方法有（　　）。

A. 服装市场回归分析预测法　　　B. 服装市场投入产出预测法

C. 服装市场比例系数预测法　　　D. 服装市场经济计量模型预测法

3. 判断题（正确答案打"√"，错的打"×"）

（1）服装市场定性预测法是指对未来服装市场发展目标有因果等关系的影响因素量进行预测的方法。（　　）

（2）服装市场时间序列分析预测法也称时间序列预测技术、时间数列预测法、时间序列分析法，或简称时序预测法。（　　）

（3）服装市场平均预测法也称指数移动平均法。（　　）

（4）服装市场季节指数预测法是通过分析服装市场因子，来推算服装市场潜量的一种预测方法。（　　）

（5）服装市场一元非线性回归预测法是指通过建立一元非线性回归方程，把非线性的转化为线性的，然后求出各种参数的预测方法。（　　）

4. 简答题

（1）什么是服装市场经验判断分析预测法？它主要有哪些方法？

（2）什么是服装市场直接头脑风暴法？它的具体做法如何？

（3）什么是服装市场特尔菲法？它的适应性及优缺点有哪些？

（4）什么是服装市场季节指数预测法？它的适应范围是什么？

（5）什么是服装市场因子推演预测法？何谓服装市场潜量、市场因子？

5. 计算题

（1）鸿达服装厂1~3月服装销售额分别为：24万元、28万元、22万元，请预测：

①用算术平均法预测4月的销售额；

②用加权算术平均法预测4月的销售额；

③如果用前3个月的销售额预测4月的销售额为24.66万元，而4月实际销售额为24.68万元，移动期数 n=3，试用算术移动平均法预测5月的销售额。

（2）英豪服装公司第一季度的销售额为2600万元，预测值为2800万元，试用一次指数平滑法预测第二季度的销售额。

（3）北方服装公司历年销售额资料如下：

年份	2017年	2018年	2019年	2020年	2021年
销售额（万元）	200	230	262	296	336

请分别用线性趋势外推法的半平均值法和最小二乘法预测2022年、2023年的销售额。

（4）南江市休闲装的销售量三年内各个季节的销售资料如下：

单位：万件

销售量　　季度　　年份	春季	夏季	秋季	冬季
2020　年	78	140	50	48
2021　年	84	148	44	40
2022　年	90	150	52	40

请计算各年各季的季节指数。

（5）红海市2014~2021年服装商品的需求量与居民的货币收入存在着相关关系，且呈线性相关，如下表所示：

年份	2014	2015	2016	2017	2018	2019	2020	2021
货币收入（亿元）	23.2	25.8	27.4	29.2	28.8	23.0	36.4	39.7
购买服装支出（万元）	20.8	23.0	24.8	26.2	26.4	29.0	31.6	34.4

请计算：

①建立线性回归方程；

②当该市2022年居民收入为44亿元时，预测服装费用支出。

📁 案例分析

金维服装市场的销售预测

对客户的每月、每季度的服装销售进行预测，是按订单组织货源中一项非常重要的内容，是保证服装销售经济运行和实现市场化改革成功的基础。金维服装市场需求预测系统采用了改进的单指数平滑法，对解决金维服装的负荷预测问题具有良好的性能和较高的预测精准度。

1.一般单指数平滑法

作为一种广泛使用的预测方法，单指数平滑法的一般表达式为：

$$F_{t+1} = aX_t + (1-a)F_t \qquad (5-39)$$

式中：X_t——t 时刻实测值；

F_t，F_{t+1}——t，$t+1$ 时刻预测值；

a——平滑常数，$0< a <1$。

确定平滑常数的唯一途径是通过多种的取值计算，应用最小均方差的原则，比较误差平方和，从而选出一个最佳的值。

但是，单指数平滑法只适用于变化不大的平稳时间序列，当时间序列发生变化，尤其发生突然变化时，预测结果就不甚理想，而且在比较长的时间内一直跟不上实际的数据，反映缓慢。为解决这一问题引进"追踪信号"来反映时间序列的变化，一旦追踪信号大于某一特定的数值，就可以在一定的置信程度下推断预测过程中存在系统偏差。当追踪信号反映出预测过程中有系统偏差以后，意味着时间序列发生了变化，此时重新修正平滑常数的取值，使预测模型自动响应这种变化，并对预测重新加以调整，从而合理解决前面提出的问题。这就是自动调整平滑参数的单指数平滑法。这里称为平滑参数，是因为它将随着每一时期实际观测值的变化而被修正，不再是固定不变的常数了，此方法的具体计算步骤如下。

（1）计算 t 时刻预测的平滑误差：

$$E_t = \beta e_t + (1-\beta)E_{t-1} \qquad (5-40)$$

式中：e_t——t 时刻的预测预测误差，$e_t = X_t - F_t$；

E_{t-1}——$t-1$ 时刻预测的平滑误差；

β——用于计算平滑误差（第二平滑常数，一般取0.1或0.2）。

（2）计算 t 时刻预测的绝对平滑误差：

$$M_t = \beta |e_t| + (1-\beta)M_{t-1} \quad\quad\quad (5-41)$$

式中：M_{t-1}——$t-1$时刻预测的绝对平滑误差。

（3）计算追踪信号：

$$T_t = E / M_t \quad (-1 \leqslant T_t \leqslant 1) \quad\quad\quad (5-42)$$

（4）计算t时刻的平滑参数a：

$$a_t = |T_t| \quad\quad\quad (5-43)$$

（5）对$t+1$时刻进行预测：

$$F_{t+1} = a_t X_t + (1-a)F_t \quad\quad\quad (5-44)$$

当预测能够反映实际的时间序列时，平滑误差就应很小，即追踪信号应接近于零；反之，预测结果存在着系统偏差，追踪信号将会接近于 -1 或 1。由上述计算步骤可以看出，在实际计算过程中，平滑参数 t 是随着每期的预测值而变化的。如果平滑误差 E_t 较大，追踪信号 T_t 的绝对值即 t 的数值就会相应较大，这就是说预测存在系统偏差时，t 的数值会相应增大，从而增加了近期观察值 X_t 的权数，使预测值 F_t 在推断预测过程中存在系统偏差。

2.对自动调整平滑参数单指数平滑法的改进

（1）建立等维信息的自动调整平滑参数单指数平滑模型。

（2）对原始数据系列进行处理。服装销售在本质上来说是不可控的，但是它具有一定的固定变化趋势，如按月、季度以及按年周期性变化等特点。尽管如此，由于市场环境变化具有随机性，或者说由于众多因素影响使得服装销售时间序列的变化在趋势变量、周期变量的基础上叠加了随机干扰，导致实测服装销售量和结构表现不出明显的趋势或周期来。对于这种非平稳随机过程，或称非平稳时间序列，采用单指数平滑法进行负荷预测，实际上只考虑趋势项，而忽略了周期性以及随机波动项，当原始数据波动较大时，预测模型一般很难通过假设检验。所以，在预测前，需对原始数据序列进行处理。

（3）应用自回归模型对残差进行处理。单指数平滑法一般不对计算过程中产生的残差进行处理，实际应用结果表明，采用自回归模型对残差进行处理后，在提高预测精准度方面的确有良好的效果。

【问题分析】

1.什么是服装市场时间序列分析预测法和服装市场因果分析预测法？

2.时间序列用于市场预测是建立在某种平均值基础上的模型预测，根据上述案例，分析此类方法的适用范围。

📁 实战演练

活动5-1

活动主题：认知体验服装市场经验判断分析预测法

活动目的：增加感性认识，实地体验服装市场经验判断分析预测法，能够处理服装市场预测误差。

活动形式：

1.人员：将全班分成若干小组，3~5人为一组，以小组为单位开展活动。

2.时间：与教学时间同步。

3.方式：就近实地开展一次服装市场经验判断分析预测活动。

活动内容和要求：

1.活动之前要熟练掌握服装市场经验判断分析预测的设计，做好相应的知识准备。

2.以小组为单位提交服装市场经验判断分析预测等书面资料。

3.服装市场经验判断分析预测资料撰写时间为2天。

4.授课教师可根据每个小组提供的书面调查资料按质量评分，并计入学期总成绩。

活动5-2

活动主题：认知体验服装市场时间序列分析预测法

活动目的：增加感性认识，实地体验服装市场时间序列分析预测法，能够处理服装市场预测误差。

活动形式：

1.人员：将全班分成若干小组，3~5人为一组，以小组为单位开展活动。

2.时间：与教学时间同步。

3.方式：就近实地开展一次服装市场时间序列分析预测活动。

活动内容和要求：

1.活动之前要熟练掌握服装市场时间序列分析预测的设计，做好相应的知识准备。

2.以小组为单位提交服装市场时间序列分析预测等书面资料。

3.服装市场时间序列分析预测资料撰写时间为2天。

4.授课教师可根据每个小组提供的书面调查资料按质量评分，并计入学期总成绩。

活动5-3

活动主题：认知体验服装市场因果分析预测法

活动目的：增加感性认识，实地体验服装市场因果分析预测法，能够处理服装市场预测误差。

活动形式：

1.人员：将全班分成若干小组，3~5人为一组，以小组为单位开展活动。

2.时间：与教学时间同步。

3.方式：就近实地开展一次服装市场因果分析预测活动。

活动内容和要求：

1.活动之前要熟练掌握服装市场因果分析预测的设计，做好相应的知识准备。

2.以小组为单位提交服装市场因果分析预测等书面资料。

3.服装市场因果分析预测资料撰写时间为2天。

4.授课教师可根据每个小组提供的书面调查资料按质量评分，并计入学期总成绩。

任务6　服装市场需求预测

◎知识目标

1.影响服装购买力和服装需求量的因素；

2.服装购买力预测；

3.服装需求量预测。

◎能力目标

1.能掌握影响服装购买力和服装需求量的因素，能掌握服装购买力预测和服装需求量预测的方法；

2.能够运用服装购买力预测和服装需求量预测的方法，进行服装市场需求量预测。

📂 任务导航

📁 情景导入

我国服装市场需求预测

根据有关数据分析预测，明年我国服装市场需求情况将呈现如下发展趋势：

首先，随着新冠肺炎疫情防控常态化，经济回暖，居民服装消费购买力逐步复苏，服装行业景气度将逐季提高。线下零售迅速回升，同时在电商渠道快速增长的拉动下，全年服装消费呈现前低后高的趋势。根据国家统计局数据预测：明年，我国社会消费品零售总额将达到391981亿元，同比下降3.9%，降幅比上一年收窄15.1个百分点。其中，限额以上单位服装类商品零售额累计将达到8824亿元，同比下降8.1%，降幅比上一年收窄26.2个百分点。由于国内新冠肺炎疫情缓解，服装业逐步复苏，居民服装购买力正在逐步提高。

其次，我国"十四五"规划明确提出，要着力提高低收入群体收入，扩大中等收入群体，居民人均可支配收入增长与国内生产总值增长基本同步。收入的增长将带来消费结构的调整，促使消费向高端化、高品质、智能化方向升级。预计到2027年，中产阶级消费者将占我国消费人群的65%，这将扩大高端与轻奢服装品牌消费者的数量。根据贝恩公司估计，明年我国轻奢服饰消费市场价值约为110亿欧元，比上年同比增长10%，相比于服装行业普遍下滑的大趋势增速亮眼。多家海外轻奢服饰品牌公司，包括蔻驰（Coach）的母公司Tapestry、SMCP公司以及拥有迈克高仕（Michael Kors）的Capri公司都报告称，明年第四季度在我国内地的收入将增速明显。因此，中等收入人群增加，服装需求消费升级正当时。

最后，新服装消费模式的兴起和日益增长的数字化变革，已经成为服装时尚消费增长的主要驱动力，这将为我国服装企业带来新的机遇和挑战。

💡 想一想

什么是服装需求预测方法？服装需求预测方法有哪些？如何选择服装需求预测方法？下面将为你一一道来。

核心知识

服装市场需求预测法，是指通过对过去和现在的服装商品在服装市场上的销售情况，和影响服装市场需求的各种因素的分析和判断，来预计未来市场服装商品的需求量和发展变化趋势的方法。

做好服装市场需求预测工作，有助于服装企业科学地制订生产计划，指导服装企业生产适销对路的服装产品，创造更高的利润，并满足人们消费的需要。加强服装市场需求预测，可以发挥调节服装市场、引导服装消费的作用。

小思考：

服装市场需求预测的常用方法有哪些？

服装市场需求预测的内容，主要有服装购买力预测、服装需求量预测等。下面我们将重点学习服装市场需求预测中几种常用的预测方法，如图6-1所示。

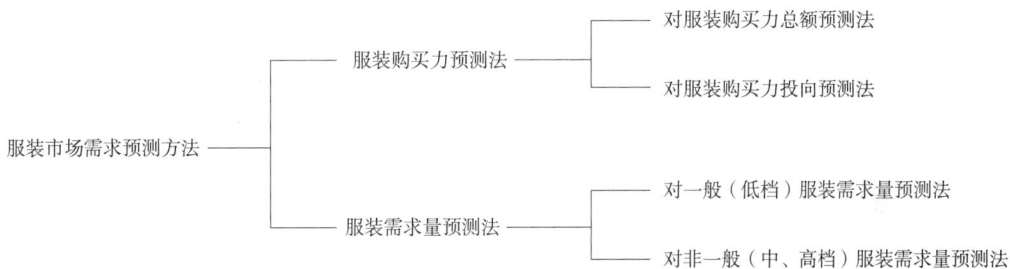

服装市场需求预测方法
- 服装购买力预测法
  - 对服装购买力总额预测法
  - 对服装购买力投向预测法
- 服装需求量预测法
  - 对一般（低档）服装需求量预测法
  - 对非一般（中、高档）服装需求量预测法

图6-1　服装市场需求预测方法

6.1　怎么做服装购买力预测

6.1.1　服装购买力预测的含义和内容

服装市场需求预测，包括服装购买力预测和服装需求量预测。我们先来看看什么是服装购买力预测，服装购买力预测的内容有哪些。

小思考：

什么是服装购买力预测，服装购买力预测的内容有哪些？

6.1.1.1 服装购买力预测的含义

服装购买力预测，又称服装商品购买力预测，是在一定范围内，对未来一段时期零售市场的服装商品需求总额及其投向的变动趋势进行的预测。

服装购买力预测的目的，一是为预见服装需求的增长趋势和服装市场容量的大小，从总额和大类构成两个方向，同社会商品可供量进行对比，判断两者是否相适应；二是为编制服装生产计划和服装流转计划提供依据；三是为研究人们物质和文化生活状况提供分析资料。

6.1.1.2 服装购买力预测的内容

服装购买力预测的主要内容有：

（1）居民购买力预测。居民购买力预测，主要是指预测居民在服装商品购买力总额中所占的比重，以及购买力水平及其增长速度。

（2）社会集团购买力预测。社会集团购买力预测，主要是指预测社会集团购买力在服装商品购买力总额中所占的比重，以及购买力水平和增长速度。

（3）服装购买力投向。服装购买力投向，主要是指预测服装在消费品购买力中所占的比重、增长速度及这部分购买力在各类商品之间的分配比例。

6.1.2 影响服装购买力的因素

要对服装购买力进行预测，就必须深入分析影响服装购买力的各个因素，才能预测其发展变化趋势。

小思考：

那么，影响服装购买力的因素有哪些？

6.1.2.1 影响服装购买力总额的因素

影响服装购买力总额的因素，主要包括两个方面：

一是影响居民购买力的主要因素，包含以下三个方面：

（1）货币收入。居民货币收入的多少，是影响居民购买力大小的主要因素。国家的就业政策与工资政策，对城镇职工的收入有着重大影响。农民的货币收入，主要来源于农业收入、副业收入，国家对农副产品价格的高低，也直接影响着农民的收入。

（2）非购买服装的支出。居民的货币收入，不完全用来购买服装，有一部分要用于非购买服装的支出，例如，用于食物、文化、娱乐、生活服务方面的开支。

（3）储蓄存款。为了预防突发事件的发生，以及作为长期生活的安排，居民还要把货币收入中的一部分储存起来，以备后用。

二是影响社会集团购买力的主要因素，包含以下两个方面：

（1）国家机关、部队、学校、团体与企事业单位对统一制服的需要。一般来说，国家机关、部队、学校、团体与企事业单位有对统一制服的需要，如果单位增加，规模扩大，制服需求量也就增加。反之，制服需求量就会减少。

（2）国家对社会集团购买力控制的措施。一般来说，国家对社会集团购买力严格控制、计划管理，实行专项审批措施，这会使社会集团购买力受到限制。

6.1.2.2　影响服装购买力投向的因素

服装购买力投向，是指在购买力总额既定的前提下，在各类商品之间的分配比例。影响服装购买力投向的因素，主要包括以下七个方面：

（1）服装购买力水平和增长速度。服装购买力水平，是指在一定时期内，平均每人购买力的大小。服装购买力增长速度，是指预测期的服装购买力比上期的购买力增长的快慢程度。从近几年的发展趋势来看，"吃的"比重逐渐降低，而"穿的"比重逐渐升高，高档服装的需求在总需求比重中逐年上升。

（2）消费条件。消费条件是指自然条件（如气候、地理等）、社会条件（如人口、性别、年龄、职业、文化程度、民族、风俗习惯、社会发展趋势等）和生产条件（如基本建设、工业、交通运输的发展等）。一个地区的消费水平是逐渐形成的，有相对的稳定性，因而能够形成一定的消费标准和需求标准。

（3）服装生产和供应情况。新产品、新品种、高质量的服装，会吸引购买者，但如果某些服装供应不足，也会影响购买力的投向。

（4）服装销售价格的变动。服装的销售价格变动，会直接影响购买力。价格提高，购买力就会下降。

（5）服装供应方式及广告媒介。服装供应方式及广告媒介会直接影响服装购买力，居民对质量好、款式新、价格廉、时尚的服装有一个认识过程。因此，热忱待客、送货上门、服务周到的服装品牌会更受欢迎。由于电视、网络的普及，广告宣传也将引导人们追赶潮流，提高购买欲望。

（6）社会集团购买力投向的变化。由于社会集团购买力大部分用于购买穿的（如劳保工作制服）、用的（如办公用品、书报等）和医药用品。当这部分购买力投向发生变化时，对服装需求也会构成一定影响。

（7）其他因素。党和国家的重大方针、政策的颁布实施，国内外政治经济形势的变化，群众性文体活动的开展，国家劳动制度的变革等，都会引起服装购买力投向的改变。

6.1.3　服装购买力预测法

关于服装购买力预测法，我们主要学习：对服装购买力总额预测法、对服装购买力投向的预测法。

6.1.3.1　对服装购买力总额预测法

对服装购买力总额预测法，一般以年度为预测期，常用的预测方法有：平衡分析法、比例分析法、发展速度分析法等。

平衡分析法，就是利用各种经济现象之间的平衡关系进行分析的一种方法，其主要工具是平衡表。由于服装购买力主要通过货币支付来实现，因此，可以运用货币收支平衡表进行服装购买力的预测。测算公式如下：

服装购买力 = 货币收入 - 非服装支出 - （期末储蓄存款和手存现金 - 期初储蓄存款和手存现金）　　　　　　　　　　　　　　　　　　　　　　（6-1）

式中：货币收入：指职工工资收入、投资回报收入、城乡集体与个体劳动者货币净收入、农民出售产品收入和私有企业与承包企业经营净收入及劳务收入等；居民储蓄存款和手存现金数：可以从国内货币流通量中计算获得数据。非服装支出：主要指非购买服装的所有支出。

例1，南江市全年货币收入为54256万元，非服装支出为19072万元，期末储蓄存款和手存现金为34572万元，期初储蓄存款和手存现金为26160万元，其服装购买力是多少？

解：根据式（6-1），得：

服装购买力 =54256-19072-（34572-26160）=26772（万元）

6.1.3.2　对服装购买力投向预测法

对服装购买力投向预测法，是指在商品购买力总额既定的前提下，对服装购买力投向的预测方法。一般可以运用销售资料的统计分析和购买力投向的典型调查或抽样调查相结合的方法，在摸清历史上已经形成的需求构成的基础上，考虑到预测期影响需求构成诸因素的变动情况后，计算出预测期服装购买力投向。

例如，在对购买力投向的典型调查或抽样调查中，通常与购买力总额及其组成部分的调查结合在一起，通过调查，可以了解典型户或样本的服装需求构成情况及其变化趋势。在预测服装购买力投向时，要以销售资料和典型户的调查资料为依据，结合预测期影响购买力投向诸因素变动情况的分析作出估计。为了提高预测准确性，应当把统计分析同经验判断结合起来，通过调查分析了解消费者的购买动向，作出切合实际的综合判断。

6.2 服装需求量预测有哪些方法

服装需求量预测，是指对消费者在一定时期内有货币支付能力所需的服装量的预测。由于服装需求量要受到各种客观因素变化的影响，因此，必须认真分析其影响程度，才能对计划期内所预测的服装需求量的增减趋势，以及最高、最低需求量之间，作出比较实际的估计。

6.2.1 影响服装需求量的因素

影响服装需求量的因素有很多，有政治的、经济的、文化的、生理心理的、民族的等，归纳起来，主要因素有以下七个方面。

小思考：

那么，影响服装需求量的因素有哪些？

6.2.1.1 居民的服装购买力水平和增长速度

居民的服装购买力水平，是指在一定时期内平均每人服装购买力的大小。而居民的服装购买力增长速度是指预测期的服装购买力比上期购买力增长的快慢程度。一般来说，服装购买力水平越高，增长速度就越快。影响服装购买力水平的因素主要有：国民收入和个人收入。

6.2.1.2 人口因素

一个国家总人口的多少，人口增长的快慢，在一定收入条件下，对服装的需求具有决定性的影响。人口结构主要包括以下内容：

（1）总人口。人口的多少，是决定服装需求量的主要因素。在收入不变的条件下，人口总数与消费总量成正比例关系。

（2）人口的地理分布。人口在不同地区的分布状况，对服装需求的影响是很明显的，不同地区，由于气候、自然环境、风俗习惯和经济发展水平的差异，形成了不同的服装需求。例如，寒冷地区的棉衣、皮衣、保暖内衣等御寒的服装，需求量就大，而在热带地区，短衣、短裤、裙子等夏季服装，其需求量大。

（3）年龄结构。由于服装消费者年龄的差别，对服装的需求也有很大的差异，对各种服装的需求量会产生很明显的影响。例如，年轻人多的地区，对时尚服装需求量就大。

（4）人口性别。服装消费者的性别差异，对服装需求就也有较大的差别。例如，女性服装消费者的爱美之心比较强，对所需服装的款式、色彩、布料等要求较高；而男性服装消费者，则更注重做工质量，没有其他太多的要求。

（5）文化程度和职业。服装消费者由于职业的差别，加上收入、文化程度、生活与工作条件不尽相同，对服装的要求也会有较大的差别。

6.2.1.3　自然条件和生产条件

自然条件，主要包括气候、地理等条件的不同，服装需求会有所不同；生产条件，主要包括基本设施、环境、设备的先进程度等变化，也会影响服装需求。

6.2.1.4　消费习惯、消费心理和购买行为

消费习惯，是指服装消费者在不同的历史条件下和不同的生活环境中，长期形成的习惯，它会对某些服装商品产生特别的喜爱和偏好。消费心理，是指服装消费者在心理动机上，对服装商品提出的要求，这种心理要求的变化，也会对服装的需求产生变化。另外，服装消费者在购买活动中，还会表现出全确定型、半确定型和不确定型三种不同的购买行为。

6.2.1.5　价格因素

一般来说，服装销售价格发生变化，会引起服装需求量的变化。例如，服装价格上升，会抑制服装消费者对服装的需求；而服装价格下降，则会刺激服装消费者对服装的需求。

6.2.1.6　服装的生产和供应状况

服装供应状况可表现为：供过于求、供不应求或供求平衡三种状况。当服装供过于求时，服装消费者就会持观望态度，出现持币待购现象；当服装供不应求时，就会形成服装商品脱销，市场出现争购、竞购、抢购，以及超前购买服装的现象，造成需求扩大的虚假现象。因此，供求状况如何，对服装的需求量会产生直接的影响。

6.2.1.7 政治因素、经济杠杆

党和国家重大方针政策的出台和实施，国家财政、信贷政策等变化产生的经济杠杆作用，均会直接或间接地影响服装需求量的变化。

总之，影响服装需求量的因素有很多，而且是互相联系、错综复杂的，只有对其进行定性、定量的分析，才能对未来服装需求量的发展趋势作出比较准确的判断和预测。

小思考：

服装需求量预测有哪些方法？

6.2.2 服装需求量预测法

关于服装需求量预测法，我们主要学习：对一般（低档）服装需求量的预测法、对非一般（中、高档）服装需求量的预测法。

6.2.2.1 对一般（低档）服装需求量的预测法

对一般（低档）服装需求量的预测，其预测模型如下：

$$S = Q \cdot G \qquad (6-2)$$

式中：S——服装需求量预测值；

Q——人口数（户数）；

G——每人（户）单位时间内的消费量。

这是在人口以及服装平均消费水平保持不变情况下的预测值计算公式。

（1）当服装消费水平不变，而人口数发生变动时，其计算公式为：

$$S = Q \cdot (1 + X_1)^n \cdot G \qquad (6-3)$$

式中：X_1——人口年平均递增率；

n——年数。

（2）当人口数不变，而服装消费水平变动时，其计算公式为：

$$S = Q \cdot G (1 + X_2)^n \qquad (6-4)$$

式中：X_2——消费水平年平均递增率；

n——年数。

（3）当人口数和服装消费水平都变动时，其计算公式为：

$$S = Q \cdot (1+X_1)^n \cdot G \cdot (1+X_2)^n \tag{6-5}$$

下面举例说明，对一般（低档）服装需求量的预测法的应用。

例2，北海市现有200万人，平均每年每人消费衬衫2件，人口每年递增率为1.1%。预计4年后，每年衬衫销售量将是多少？

解：根据式（6-3），得：

$$S = 200 \times (1+1.1\%)^4 \times 2 = 418 （万件）$$

例3，根据例2资料和近几年的消费资料测算，每年每人衬衫的消费量将按4%的速度递增。问6年后该市每年衬衫的销售量将是多少？

解：根据式（6-5），得：

$$S = 200 \times (1+1.1\%)^6 \times 2 \times (1+4\%)^6 = 540 （万件）$$

6.2.2.1 对非一般（中、高档）服装需求量的预测法

对非一般（中、高档）服装需求量的预测，其计算公式如下：

$$S = G \cdot (a_1 - a_2) \cdot i_1 + P \cdot i_2 \tag{6-6}$$

式中：S——服装需求量预测值；

G——户数或人数；

a_1——饱和普及率；

a_2——已达到普及率；

i_1——购买系数；

i_2——更新系数；

P——目前社会拥有量。

下面举例说明，对非一般（中、高档）服装需求量的预测法的应用。

例4，红谷市有居民40万户，预计西服饱和普及率为91%，现已达到的普及率为56%，预计年购买系数为未购买需求数的20%，年更新系数为5%，预测该市西服需求量为多少？

解：根据式（6-6），得：

S =400000×（91%-56%）×[（91%-56%）×20%]+（56%×400000×5%）

=400000×35%×7.0%+11200

=21000（件）

◎**核心概念**

（1）服装市场需求预测法：是指通过对过去和现在服装商品在服装市场上的销售情况，和影响服装市场需求的各种因素的分析和判断，来预计未来市场服装商品的需

求量和发展变化趋势的方法。

（2）服装购买力预测：又称服装商品购买力预测，是在一定范围内，对未来一段时期零售市场的服装商品需求总额及其投向的变动趋势进行的预测。

（3）服装购买力投向：是指在购买力总额既定的前提下，在各类商品之间的分配比例。

（4）服装购买力水平：是指在一定时期内，平均每人服装购买力的大小。

（5）服装购买力增长速度：是指预测期的服装购买力比上期购买力增长的快慢程度。

（6）对服装购买力总额预测法：一般以年度为预测期，常用的预测方法有：平衡分析法、比例分析法、发展速度分析法等。

（7）对服装购买力投向预测法：是指在商品购买力总额既定的前提下，对服装购买力投向的预测方法。

（8）服装需求量预测：是指对消费者在一定时期内有货币支付能力所需的服装量的预测。

（9）对一般（低档）服装需求量的预测法：对一般（低档）服装需求量的预测，其预测模型如下：

$$S = Q \cdot G$$

（10）对非一般（中、高档）服装需求量的预测法：对非一般（中、高档）服装需求量的预测，其计算公式如下：

$$S = G \cdot (a_1 - a_2) \cdot i_1 + P \cdot i_2$$

🗀 复习思考

1.单项选择题

（1）（　　）是指通过对过去和现在服装商品在服装市场上的销售情况，和影响服装市场需求的各种因素的分析和判断，来预计未来市场服装商品的需求量和发展变化趋势的方法。

  A.服装市场定性预测法　　　　　B.服装市场销售预测法

  C.服装市场定量预测法　　　　　D.服装市场需求预测法

（2）（　　）是在一定范围内，对未来一段时期零售市场的服装商品需求总额及其投向的变动趋势进行的预测。

  A.服装需求量预测　　　　　　　B.服装市场占有率预测

C. 服装购买力预测 D. 服装市场销售量预测

（3）（ ）是指在购买力总额既定的前提下，在各类商品之间的分配比例。

    A. 服装购买力投向 B. 服装购买力增长速度

    C. 服装购买力水平 D. 服装购买力规模大小

（4）（ ）是指在商品购买力总额既定的前提下，对服装购买力投向的预测方法。

    A. 对一般(低档)服装需求量的预测法 B. 对服装购买力投向预测法

    C. 对非一般(中、高档)服装需求量的预测法 D. 对服装购买力总额预测法

（5）（ ）的预测模型为：$S = Q \cdot G$

    A. 对一般(低档)服装需求量的预测法 B. 对服装购买力投向预测法

    C. 对非一般(中、高档)服装需求量的预测法 D. 对服装购买力总额预测法

2. 多项选择题

（1）常用的服装市场需求预测法有（ ）。

    A. 服装购买力预测法 B. 服装市场占有率预测法

    C. 服装需求量预测法 D. 服装市场销售量预测法

（2）（ ）是在一定范围内，对未来一段时期零售市场的服装商品需求总额及其投向的变动趋势进行的预测。

    A. 服装需求量预测 B. 服装购买力预测

    C. 服装销售量预测 D. 服装商品购买力预测

（3）一般以年度为预测期，对服装购买力总额预测常用的预测方法有（ ）。

    A. 服装市场平衡分析法 B. 服装市场发展速度分析法

    C. 服装市场比例分析法 D. 服装市场加权移动平均法

（4）服装购买力预测的方法有（ ）。

    A. 对服装购买力投向预测法 B. 对一般(低档)服装需求量的预测法

    C. 对服装购买力总额预测法 D. 对非一般(中、高档)服装需求量的预测法

（5）服装需求量预测的方法有（ ）。

    A. 对服装购买力投向预测法 B. 对一般(低档)服装需求量的预测法

    C. 对服装购买力总额预测法 D. 对非一般(中、高档)服装需求量的预测法

3. 判断题（正确答案打"√"，错的打"×"）

（1）服装市场需求预测法，是指通过对过去和现在服装商品在服装市场上的销售情况，和影响服装市场需求的各种因素的分析和判断，来预计未来市场服装商品的需求量和发展变化趋势的方法。 （ ）

（2）服装商品购买力预测是在一定范围内，对未来一段时期零售市场的服装商品需

求总额及其投向的变化趋势进行的预测。（　　）

（3）服装购买力投向是指在一定时期内，平均每人服装购买力的大小。（　　）

（4）服装购买力增长速度是指预测期的服装购买力比上期购买力增长的快慢程度。
（　　）

（5）服装需求量预测是指在商品购买力总额既定的前提下，对服装购买力投向的预测方法。（　　）

4. 简答题

（1）什么是服装购买力预测？它有哪些内容？

（2）影响服装购买力总额的因素有哪些？

（3）影响居民购买力的主要因素有哪些？

（4）影响服装购买力投向有哪些因素？

（5）影响服装需求量有哪些因素？

5. 计算题

（1）北江市全年货币收入为 27128 万元，非服装支出为 9536 万元，期末储蓄存款和手存现金为 17286 万元，期初储蓄存款和手存现金为 13080 万元，其服装购买力是多少？

（2）南海市现有 400 万人，平均每年每人消费衬衫 2 件，人口每年递增率为 1.2%，预计 4 年后，每年衬衫销售量将是多少？如果每年每人衬衫的消费量将按 4% 的速度递增，问 6 年后该市每年衬衫的销售量将是多少？

（3）红河市有居民 50 万户，预计西服饱和普及率为 92%，现已达到的普及率为 60%，预计年购买系数为未购买需求数的 22%，年更新系数为 6%，预测该市西服需求量为多少？

📂 案例分析

我国服装市场需求预测

根据有关数据分析预测，明年我国服装市场需求情况将呈现如下发展趋势：

由于海外新冠肺炎疫情仍充满不确定性，我国服装行业从今年第二季度后逐渐复苏，全年全国服装类零售总额将超 12365 亿元，我国已经成为全球最大的服装市场。同时随着消费升级，我国的高端女装市场将进一步增长。机会往往伴随挑战，国际中高端品牌还将继续涌入我国市场，利用品牌优势积极布局线下头部商场与线上电商渠道，高端女装品牌的竞争将会更加激烈。而通过打造有国际竞争力的多品牌矩阵，能够在线上与线下均形成协同效应，占领服装消费者心智并有更大的市场空间，同时降低单品牌的生命周期造成的业绩波动。服装市场竞争更趋白热化，国际化多品牌矩阵价值将更加凸显。

此外，根据麦肯锡发布的时装行业年度报告，今年服装行业盈利规模最大的前20%的公司贡献了行业204%的经济利润，相较于上年的168%，行业经济利润进一步向头部企业聚集。同时，从今年的市值表现来看，竞争优势向头部聚集，头部企业从新冠肺炎疫情中恢复的速度也快于其他企业，服装行业的马太效应愈发明显，在不确定的大环境下，更加凸显服装企业资源优势和规模效应的竞争力。

【问题分析】

1. 什么是服装市场需求预测法？

2. 本案例使用了哪些方法并作了哪些预测？

📁 实战演练

活动6-1

活动主题：认知体验服装市场购买力预测

活动目的：增加感性认识，实地体验服装市场购买力预测法，能够处理服装市场预测误差。

活动形式：

1. 人员：将全班分成若干小组，3~5人为一组，以小组为单位开展活动。

2. 时间：与教学时间同步。

3. 方式：就近实地开展一次服装市场购买力预测活动。

活动内容和要求：

1. 活动之前要熟练掌握服装市场购买力预测的设计，做好相应的知识准备。

2. 以小组为单位提交服装市场购买力预测等书面资料。

3. 服装市场购买力预测资料撰写时间为2天。

4. 授课教师可根据每个小组提供的书面调查资料按质量评分，并计入学期总成绩。

活动6-2

活动主题：认知体验服装市场需求量预测

活动目的：增加感性认识，实地体验服装市场需求量预测法，能够处理服装市场预测误差。

活动形式：

1.人员：将全班分成若干小组，3~5人为一组，以小组为单位开展活动。

2.时间：与教学时间同步。

3.方式：就近实地开展一次服装市场需求量预测活动。

活动内容和要求：

1.活动之前要熟练掌握服装市场需求量预测的设计，做好相应的知识准备。

2.以小组为单位提交服装市场需求量预测等书面资料。

3.服装市场需求量预测资料撰写时间为2天。

4.授课教师可根据每个小组提供的书面调查资料按质量评分，并计入学期总成绩。

任务7 **服装市场销售预测**

◎知识目标

1.影响服装产品生命周期和服装企业销售的因素；

2.服装产品生命周期预测；

3.服装企业销售预测。

◎能力目标

1.能够掌握影响服装产品生命周期和服装企业销售的因素，能够掌握服装产品生命周期预测和服装企业销售预测的方法；

2.能够运用服装产品生命周期预测和服装企业销售预测的方法，进行服装市场销售预测。

📁 任务导航

📁 情景导入

我国服装市场销售预测

根据有关数据分析预测，我国服装市场销售情况将呈现如下发展趋势：

由于受新冠肺炎疫情影响，服装消费者线上消费需求将迅速提升。根据国家统计局数据分析预测，实物商品网上零售额将达到97590亿元，同比增长14.8%，增速比上一年加快8.9个百分点。其中，穿着类服装商品网上零售额将同比增长5.8%，增速比上一年加快20.9个百分点。新冠肺炎疫情按下了服装产业数字化升级的快进键，催化出一批颠覆性的新经济、新模式、新业态。线下生产生活、消费场景、零售渠道快速向云端转移，逆势突围找到线上业态、线上服务、线上管理等拓展的出口，危中寻机发现其间的巨大潜力。新服装消费模式的兴起和日益增长的数字化变革，为服装产业发展带来了新机遇和新挑战。

此外，根据天猫发布的Z世代消费报告，中国Z世代（指生于1995~2009年的人群）数量已突破2.26亿，占人口总数约16%。Z世代已经成为服装时尚消费增长的主要驱动力，占据着越来越高的服装时尚消费份额并且增速不减。Z世代拥有勇于尝新、追求个性、注重自我满足的服装消费观念；依靠社交媒体获取信息，打破了传统的时尚权威，看重服装时尚品牌的社交价值；偏好互动营销，积极响应明星、博主、KOL等带来的更为"人设化"的时尚表达。服装品牌需要通过社交媒体放大品牌影响力，以短视频、穿搭笔记、直播等更丰富的内容与更多元的销售形式直接与客户交流。同时服装品牌需要对各种跨界元素进行杂糅重构，与现实形成"反差"，突破圈层吸引年轻服装用户群体。

💡 **想一想**

什么是服装销售预测方法？服装销售预测方法有哪些？如何选择服装销售预测方法？下面将为你一一道来。

🗁 核心知识

服装市场销售预测，是服装市场预测的一项重要内容。服装市场销售预测法，是指通过对过去和现在服装商品在服装市场上的销售情况，和影响服装市场销售的各种因素的分析和判断，来预测服装商品在未来市场的销售和发展变化趋势的方法。

做好服装市场销售预测，对于服装企业正确制订经营计划和促销措施，提高服装企业的经济效益，具有十分重要的意义，并为更好地满足人们消费的需要，服务于服装市场，发挥积极的作用。

小思考：

服装市场销售预测的常用方法有哪些？

服装市场销售预测的内容，主要有服装产品生命周期预测、服装企业销售预测等。下面我们将重点学习服装市场销售预测中几种常用的预测方法，如图7-1所示。

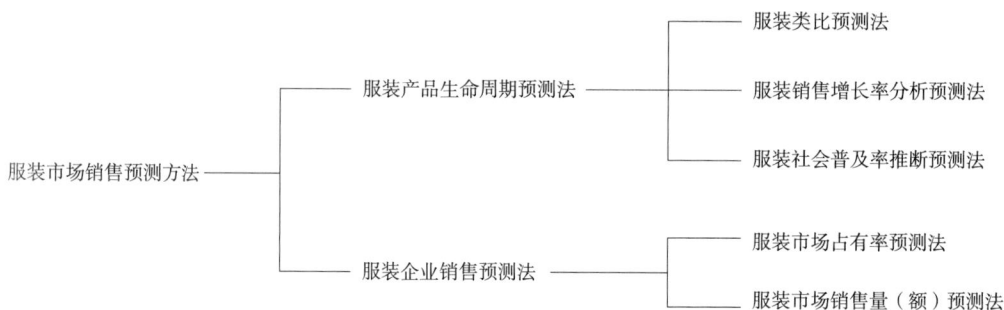

图7-1　服装市场销售预测方法

7.1　什么是服装产品生命周期预测

7.1.1　服装产品生命周期预测的含义和内容

服装市场销售预测，包括服装产品生命周期预测和服装企业销售预测，我们先来看看什么是服装产品生命周期预测，服装产品生命周期预测的内容有哪些。

什么是服装产品生命周期预测，服装产品生命周期的内容有哪些？

7.1.1.1　服装产品生命周期预测的含义

服装产品生命周期预测，也称服装产品经济寿命周期预测，它是指服装产品在市场上经历试销、增销、饱和、减销直至退出市场的过程预测。服装产品生命周期的长短，受消费需求变化、服装更新换代速度等多种市场因素的影响。服装产品生命周期，一般可以分为导入、成长、成熟、衰退四个阶段，如图7-2所示。

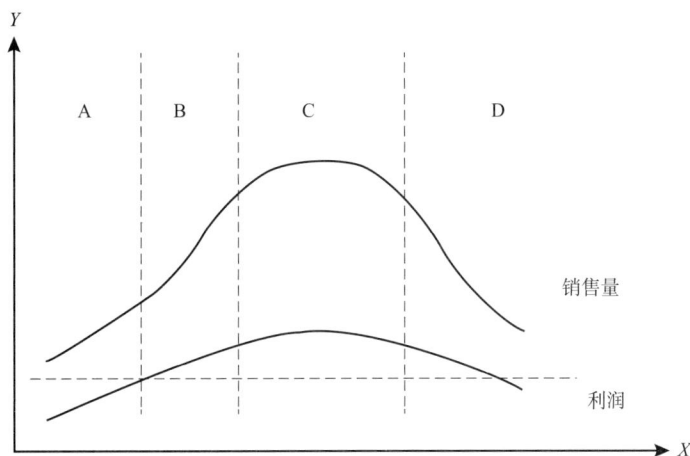

其中：X—时间、Y—销售量和利润　A：导入阶段　B：成长阶段　C：成熟阶段　D：衰退阶段

图7-2　服装产品生命周期曲线图

7.1.1.2　服装产品生命周期预测的内容

服装产品生命周期预测的主要内容有：

（1）导入期预测。导入期预测，又称试销期预测，是指服装新产品首次投入服装市场试销和开拓市场的时期，处于导入阶段的预测。这个阶段，服装新产品刚投入服装市场，消费者还不了解其特点，销售渠道尚未畅通，销售量增长缓慢，有待于打开销路，开拓市场。

（2）成长期预测。成长期预测，是指服装产品销路已打开，销售量迅速上升的时期，处于成长阶段的预测。这个阶段，消费者对服装新产品已逐步熟悉，服装企业开始批量生产，成本降低，销售量和利润迅速增加，服装市场竞争日益激烈。按销售量增长的快慢，还可以划分为成长前期预测和成长后期预测。

（3）成熟期预测。成熟期预测，是指服装产品需求相对减弱，销售量增长缓慢，且趋向饱和的时期，处于成熟阶段的预测。这个阶段，服装企业产量很大，服装产品供应量基本上达到了服装市场饱和的容量，销量增长缓慢，逐步增长到最高点，然后缓慢下降。

（4）衰退期预测。衰退期预测，是指服装产品老化，被其他服装新产品代替，销售量急剧下降，直至退出服装市场的时期，处于衰退阶段的预测。这个阶段，服装产品销售量由缓慢下降转为急剧下降，甚至出现积压，同时新的服装产品开始进入服装市场，并逐渐替代老的服装产品，老的服装产品生命趋于结束。

对服装产品生命周期四个阶段预测的划分，是仅就一般规律而言的，它只表现服装销售的一般趋势，而不表现各个阶段的具体时间。对于不同种类、不同品种的服装，其生命周期所经历的阶段以及各阶段延续时间的长短，往往是不相同的。例如，有些时候，刚投入服装市场，销售量就迅速上升，没过多久，销售量又陡然下降，甚至在服装市场上消失，其生命周期较短，某些阶段的表现也不明显。而西服、牛仔服等，投入服装市场在经历导入期、成长期、成熟期后，仍长期保持一定的销售量，其生命周期较长，各阶段的表现也比较明显。当然，由于科学技术的进步和服装市场竞争的日益激烈，使大量服装产品不断更新换代，生命周期也越来越短了。

总之，分析预测服装产品生命周期，有利于服装企业作出正确的经营决策和经营计划，促进服装企业对服装新产品的研制和开发，加强服装产品储存和销售的管理，提高服装企业的经济效益。

7.1.2　影响服装产品生命周期预测的因素

服装产品生命周期的变化，既受服装本身品种、款式、实用性等内在因素的影响，也受服装市场供求、科学技术和社会文化等外在因素的影响。综合起来，影响服装产品生命周期预测的因素，主要有以下几方面。

小思考：

那么，影响服装产品生命周期预测的因素有哪些呢？

7.1.2.1　服装品种、款式、花色和实用性

服装的品种、款式、花色和实用性等因素，对服装产品生命周期预测有着决定性

的影响。在一定价格水平条件下，品种是否丰富、款式是否新潮时尚、花色是否亮丽多彩、实用性是否强等，这些都是消费者挑选服装的主要依据。一般来说，时尚、实用性强的服装，其生命周期就长；反之，生命周期就短。

7.1.2.2 服装购买力水平及其增长速度

服装购买力水平的高低及其增长速度的快慢，是影响服装产品生命周期预测的重要因素。一般情况下，当服装购买力水平较低及其增长速度较慢时，服装产品生命周期就较长；当服装购买力水平较高和增长速度较快时，服装产品更新换代的节奏就快，从而缩短了服装产品的生命周期。

7.1.2.3 服装供求与竞争状况

服装供求与竞争状况，对服装品种、款式、花色等的更替影响较大。一般来说，服装供应不足，卖方处于有利地位，服装消费者只求有货，对品种、款式、花色的要求就不高，服装产品生命周期就延长；而一旦服装供应充足时，服装企业之间竞争激烈，买方处于有利地位，服装品种、款式、花色的更新换代加快，服装产品生命周期就缩短。另外，如果广告、人员推销、销售促进和公共关系等促销手段运用恰当，售前售后服务质量提高等，对缩短导入期，延长服装产品的生命周期也有一定的作用。

7.1.2.4 科学技术的进步和社会生产力的发展

科学技术的迅猛发展，新技术、新工艺、新材料的推广应用，大大加快了社会生产力前进的步伐，使服装生产成本降低、竞争能力增强、更新换代加快、服装产品生命周期不断缩短。在这种情况下，一方面是随着服装消费者消费水平的提高，新的服装消费需求不断涌现；另一方面也就更加依赖科学技术的进步，使服装新产品能够不断设计生产出来，供应服装市场。

7.1.2.5 社会文化

社会文化，主要包括消费心理、社会风俗和教育水平等。服装消费者的消费心理、消费习俗、文化程度等的变化，对服装产品生命周期也有一定影响，特别是对某些流行性服装产品，影响更大。例如，某种服装款式花色之所以很快流行，又很快消失，其主要原因是服装消费者消费心理发生变化的结果。

7.1.3 服装产品生命周期预测的方法

预测服装产品的生命周期，应在综合分析影响服装产品生命周期诸因素的基础上，对某些服装产品所处生命周期的不同阶段，以及各个阶段之间的转折点进行分析和预测。这对服装企业制定相应的市场营销策略，做好服装产品的更新换代，减少决策失误和加强风险管理，具有十分重要的意义。下面简要地介绍几种常用的分析预测方法。

小思考：
服装产品生命周期预测的方法有哪些？

7.1.3.1　服装类比预测法

服装类比预测法，又称服装类推预测法，是指根据服装市场及其环境因素之间的类似性，从一个服装市场的服装产品生命周期的发展变化情况，来推测另一个服装市场同类服装产品生命周期的发展变化情况的预测方法。服装类比预测法，是一种应用范围较广泛的服装产品生命周期定性预测方法。例如，从20世纪七八十年代国外、港澳地区牛仔服流行的情况看，就可以推测20世纪90年代我国沿海城市牛仔服的流行普及情况。当然，参照我国沿海城市情况，也可以推测出我国内陆地区同类服装产品生命周期的发展变化情况。

服装类比预测法，主要是在服装市场数据资料有限的情况时应用，具有一定的参考价值。如果对服装市场预测目标已掌握了足够的数据资料，则不宜采用此法。因为类比地区之间，实际情况不可能完全一致，而是或多或少地存在某些差异，这些差异影响着服装产品生命周期的发展变化，也就不可能完全一致。

7.1.3.2　服装销售增长率分析预测法

服装销售增长率分析预测法，是指根据服装产品销售量环比增长速度的变化情况，来判断该种服装产品处于生命周期哪个阶段的方法。一般来说，服装产品在导入期，服装销售量的增长缓慢，增长速度约在10%以下。一旦进入成长前期，服装销售量大幅度上升，增长速度加快，往往连年超过10%，甚至更快。进入成长后期，服装销售量增长势头相对减弱，但仍能保持10%左右的增长速度。进入成熟期，服装销售量增长趋于缓慢，增长速度在10%以下。在成熟后期，服装销售量开始缓慢下降。如果服装销售量由缓慢下降转为急剧下降，则表明该服装产品已进入衰退期。当然，采用上述经验数据作为判断服装产品生命周期阶段的标准时，应视其销售的长远趋势，而不能以某一时期因受客观影响导致的短期波动来确定。

服装销售增长率分析预测法，虽然比较简单明了，不需要做复杂的数学计算，但使用此法判断服装产品生命周期阶段不很准确，是一种定性分析的量化技术，往往需要同其他方法结合使用，才有可能达到预期的效果。

7.1.3.3　服装社会普及率推断预测法

服装社会普及率推断预测法，是指根据服装产品的社会普及度，来推断该服装产品处于生命周期哪个阶段的预测方法。服装社会普及率推断预测法，主要适用于对高档服装产品生命周期的分析和预测。下列经验数据可供判断时参考：

（1）服装社会普及率在5%以下者，属于导入期；

（2）服装社会普及率在5%～50%者，属于成长前期；

（3）服装社会普及率在50%～80%者，属于成长后期；

（4）服装社会普及率在80%～90%者，属于成熟期；

（5）服装社会普及率在90%以上者，属于衰退期。

运用此法需要注意的是，许多服装品种因受主客观条件的种种制约，加上科学技术的进步和服装新品种的不断出现，服装新老产品经常处于不断地更替之中，其饱和普及率不可能达到100%。例如，西服、牛仔服等，不是人人都需要购买的，其饱和普及率最高只有80%左右。因此，根据上述经验数据来判断服装产品所处生命周期的哪个阶段时，还需进行综合考虑分析判断。

7.2　怎么做服装企业销售预测

服装企业销售预测法，是指对服装企业在未来一段时期内的服装销售额或服装销售量做出推测的方法。服装企业销售预测，可以为服装企业制定正确的经营决策和经营计划提供依据。

7.2.1　影响服装企业销售的因素

影响服装企业销售的因素，主要包括服装市场的需求状况、服装企业的市场占有率等几方面。

小思考：

那么，影响服装企业销售的因素有哪些？

7.2.1.1　服装市场的需求状况

服装企业的销售，是整个服装市场销售的一部分。在服装流通渠道畅通的情况下，服装销售量的大小，取决于服装需求量与服装资源量的平衡状况。在供求平衡或供过于求时，服装销售量的大小，主要取决于服装市场需求状况，可以把服装需求量的预测值作为服装销售量的预测值。在服装供不应求时，服装销售量的大小，主要取决于服装资源状况。

影响服装资源的主要因素是：工农业生产的发展水平和速度、进出口差额、国家储备和企业库存的变动等。可以供应市场的服装资源量的预测值，就可以作为市场服装销售量的预测值。

因此，影响市场服装需求和服装资源的各种因素，都会影响服装企业的销售。

7.2.1.2　服装企业的市场占有率

在服装市场销售总量基本稳定的情况下，服装企业的销售量大小，主要取决于它的市场占有率，即取决于服装企业销售在市场销售中所占份额的大小。市场占有率越高，销售量就越大；市场占有率越低，销售量就越小。服装企业的市场占有率，实际上反映着服装企业的市场竞争能力。影响一个服装企业市场占有率高低的主要因素是：

（1）服装企业自身的经营条件。主要有以下五个方面：一是服装企业的地理位置、内部设施、资金利用效果和员工素质等；二是服装企业经营服装的品种、规格、花色、质量、品牌、包装等；三是服装企业的定价目标、方法和策略；四是服装企业售前、售中、售后服务的质量；五是促销措施。

（2）服装企业竞争对手的生产经营能力。主要表现在以下三个方面：首先，是生产经营的规模；其次，是服装的品种、规格、质量、花色、价格等；最后，是服务态度、销售措施、销售渠道和经营特色等。

因此，在预测服装企业未来销售前景时，一定要做到知己知彼，以便对服装企业市场占有率的变化趋势作出正确推测。

小思考：

那么，服装企业销售预测法有哪些？

服装企业销售预测法，主要有服装市场占有率预测法、服装市场占有率预测销售量（额）法、服装市场盈亏临界点分析预测销售量（额）法、服装市场季节指数预测销售量法、服装市场趋势外推预测销售量（额）法、服装市场回归分析预测销售量（额）法等。下面我们将重点学习服装企业销售预测中几种常用的预测方法，如图7-3所示。

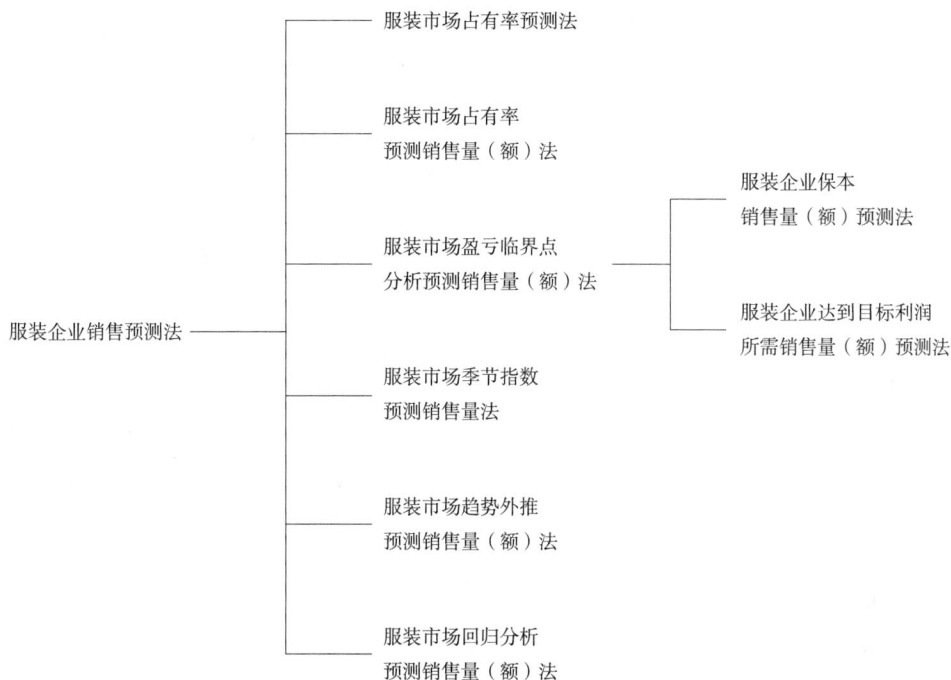

图7-3　服装企业销售预测法

7.2.2　服装市场占有率预测法

服装市场占有率预测法，是指服装企业某种服装或全部服装销售量（额）占市场同种服装或全部服装销售量（额）的比率的方法。其计算公式为：

$$R = \frac{q}{Q} \qquad\qquad (7\text{-}1)$$

式中：R——某服装企业市场占有率；

q——某服装企业的销售量（额）；

Q——当地市场销售量（额）。

下面通过事例，说明服装市场占有率预测法的应用。

例1，北星市全年市场服装零售总额为860亿元，该市白马服装公司的销售额为51.6亿元，试求该公司当年的服装市场占有率是多少？

解：根据式（7-1），得：

$$服装市场占有率 R = \frac{51.6}{860} \times 100\% = 6\%$$

采用上述公式计算的服装市场占有率，是服装企业实际达到的市场占有率。若预测服装企业未来的市场占有率，需在已经达到的市场实际占有率的基础上，分析影响市场占有率变化的各种因素，参考历史上服装企业对市场占有率的变化趋势，并根据各种影响因素的变化情况，对预测期可能达到的市场占有率作出估计和推测。

服装市场占有率，是衡量服装企业经营管理水平和竞争能力的一个综合性指标。分析预测服装企业的市场占有率，有助于对服装企业的经营管理水平和竞争能力作出正确的评估，及时发现问题、分析原因，并采取措施加以改进，为制定正确的经营决策、经营计划和促销策略服务，不断提高服装企业的市场占有率。

7.2.3 服装销售量（额）预测法

对服装企业的服装销售量或销售额进行预测，应当综合考虑服装市场供求的平衡状况，服装产品生命周期的发展趋势以及本企业的经营要求。服装销售量（额）预测法，是指在深入分析影响服装企业销售各种因素的基础上，运用各种预测方法对服装企业的服装销售量或销售额进行估计和测算的方法。

7.2.3.1 服装市场占有率预测销售量（额）法

服装市场占有率预测销售量（额）法，是指在已知市场服装销售量或对市场服装销售量作出正确推测的情况下，服装企业可先预测出服装市场占有率，然后用市场销售量乘以市场占有率，就可预测出服装企业的服装销售量（额）的方法。其计算公式为：

$$q = Q \cdot R \tag{7-2}$$

式中： q ——某服装企业销售量（额）预测值；

Q ——当地市场销售量（额）；

R ——某服装企业的市场占有率。

下面通过事例，说明服装市场占有率预测销售量（额）法的应用。

例2，北星市今年市场服装零售额的预测值为860亿元，该市白马服装公司今年的市场占有率为6%。通过对影响市场占有率的各种因素的对比分析，预测出白马服装公司明年的市场占有率为7.5%。试预测该公司明年的服装销售额是多少？

解：根据式（7-2），得：

$$q = 860 \times 7.5\% = 64.5 \text{（亿元）}$$

7.2.3.2 服装市场盈亏临界点分析预测销售量（额）法

服装市场盈亏临界点分析预测销售量（额）法，也称服装市场保本分析预测销售量（额）法，是指利用服装销售数量、成本、费用、利润之间的关系，来对服装企业的保本销售量（额）和达到目标利润所需的销售量（额）作出预测的一种方法。

（1）服装企业保本销售量（额）预测法。服装企业从事生产经营活动，首先需考虑的问题就是能否保本，不亏损。能够使服装企业保本的销售量（额），被称为保本销售量（额），或称保本点、盈亏临界点。在这段时间内，服装企业的总收入恰好等于总支出。服装企业保本销售量（额）预测法，指对服装企业一定销售量所获得的进销差价额与同时期所支出的全部流通费用相等，既没盈利也不亏损的预测方法。其公式为：

$$Q \cdot P = F \tag{7-3}$$

或

$$Q' \cdot p = Q' \cdot f \tag{7-4}$$

式中：Q——服装销售量；

P——单位服装进销差价；

F——服装流通费；

Q'——服装销售额；

p——综合进销差价率；

f——费用率。

服装流通费用与服装销售量（额）之间的关系，可分为相对不变费用和可变费用两种。相对不变费用指不是随着服装销售量（额）的变化而变化的费用，主要是指固定资产折旧、管理人员的工资及福利费、工会经费、职工教育经费、保险费、租赁费等管理费用。可变费用是指随着服装销售量（额）的变化而变化的费用，如运输费、装卸费、包装费、保管费、广告费、经营人员的工资及福利等。因此，上述公式又可表示为：

$$Q \cdot P = C + Q \cdot V \tag{7-5}$$

或

$$Q' \cdot p = C + Q' \cdot v \tag{7-6}$$

式中：C——相对不变费用；

V——单位服装可变费用；

v——可变费用率。

其他符号含义与式（7-3）、式（7-4）相同。

对式（7-5）和式（7-6）移项整理得：

保本销售量：
$$Q = \frac{C}{P - V} \tag{7-7}$$

保本销售额：
$$Q' = \frac{C}{p - v} \tag{7-8}$$

下面通过事例，说明服装企业保本销售量（额）预测法的应用。

例3，红棉服装商厦年相对不变费用600万元，综合进销差价率为15%，可变费用率为7.5%，试预测该商厦保本销售额应是多少？又知该商厦衬衫商场的年相对不变费用为80万元，每件衬衫平均进销差价为20元，平均可变费用为12元。试预测该商厦最低应销售多少件衬衫才能保本？

解：根据式（7-8），得：

商厦的保本销售额：$Q' = \dfrac{600}{15\% - 7.5\%} = 8000$（万元）

根据式（7-7），得：

衬衫商场保本销售量：$Q = \dfrac{80}{20 - 12} = 10$（万件）

预测服装企业的保本销售量，其实际意义并不是为了达到或保持不盈不亏，而是要寻找服装企业经营中的一个保本点，使服装企业管理者心中有数，便于作出正确的经营决策和经营计划，为扩大服装销售量、节约费用开支、提高盈利水平提供依据。

（2）服装企业达到目标利润所需销售量（额）预测法。服装企业的服装销售是取得盈利的基础，当盈利目标确定后，服装企业就需要对达到目标利润所需的销售量（额）作出推测，以便采取措施、促进销售，保证目标利润的实现。服装企业达到目标利润所需销售量（额）预测法，是指服装企业就需要达到目标利润所需的销售量（额）作出推测的方法。其测算公式为：

$$Q = \frac{C + E}{P - V} \tag{7-9}$$

或

$$Q' = \frac{C + E}{p - v} \tag{7-10}$$

式中：Q——达到目标利润的销售量；

$\quad\quad E$——目标利润；

$\quad\quad Q'$——达到目标利润的销售额；

其他符号含义与式（7-5）、式（7-6）相同。

下面通过事例，说明服装企业达到目标利润所需销售量（额）预测法的应用。

例4，华兴服装商场计划下年度相对不变费用为16万元，每件服装平均进销差价为44元，平均可变费用每件服装为30元，计划利润40万元，综合进销差率为30%，可变费用率为10%。试预测该商场应销售多少件服装才能实现目标利润？该商场销售额应为多少才能实现目标利润？

解：根据式（7-9），得：

达到目标利润的销售量：$Q = \dfrac{16 + 40}{44 - 30} = 4$（万件）

根据式（7-10），得：

达到目标利润的销售额：$Q' = \dfrac{16 + 40}{30\% - 10\%} = 280$（万元）

7.2.3.3 服装市场季节指数预测销售量法

当服装企业某种服装销售量随着季节的变化而有规则地处于反复变动时，可运用服装市场季节指数法进行预测。用这种方法预测所依据的历史数据，必须是按月或季的时间序列编制的。这里的季节变动，也主要是指自然季节变动。像汗衫、背心、羊毛衫、棉衣等服装，其销售量的变动，都明显地呈现出季节变动的规律性。

服装市场季节指数预测销售量法，是指当服装企业某种服装销售量随着季节的变化而有规则地反复变动时，利用这些具有季节变动规律性的历史销售数据，计算出季节指数，则可预测出第二年每个月份或季度的销售量的方法。这样，就可以为服装企业合理组织生产经营、合理使用资金提供依据。

7.2.3.4 服装市场趋势外推预测销售量（额）法

服装市场趋势外推预测销售量（额）法，是指当服装企业销售量（额）的历史统计数据呈现出某种变动趋势时（如直线变动趋势、指数曲线变动趋势等），就可以运用服装市场趋势外推法进行服装企业销售量（额）预测的方法。

用这种方法进行预测，要求宏观的经济和政治形势比较稳定，服装企业的销售趋势要与市场服装需求的变化趋势大体一致，服装企业市场占有率的变动不宜过大，预测期限不宜过长，否则会产生较大的误差。此外，还可以把服装市场趋势外推法同服装市场经验判断法结合起来进行预测，以保证预测结果的准确性。

7.2.3.5 服装市场回归分析预测销售量（额）法

服装市场回归分析预测销售量（额）法，是指当服装企业的销售额或某种服装的销售量，同其他服装销售量之间，存在着比较密切的确定性依存关系时，可以运用服装市场回归分析预测法进行销售量（额）预测的方法。

服装市场回归分析预测销售量（额）法所利用的数据资料较多，计算量较大，预测的精确度也较高，一般多用于服装市场占有率较高、销售变动情况基本上可以代表市场销售量变动的大型服装企业。

此外，算术平均法、移动平均法、指数平滑法等预测方法，也可用来预测服装企业的服装销售量（额），但只适用于近期、短期的预测，如果进行中、长期预测，则误差较大。

◎核心概念

（1）服装市场销售预测法：是指通过对过去和现在服装商品在服装市场上的销售情况，和影响服装市场销售的各种因素的分析和判断，来预计未来市场服装商品的销售和发展变化趋势的方法。

（2）服装产品生命周期预测：也称服装产品经济寿命周期预测，它是指服装产品在市场上经历试销、增销、饱和、减销以致退出市场的过程预测。

（3）服装类比预测法：又称服装类推预测法，是指根据服装市场及其环境因素之间的类似性，从一个服装市场的服装产品生命周期的发展变化情况，来推测另一个服装市场同类服装产品生命周期发展变化情况的预测方法。

（4）服装销售增长率分析预测法：是指根据服装产品销售量环比增长速度的变化情况，来判断该种服装产品处于生命周期哪个阶段的方法。

（5）服装社会普及率推断预测法：是指根据服装产品的社会普及程度，来推断该服装产品处于生命周期哪个阶段的预测方法。

（6）服装市场占有率预测法：是指服装企业某种服装或全部服装销售量（额）占市场同种服装或全部服装销售量（额）的比率的方法。

（7）服装销售量（额）预测法：是指在深入分析影响服装企业销售各种因素的基础上，运用各种预测方法对服装企业的服装销售量或销售额进行估计和测算的方法。

（8）服装市场占有率预测销售量（额）法：是指在已知市场服装销量或对市场服装销售量作出正确推测的情况下，服装企业可先预测出服装市场占有率，然后用市场销售量乘以市场占有率，就可预测出服装企业的服装销售量（额）的方法。

（9）服装市场盈亏临界点分析预测销售量（额）法：也称服装市场保本分析预测销售量（额）法，是指利用服装销售数量、成本、费用、利润之间的关系，来对服装企业的保本销售量（额）和达到目标利润所需的销售量（额）作出预测的一种方法。

（10）服装企业保本销售量（额）预测法：指对服装企业一定销售量所获得的进销差价额与同时期所支出的全部流通费用相等，既没盈利也不亏损的预测方法。

（11）服装企业达到目标利润所需销售量（额）预测法：是指服装企业就需要达到目标利润所需的销售量（额）作出推测的方法。

（12）服装市场季节指数预测销售量法：是指当服装企业某种服装销售量随着季节的变化而有规则地处于反复变动时，利用这些具有季节变动规律性的历史销售数据，计算出季节指数，则可预测出第二年每个月份或季度的销售量的方法。

（13）服装市场趋势外推预测销售量（额）法：是指当服装企业销售量（额）的历史统计数据呈现出某种变动趋势时（如直线变动趋势、指数曲线变动趋势等），就可以运用服装市场趋势外推法进行服装企业销售量（额）预测的方法。

（14）服装市场回归分析预测销售量（额）法：是指当服装企业的销售额或某种服装的销售量，同其他服装销售量之间，存在着比较密切的确定性依存关系时，可以运用服装市场回归分析预测法进行销售量（额）预测的方法。

📂 复习思考

1. 单项选择题

（1）（　　）是指通过对过去和现在服装商品在服装市场上的销售情况，和影响服装市场销售的各种因素的分析和判断，来预测未来市场服装商品的销售和发展变化趋势的方法。

    A. 服装市场销售预测法　　　　　B. 服装市场定性预测法

    C. 服装市场需求预测法　　　　　D. 服装市场定量预测法

（2）（　　）是指服装产品在市场上经历试销、增销、饱和、减销以致退出市场的过程预测。

    A. 服装需求量预测　　　　　　　B. 服装产品生命周期预测

    C. 服装购买力预测　　　　　　　D. 服装市场占有率预测

（3）（　　）是指根据服装产品销售量环比增长速度的变化情况，来判断该种服装产品处于生命周期哪个阶段的方法。

    A. 服装社会普及率推断预测法　　B. 服装类比预测法

    C. 服装销售增长率分析预测法　　D. 服装市场占有率预测法

（4）（　　）是指服装企业就需要对达到目标利润所需的销售量（额）作出推测的方法。

    A. 服装市场占有率预测销售量（额）法

    B. 服装企业保本销售量（额）预测法

    C. 服装市场趋势外推预测销售量（额）法

    D. 服装企业达到目标利润所需销售量（额）预测法

（5）（　　）是指利用服装销售数量、成本、费用、利润之间的关系，来对服装企业的保本销售量（额）和达到目标利润所需的销售量（额）作出预测的一种方法。

    A. 服装市场盈亏临界点分析预测销售量（额）法

    B. 服装市场季节指数预测销售量法

    C. 服装市场趋势外推预测销售量（额）法

    D. 服装市场回归分析预测销售量（额）法

2. 多项选择题

（1）服装产品生命周期预测的主要内容有（　　）。

    A. 导入期预测　　　　　　　　　B. 成长期预测

    C. 成熟期预测　　　　　　　　　D. 衰退期预测

（2）常用的服装市场销售预测法有（　　）。

A. 服装购买力预测法 　　　　　　 B. 服装产品生命周期预测法

C. 服装需求量预测法 　　　　　　 D. 服装企业销售预测法

（3）对服装产品生命周期预测，常用的方法有（　　）。

A. 服装类比预测法 　　　　　　 B. 服装销售增长率分析预测法

C. 服装市场占有率预测法 　　　　 D. 服装社会普及率推断预测法

（4）服装市场盈亏临界点分析预测销售量（额）法，包括（　　）的方法。

A. 服装企业保本销售量（额）预测法

B. 服装企业达到目标利润所需销售量（额）预测法

C. 服装市场趋势外推预测销售量（额）法

D. 服装市场回归分析预测销售量（额）法

（5）对服装企业的服装销售量或销售额进行预测，常用的方法有：服装市场季节指数预测销售量法、（　　）。

A. 服装市场占有率预测销售量（额）法

B. 服装市场盈亏临界点分析预测销售量（额）法

C. 服装市场趋势外推预测销售量（额）法

D. 服装市场回归分析预测销售量（额）法

3. 判断题（正确答案打"√"，错的打"×"）

（1）服装产品生命周期预测，也称服装产品经济寿命周期预测。　　　　　（　　）

（2）服装类推预测法，是指根据服装市场及其环境因素之间的类似性，从一个服装市场的服装产品生命周期的发展变化情况，来推测另一个服装市场同类服装产品生命周期的发展变化情况的预测方法。　　　　　　　　　　　　　　（　　）

（3）服装销售增长率分析预测法是根据服装产品的社会普及度，来推断该服装产品处于生命周期哪个阶段的预测方法。　　　　　　　　　　　　　　　（　　）

（4）服装企业保本销售量（额）预测法是服装企业就需要达到目标利润所需的销售量（额）作出推测的方法。　　　　　　　　　　　　　　　　　　　（　　）

（5）服装市场盈亏临界点分析预测销售量（额）法，也称服装市场保本分析预测销售量（额）法。　　　　　　　　　　　　　　　　　　　　　　　　（　　）

4. 简答题

（1）什么是服装产品生命周期预测？它可以分为哪些阶段？

（2）影响服装产品生命周期预测的因素有哪些？

（3）影响服装企业销售的因素有哪些？

（4）什么是服装社会普及率推断预测法？如何使用该方法？

（5）影响一个服装企业市场占有率高低的主要因素有哪些？

5. 计算题

（1）南星市全年市场服装零售总额为 1720 亿元，该市黑马服装公司的销售额为 103.2 亿元，试求该公司当年的服装市场占有率是多少？

（2）南星市今年市场服装零售额的预测值为 1720 亿元，该市黑马服装公司今年的市场占有率为 6%，通过对影响市场占有率的各种因素的对比分析，预测出黑马服装公司明年的市场占有率为 7.5%。试预测该公司明年的服装销售额是多少？

（3）金马服装商厦年相对不变费用 1200 万元，综合进销差价率为 30%，可变费用率为 15%，试预测该商厦保本销售额应是多少？又知该商厦衬衫商场的年相对不变费用为 160 万元，每件衬衫平均进销差价为 40 元，平均可变费用为 24 元，试预测该商厦最低应销售多少件衬衫才能保本？

（4）新星服装商场计划下年度相对不变费用为 32 万元，每件服装平均进销差价为 44 元，每件服装平均可变费用为 30 元，计划利润 40 万元，综合进销差率为 30%，可变费用率为 10%。试预测该商场应销售多少件服装才能实现目标利润？该商场销售额应为多少才能实现目标利润？

📁 案例分析

我国服装市场销售预测

根据有关数据分析预测，我国服装市场销售情况将呈现如下发展趋势：

首先，品牌运营从渠道思维逐渐转变为流量思维。由于新冠肺炎疫情对服装销售的线下渠道造成重大冲击，粗放依靠加盟门店的扩张方式难以为继，服装行业整体回归到了调整门店规模，强调单店内生增长的运营模式。传统的 CRM（客户关系管理）核心是服装消费者的交易数据，无法主动发掘潜在消费者从而进行针对性营销。而 SCRM（社会化客户关系管理）通过对服装消费者社交数据的分析，挖掘其潜在的消费偏好和需求，实时优化销售流程，主动引导服装企业对不同消费者采取不同的营销管理。

其次，面对伴随互联网与社交媒体成长起来的新一代服装消费者，作为引导消费升级的代表，对新时代的服装消费体验有了新的要求。服装消费者在购买前利用社交媒体了解服装产品信息，从而做出是否购买的决定，在购买后又将自己的购买经验和服装产品使用体验分享在社交媒体上。大多数服装消费者变得更加乐于在社交媒体上主动搜寻和分享信息。相对于服装商品的实用性，服装消费者更为关注话题性和时尚性。服装消费者的消费行为成为维系其网络社交的方式之一，通过消费的服装产品或品牌来定义自己的特质，同时获得即时性快乐。服装品牌的获客模式从线下逐渐向线上转移，服装品牌需要从线上提高品牌影响力扩大客户群，让客户对服装品牌产生共鸣，引流至线下提供差别化的服装消费体验，留存转化客户，进一步达到用户规模的裂变。

最后，数字化转型增进管理效率。新冠肺炎疫情按下了服装产业数字化升级的快进键，在新冠肺炎疫情催化之下，以数字化、网络化、智能化为目标，以技术改造为主要途径，数字化转型和智能化重塑正在服装行业全链条深入推进，更成为提升服装企业长期竞争力的战略选择。服装企业通过数字化变革让末端消费者的服装需求及时传递到设计研发端。在终端个性化、订单碎片化、供应及时化的环境需求下，通过全供应链库存数据共享，打通上下游包括服装采购、生产、销售等的订单预测，实现服装需求、库存、供应的平衡。通过实现职能支持、管理工具、渠道拓展、战略决策的全链条数字化，提高服装企业组织的敏捷程度和业务协同响应能力，实质提升运营效率。同时进一步强化新零售与新电商业务，通过整合线上线下销售渠道，采用AI、大数据分析等新技术赋能服装产品和零售终端，构建和完善线上线下协同发展的全渠道服装营销体系。

【问题分析】

1. 什么是服装市场销售预测法？
2. 本案例使用了哪些方法作了哪些预测？

🗁 实战演练

活动7-1

活动主题：认知体验服装市场占有率预测销售量（额）

活动目的：增加感性认识，实地体验服装市场占有率预测销售量（额）法，能够处理服装市场预测误差。

活动形式：

1. 人员：将全班分成若干小组，3~5人为一组，以小组为单位开展活动。
2. 时间：与教学时间同步。

3.方式：就近实地开展一次服装市场占有率预测销售量（额）活动。

活动内容和要求：

1.活动之前要熟练掌握服装市场占有率预测销售量（额）的设计，做好相应的知识准备。

2.以小组为单位提交服装市场占有率预测销售量（额）等书面资料。

3.服装市场占有率预测销售量（额）资料撰写时间为2天。

4.授课教师可根据每个小组提交的书面调查资料按质量评分，并计入学期总成绩。

活动7-2

活动主题：认知体验服装市场盈亏临界点分析预测销售量（额）

活动目的：增加感性认识，实地体验服装市场盈亏临界点分析预测销售量（额）法，能够处理服装市场预测误差。

活动形式：

1.人员：将全班分成若干小组，3~5人为一组，以小组为单位开展活动。

2.时间：与教学时间同步。

3.方式：就近实地开展一次服装市场盈亏临界点分析预测销售量（额）活动。

活动内容和要求：

1.活动之前要熟练掌握服装市场盈亏临界点分析预测销售量（额）的设计，做好相应的知识准备。

2.以小组为单位提交服装市场盈亏临界点分析预测销售量（额）等书面资料。

3.服装市场盈亏临界点分析预测销售量（额）资料撰写时间为2天。

4.授课教师可根据每个小组提交的书面调查资料按质量评分，并计入学期总成绩。

项目三　写一写服装市场调查与预测报告

任务8　如何撰写服装市场调查与预测报告

◎知识目标

1.服装市场调查与预测报告的含义、意义、特点和类型；

2.服装市场调查与预测报告的结构；

3.服装市场调查与预测报告的写作技巧。

◎能力目标

1.能掌握服装市场调查与预测报告的含义、意义、特点和类型等知识，能掌握服装市场调查与预测报告的结构和写作技巧；

2.能够撰写服装市场调查与预测报告，完成服装市场调查与预测工作。

📂 任务导航

情景导入

罗思杰的口头调查与预测报告

罗思杰完成了时尚服装研发中心委托的服装市场口头调查与预测报告，他决定在他的口头市场调查与预测报告中使用PPT，他将口头调查与预测报告的题目定为《服装品牌偏好和服装细分市场特征的市场调查与预测报告》。接着，他还写了几个希望能得到演讲一开始介绍的项目，包括调查与预测目的、调查与预测方法（包括抽样计划和样本大小）。罗思杰在写了很多他认为有助于沟通调查与预测目的和调查与预测方法的内容后，把注意力转向了展示服装市场调查与预测结果上。

罗思杰认为，他应该对样本的描述（通常叫作"样本框"）来作为口头调查与预测报告的开始。他注意到，对性别和婚姻状况的回答只有两种选择（男性或女性，已婚和未婚）。他决定只是用口头展示每类的比例，然而，对于其他的变量，每个回答都有几种选择。他觉得应该通过展示频率分布表来更好地沟通这一结果，并对几个关键数据进行了分析。

想一想

罗思杰采用的是什么服装市场调查与预测报告？报告的标题形式和内容是什么？什么是服装市场调查与预测报告？服装市场调查与预测报告有哪些特点和类型？服装市场调查与预测报告的结构和写作技巧如何？下面将为你一一道来。

📁 核心知识

服装市场调查与预测数据经过统计分析之后，只是为我们得出有关结论提供了基本依据和素材，而要将整个服装市场调查与预测的成果用文字形式表现出来，使服装市场调查与预测真正起到解决服装市场问题、服务于客户的作用，则需要撰写服装市场调查与预测报告。撰写服装市场调查与预测报告，是服装市场调查与预测最后阶段的工作，也是相当重要的一个环节。如果服装市场调查与预测报告写得很含糊或很糟糕，那么所有花费在收集与分析数据上的时间和努力都将白费。

对服装企业经营管理者来说，一份清晰、有意义的服装市场调查与预测报告，对于他们有效率地做出决策，具有十分重要的作用。因此，撰写好服装市场调查与预测报告是非常重要的工作。

8.1 什么是服装市场调查与预测报告

8.1.1 服装市场调查与预测报告的含义和意义

服装市场调查与预测报告，是对已完成的服装市场调查与预测项目，所做的完整而又准确的叙述，目的是告诉有关读者，对所关注的问题是如何进行研究的、取得了哪些成果、未来的发展趋势怎样、服装市场调查与预测的结果对于认识和解决问题有哪些理论意义和实际意义等。

小思考：

什么是服装市场调查与预测报告？撰写服装市场调查与预测报告有何意义？

8.1.1.1 服装市场调查与预测报告的含义

服装市场调查与预测报告，是指服装市场调查与预测人员以书面形式，反映服装市场调查与预测内容及工作过程，并提供服装市场调查与预测结论和建议的报告。服装市场调查与预测报告，是服装市场调查与预测分析研究的最终成果，其撰写的好坏将直接影响整个服装市场调查与预测研究工作的成果质量。因此，报告中通常包括如下内容：

（1）调查/预测目的、方法、步骤、时间等说明；

（2）调查/预测对象的基本情况；

（3）所调查/预测问题的实际材料与分析说明；

（4）对调查/预测对象的基本认识，作出结论；

（5）建设性的意见和建议。

8.1.1.2 服装市场调查与预测报告的意义

服装市场调查与预测报告，是服装市场调查与预测成果的一种表现形式，是通过文字和图表等形式将服装市场调查与预测的成果表现出来，以使人们对服装市场调查与预测现象或问题有一个全面系统的了解和认识。服装市场调查与预测调查报告的意义，归纳起来有以下三点：

（1）成果的体现。服装市场调查与预测报告，是整个服装市场调查与预测活动的综合体现，同时也是整个服装市场调查与预测成果的最终体现，是服装市场调查与预测成果的有形产品。服装市场调查与预测活动的过程为：制订调查方案→搜集资料→加工整理→分析研究→撰写报告。服装市场调查与预测报告的撰写，是对前面过程的总结，是调查预测项目的体现形式。

服装市场调查与预测报告，是将服装市场调查与预测的成果以文字和图表等形式表达出来，并对已完成的调查与预测项目做出完整而又准确的描述，让使用者或客户可以了解到相关的信息，还可以用作服装市场调查与预测成果的历史记录。

（2）参考的依据。服装市场调查与预测报告，是通过服装市场调查与预测分析，通过数据现象分析数据之间隐含的关系，使我们对事物的认识能够从感性认识上升到理性认识，能够更好地指导实践活动。服装市场调查与预测报告不同于服装市场调查与预测资料，它更加容易阅读和理解，能把"死数据"变成"活情况"，起到透过现象看本质的作用，有利于使用者或客户了解、掌握服装市场行情，为确定服装市场目标、工作计划等奠定基础。

因此，服装市场调查与预测报告是为服装行业决策服务的，是为决策提供依据的，是决策科学化的前提。例如，服装流行趋势调查与预测报告，就是服装企业经营计划的前提条件与重要依据，它有利于服装企业提高竞争能力与应变能力，使服装企业更好地满足服装市场需求，从而实现更多利润。

（3）工作的可信度。服装市场调查与预测报告，是对已完成的服装市场调查与预测项目所做的完整而又准确的叙述，通过服装市场调查与预测报告中的方法、过程等的叙述，可以明确服装市场调查与预测的结论和建议的由来，换言之，服装市场调查与预测报告的叙述，可以证明最后结论的可靠性。

例如，有些客户如服装市场研究指导人员，会深入阅读报告，他们希望得到更多的信息，检查结论的逻辑性，更好地理解主要结果，找到服装市场调查与预测报告撰写者的疏漏点，接受或拒绝结论等。因此，一份客观真实的服装市场调查与预测报告，可以为服装企业的市场活动提供有理有据的参考。

8.1.2　服装市场调查与预测报告的特点

服装市场调查与预测报告，是以叙事为主的说明性应用文体，它是根据服装市场调查与预测所得材料，经整理研究、分析预测，用以反映实际情况、总结经验教训、提供科学依据、指导有关工作的一种书面报告。服装市场调查与预测报告要如实地反映调查了解到的实际情况，选用事实材料不仅全面、系统、完整，还要准确地表明分析研究事实材料所得出的结论。它偏重于用事实说明问题，通过典型材料的介绍、分析，上升到理论，找出规律性的东西，推测未来，并提出建议和办法。也就是说，它必须在叙述事实的基础上提出鲜明的观点、明确的结论，是叙述与议论的紧密结合，是一种论述性的应用性文体。

小思考：
服装市场调查与预测报告有哪些特点？

服装市场调查与预测报告，主要有以下六个特点。

8.1.2.1　客观性

服装市场调查与预测报告，是服装市场调查与预测情况及其结果的客观反映。而服装市场调查与预测是采用科学的调查与预测方法，对服装市场供需状况进行客观的调查与预测分析，以探究服装市场发展变化规律的一种认识服装市场的方法，其最终形成的服装市场调查与预测报告也必须客观、真实。以服装市场调查与预测获取的材料，作为撰写服装市场调查与预测报告的主要依据，即使作者对服装市场调查与预测材料有进一步分析认识，也必须遵循客观规律，符合客观实际情况。

因此，服装市场调查与预测报告的内容，只有绝对真实地反映客观实际，才能经得起实践的检验，才能对实际工作具有指导作用，从而发挥其应用价值和科学价值。

服装市场调查与预测报告如果不能客观真实地反映实际问题和发展趋势，那么根据报告做出的决策或计划，将可能会南辕北辙，甚至带来不可估量的经济损失。

8.1.2.2 针对性

服装市场调查与预测报告是决策机关进行决策的重要根据之一，必须做到有的放矢。针对性，表现在服装市场调查与预测报告选题上的针对性和阅读对象的明确性两个方面。

首先，要根据调查的目的，紧紧围绕需要研究解决的问题这个中心，或针对某一思想倾向和具体事件，或针对某一实际问题和矛盾，或针对某一项工作和任务，通过对客观事物的真实反映来表达报告的立场观点和思想倾向。服装市场调查与预测的目标都是特定的，例如，预测目标包括服装市场流行趋势、童装市场潜在需求、服装市场购买力等。既然目标特定，那么在一篇调查与预测报告中应该只容纳与目标相关的内容，最终明确地提出解决问题的方案和建议。总之，服装市场调查与预测报告的针对性越明确，价值就越高，它的思想性和指导性也就越强，发挥的作用也就越大。

其次，要根据为谁调查，紧紧围绕阅读对象这个主体，定好"位置"，把好"角色"，即要明确服装市场调查与预测报告是写给谁看的。服装市场调查与预测报告的阅读者一般是三类人：领导、决策机关和职能部门。

不同读者的需求和"关注点"是有差异的。所以在撰写报告时，撰写人员要经常自问："谁将阅读这份报告？""阅读者的关注点在哪里？"对阅读者情况的了解可以帮助我们决定所采用的表达方式、语言风格和技术细节，使服装市场调查与预测报告不仅在内容上，而且在形式上，都是最恰当的。

8.1.2.3 陈述性

服装市场调查与预测报告的目的，是要对服装市场现象进行科学的推断，提出服装市场发展的经验和对策，总结出服装市场发展的规律，用以指导服装市场经济工作。而这种推断，必须根据服装市场调查与预测所获取的材料来进行，是在叙述和说明通过服装市场调查与预测所反映的服装市场客观情况的基础上，进行适当的分析。虽然服装市场调查与预测报告具有一定的说理性，但陈述性是服装市场调查与预测报告在写作方面的主要特征。陈述是说理的基础和前提，说理往往与陈述紧密结合在一起，是对核实无误的实际资料和数据进行严密的逻辑论证，探明事物发展变化的原因，预测事物发展变化的趋势，提取本质性和规律性的东西，从而得出科学的结论。

8.1.2.4 时效性

服装市场状况是瞬息万变的，服装市场调查与预测是及时探知服装市场变化状况的重要手段，服装市场调查与预测报告是反映服装市场变化状况的重要信息载体。因此，服装市场调查与预测报告必须准确而快速地反映服装市场变化，及时为服装行业内的企业或机构决策提供参考意见，它应在决策之前完成。也就是说要讲究时间效果，如果错过了时机，就会失去它的价值，或造成不可弥补的损失。

8.1.2.5　典型性

由于服装市场调查与预测的范围十分广泛，而服装市场调查与预测又需要一定的人力、物力和财力投入，因此，在进行服装市场调查与预测时，就要注意选取具有代表性的问题和对象。撰写服装市场调查与预测报告更要注意选取具有典型意义的材料，这样才能解决服装市场经济活动中带有一定普遍性的问题，指导和推动服装市场经济的发展。同时，要应紧紧抓住服装市场活动的新动向、新问题，引用一些通过服装市场调查与预测得到的新发现，提出新观点，形成新结论。只有这样的服装市场调查与预测报告，才有使用价值，进而达到指导服装企业经营活动的目的。

8.1.2.6　可行性

服装市场调查与预测并不是最终目的，归根到底是为决策服务的。因此，服装市场调查与预测报告中提出的意见和建议要切实可行，切忌抽象笼统，或者中看不中用，要便于服装企业作为决策的依据和参考。

8.1.3　服装市场调查与预测报告的类型

由于服装市场调查与预测的内容非常广泛，不同的服装市场调查与预测要解决不同的问题，因此，作为服装市场调查与预测结果表现形式的服装市场调查与预测报告也具有不同的类型。

小思考：

服装市场调查与预测报告有哪些类型？

按照不同的分类标准，服装市场调查与预测报告的类型划分也是多种多样的。下面我们将重点学习服装市场调查与预测报告中几种常用的类型，如图8-1所示。

```
                                        ┌──── 服装市场情况调查与预测报告
                                        │
                                        ├──── 服装市场典型经验调查与预测报告
                   ┌── 按照内容划分 ────┤
                   │                    ├──── 服装市场问题调查与预测报告
                   │                    │
                   │                    └──── 服装市场预测型调查与预测报告
                   │
                   │                    ┌──── 服装市场定量型调查与预测报告
                   ├── 按照结果划分 ────┤
                   │                    └──── 服装市场定性型调查与预测报告
                   │
                   │                    ┌──── 服装市场口头调查与预测报告
                   ├── 按照形式划分 ────┤
                   │                    └──── 服装市场书面调查与预测报告
服装市场调查与预测报告类型 ──┤
                   │                    ┌──── 服装市场需求者调查与预测报告
                   ├── 按照服务对象划分 ┤
                   │                    └──── 服装市场供应者调查与预测报告
                   │
                   │                    ┌──── 服装市场全国性调查与预测报告
                   │                    │
                   ├── 按照调查范围划分 ┼──── 服装市场区域性调查与预测报告
                   │                    │
                   │                    └──── 服装市场国际性调查与预测报告
                   │
                   │                    ┌──── 服装市场常年性调查与预测报告
                   │                    │
                   └── 按照调查频率划分 ┼──── 服装市场定期性调查与预测报告
                                        │
                                        └──── 服装市场临时性调查与预测报告
```

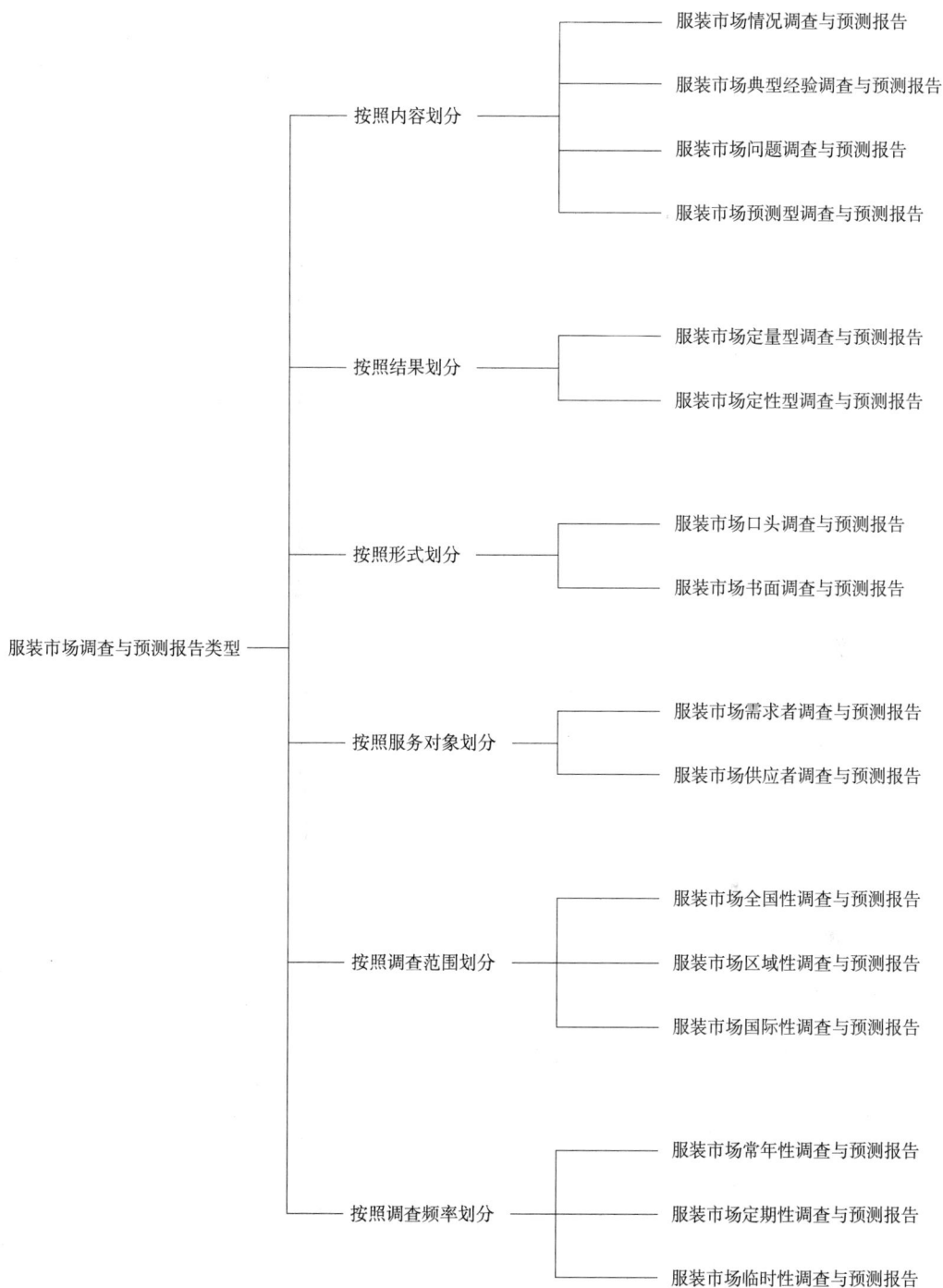

图8-1 服装市场调查与预测报告类型

8.1.3.1 按照服装市场调查与预测报告的内容划分

（1）服装市场情况调查与预测报告。服装市场情况调查与预测报告，是比较系统地反映某地区、某单位基本情况的一种服装市场调查与预测报告。这种报告是为了弄清服装市场的情况，供服装企业的决策者参考。例如，《珠三角地区服装商品明年生产和销售情况调查与预测报告》中，说明了该地区明年分门别类生产了哪些产品、每种产品销往哪些地区、有多少销售额等，这些信息可以供相关生产和经营企业参考，一来可以评估本企业本年度的经营情况，二来可以据之谋划来年目标和计划。

（2）服装市场典型经验调查与预测报告。服装市场典型经验调查与预测报告，是通过分析典型事例，总结工作中出现的新经验，从而指导和推动某方面工作的一种服装市场调查与预测报告。例如，《红棉服装营销策略调查与预测报告》中，阐述了红棉服装企业在经营红棉服装产品时的营销经验和技巧，可以供其他服装企业学习借鉴。

（3）服装市场问题调查与预测报告。服装市场问题调查与预测报告，是针对某一方面的问题，进行专项服装市场调查与预测，澄清事实真相，判明问题的原因和性质，确定造成的危害，并提出解决问题的途径和建议，为问题的最后处理提供依据，也为其他有关方面提供参考和借鉴的一种服装市场调查与预测报告。例如，《萌孩童装质量问题调查与预测报告》中，阐述了萌孩童装企业在生产经营儿童服装产品时，存在的种种质量问题，给儿童身心健康带来和可能带来的各种危害，以及改进建议和措施等。

（4）服装市场预测型调查与预测报告。服装市场预测型调查与预测报告，是针对某一问题调查其历史和现状，找出某些因素之间的本质联系，据此去推测未来的一种服装市场调查与预测报告。例如，《中性化服装市场消费需求及发展前景预测报告》。

8.1.3.2　按照服装市场调查与预测报告的结果划分

（1）服装市场定量型调查与预测报告。服装市场定量型调查与预测报告，主要以对服装市场调查与预测资料的数量统计分析结果及其发展趋势为主要内容，数量化、表格化、逻辑性是其表达结果的主要特征，报告的格式十分规范且相对固定的一种服装市场调查与预测报告。

（2）服装市场定性型调查与预测报告。服装市场定性型调查与预测报告，主要以文字材料的描述和定性分析为主要内容，服装市场调查与预测资料不经过量化处理，或不进行数量分析，主要依靠服装市场调查与预测人员的丰富实践经验，以及主观的判断和分析能力，推断出事物的性质和发展趋势的一种服装市场调查与预测报告。

服装市场定性型调查与预测报告在结构上既没有严格的规范，也没有十分固定的格式；在内容上，叙述和分析、资料的解释之间的界线也不十分明显，文中所体现的主观色彩也较重。服装市场定性型调查与预测报告，可用来解释定量分析的结果。

8.1.3.3　按照服装市场调查与预测报告的形式划分

（1）服装市场口头调查与预测报告。在很多情况下，需要将服装市场调查与预测的结果向管理层或委托者作口头报告。服装市场口头调查与预测报告，是指调查者根据需要向客户介绍服装市场调查与预测方案、计划，汇报服装市场调查与预测进行情况及陈述结果、结论和建议时，而采取的一种口头表述的服装市场调查与预测报告。服装市场口头调查与预测报告，可以帮助管理部门或委托方理解服装市场书面调查与预测报告的内容，并接纳书面报告。同时，可以针对委托人提出的问题及时作出解答。

（2）服装市场书面调查与预测报告。服装市场书面调查与预测报告，是指具有一定的书写规范，并具有一定的书写格式的一种服装市场调查与预测报告。这是一种我们平时经常见到的服装市场调查与预测报告，将在下一节学习。

除此之外，服装市场调查与预测报告还可以按服务对象划分为：服装市场需求者调查与预测报告（或服装市场消费者调查与预测报告）、服装市场供应者调查与预测报告（或服装市场生产者调查与预测报告）；按调查范围可划分为：服装市场全国性调查与预测报告、服装市场区域性调查与预测报告、服装市场国际性调查与预测报告；按调查频率可划分为：服装市场经常性调查与预测报告、服装市场定期性调查与预测报告、服装市场临时性调查与预测报告等。

8.2　服装市场调查与预测报告的结构

下面我们来学习服装市场书面调查与预测报告，即我们平时所说的服装市场调查与预测报告。从严格意义上来说，服装市场调查与预测报告没有固定的格式。有些时候，各服装调查企业的政策或其他因素，形成了服装市场调查与预测报告格式的各自惯例，但服装市场调查与预测报告不论其格式或外观有何规则，其基本内容几乎是不变的。服装市场调查与预测报告必须具备良好的结构，才能及时、简明地向决策者提供相关有效的信息。因此，撰写服装市场调查与预测报告的一个要点，是要避免冗长的内容和不准确的数据。

小思考：

服装市场调查与预测报告的基本结构如何？

一份完整的服装市场调查与预测报告，通常是由标题、目录、摘要、正文、结论、建议和附录等部分构成。常见的服装市场调查与预测报告结构，如图8-2所示。

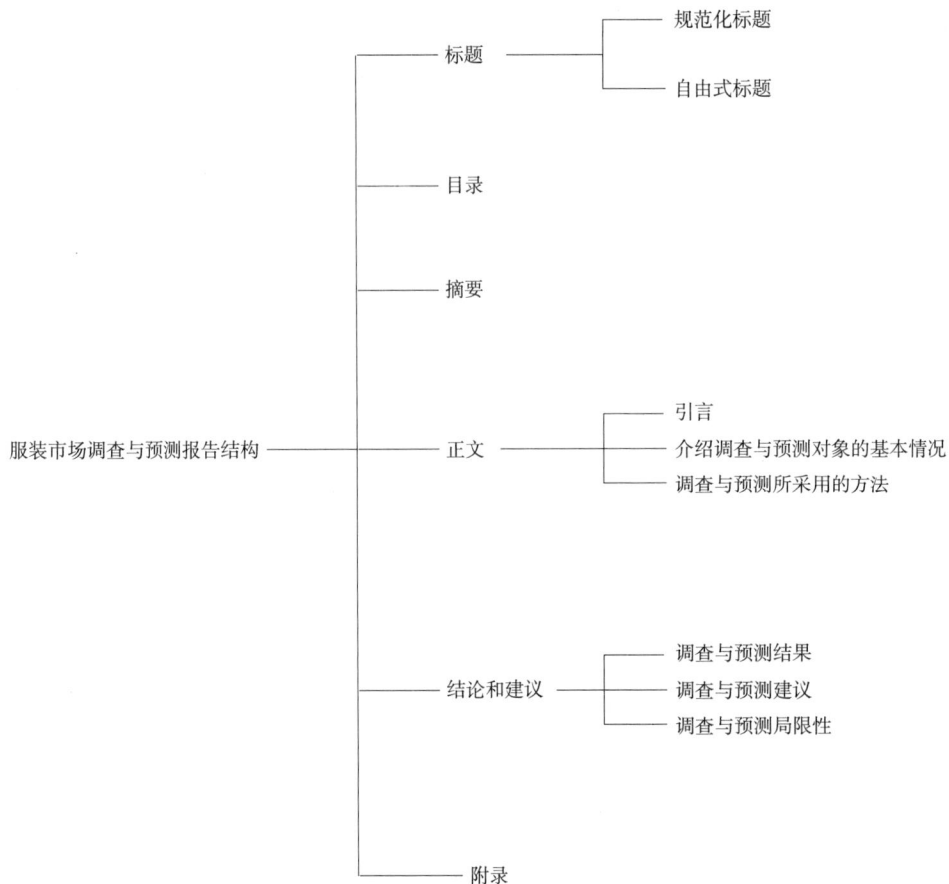

图8-2　服装市场调查与预测报告结构

8.2.1　服装市场调查与预测报告的标题

　　服装市场调查与预测报告的标题，就好像人的眼睛，通过它可以看到文章的灵魂；服装市场调查与预测报告的标题，也好像窗户，通过它可以鸟瞰整篇文章。正所谓"题好一半文"，服装市场调查与预测报告的作者，常常会在标题上下一番功夫，仔细琢磨，反复推敲。

小思考：
服装市场调查与预测报告的标题都有哪些写法？

　　作为服装市场调查与预测报告的标题，文字要简洁明了，要和服装市场调查与预测的内容相称，要能够反映全篇的内容，通常有以下两种写法。

8.2.1.1　服装市场调查与预测报告的规范化标题

服装市场调查与预测报告的规范化标题，即"主题"加"文种"，题目中明确了服装市场调查与预测的目标、内容，精练简洁、高度概括，具体可以分为以下几种形式：

（1）《××关于××××的调查与预测报告》，例如《北京服装协会关于××××年服装出口的调查与预测报告》。

（2）《关于××××的调查与预测报告》，例如《关于长三角××××年人均服饰消费水平的调查与预测报告》。

（3）《×××××调查与预测报告》，例如《国内服装业ERP应用状况调查与预测报告》。

8.2.1.2　服装市场调查与预测报告的自由式标题

服装市场调查与预测报告的自由式标题，也是经常使用的一类标题，它具体又可以分为以下几种形式：

（1）陈述式。例如，《××××年上海居民服装购买力调查与预测报告》。

（2）提问式。例如，《服装企业怎样管理才能出效益？》。

（3）正副标题结合使用。例如，《服装企业怎样管理才能出效益——对深圳服装企业的调查与预测报告》。

服装市场调查与预测报告的标题，如果能做到新颖醒目、引人入胜、发人深思的话，效果会更好。服装市场调查与预测报告标题的写法比较灵活，但不论采取哪种形式，一般都应该注意这样几点：一是要与服装市场调查与预测报告的主题协调吻合，不能文不对题；二是尽可能醒目，要具有吸引力和感染力；三是文字要简短，应该一目了然。

8.2.2　服装市场调查与预测报告的目录

服装市场调查与预测报告的目录，应给出服装市场调查与预测报告中所涉及的主要内容，以及对应的页码。服装市场调查与预测报告一般都应该编写目录，以方便阅读者查阅特定内容。一份完整的服装市场调查与预测报告，所承载的信息量是非常大的，为了帮助阅读者准确快速地查找到自己所需信息的位置，一份将标题按其出现的顺序准确列出并注明页码的目录，就尤为必要了。

在多数服装市场调查与预测报告中，通常只编写两个层次的目录，较短的服装市场调查与预测报告可以只编写第一层次的目录。内容目录之后还应有图、表目录、附件目录和展示品目录等。以《××××年广东服装市场行业发展调查与预测报告》为例。

××××年广东服装市场行业发展调查与预测报告

目录

8.2.3　服装市场调查与预测报告的摘要

服装市场调查与预测报告的摘要，有时也以总结的形式出现，是在服装市场调查与预测报告正文之前，是对正文的概述，它具有独立性和概括性，即不阅读全文就能获得必要的信息。

服装市场调查与预测报告的摘要，是服装市场调查与预测报告中极其重要的部分。服装市场调查与预测报告，是为服装生产经营决策者提供信息的，不同层次的决策者对服装市场调查与预测报告的详细程度，有不同的要求：直接的决策者，需要了解服装市场调查与预测报告的详细内容，即服装市场调查与预测报告的主体，而非直接人员只需要了解服装市场调查与预测报告的大致情况，这部分人员只需阅读报告的摘要就可以了。另外，部分高层管理决策者由于时间的关系，不能通篇阅读报告，常常通过阅读摘要来了解报告内容，这样的话，服装市场调查与预测报告的摘要，很可能就会成为影响决策者的唯一媒介。

小思考：

服装市场调查与预测报告的摘要都包括哪些内容呢？

服装市场调查与预测报告的摘要，主要包括以下四个方面的内容：

8.2.3.1 简要说明服装市场调查与预测的目的

简要说明服装市场调查与预测目的，即简要地说明服装市场调查与预测的由来和委托调查与预测的原因。

8.2.3.2 简要介绍服装市场调查与预测的对象和内容

简要介绍服装市场调查与预测的对象和内容，它包括服装市场调查与预测的时间、地点、对象、范围、调查与预测要点及所要解答的问题。

8.2.3.3 简要介绍服装市场调查与预测的方法

简要介绍服装市场调查与预测的方法，有助于使人确信服装市场调查与预测结果的可靠性，因此，对所用方法要进行简短叙述，并说明选用方法的原因。例如，是用概率抽样调查法，还是用非概率抽样调查法；是用实地调查法，还是文案调查法等。另外，在分析中使用的方法，如指数平滑分析、回归分析、聚类分析以及预测方法都应作简要说明。如果这部分内容有很多详细的工作技术报告，需加以补充说明，并附在报告最后部分的附件中。

8.2.3.4 最主要的服装市场调查与预测的结果、结论及建议

最主要的服装市场调查与预测结果、结论及建议，是指要说明每项具体目的的关键结果，在发现结果基础上的观点，和对于结果含义的解释，事物发展的趋势，以及

建议或者提议采取的行动。在很多情况下，管理人士不希望在服装市场调查与预测报告中提出建议。因此，是否在摘要中提出建议，可根据服装市场调查与预测报告的特定情况而定。

从次序上看，服装市场调查与预测报告的摘要，要安排在整个服装市场调查与预测报告的前面，其撰写应该在服装市场调查与预测报告的其他部分完成以后。因其具有一定的学术性，所以要求按照学术论文的标准来撰写内容摘要，有的还要求标出关键词。例如，《广州市服装业发展战略调查与预测报告》的摘要和关键词。

摘要：叙述了改革开放以来，我国服装业发展的历程和成就，分析了服装业持续发展的政策因素和市场前景。特别是广州市作为广东省的省会，其服装业发展的兴衰，直接影响着广东省服装业发展的前景。在充分进行服装市场调查与预测的基础上，对国内服装业及广东省服装业的发展进行了较为详细的研究，对广州市服装业发展的内外部环境进行了SWOT分析，对广州市服装业的发展目标、产品发展重点及发展战略，提出了相关的建议。

关键词：服装业　SWOT分析　发展战略　广州市

服装市场调查与预测报告的摘要，其长度一般在100~800字。所以作者要仔细斟酌，既要概括好服装市场调查与预测成果的主要内容，又要简明扼要、突出重点。

8.2.4　服装市场调查与预测报告的正文

服装市场调查与预测报告的正文是报告的主要部分。正文部分必须准确阐明全部有关论据，它包括：服装市场调查与预测问题的提出和引出的结论、服装市场调查与预测论证的全部过程、服装市场调查与预测的分析方法，还应当有可供服装市场活动的决策者参考的全部服装市场调查与预测结果和必要的市场信息，以及对这些情况和内容的分析、评论。

小思考：

服装市场调查与预测报告的正文都包括哪些内容呢？

服装市场调查与预测报告的正文，主要包括以下三个方面的内容：

8.2.4.1　服装市场调查与预测报告引言

服装市场调查与预测报告引言部分，主要是写明服装市场调查与预测的动因，让读者能初步了解服装市场调查与预测报告的内容，这部分应该包括：服装市场调查与预测的一般目的和特殊目的，以及一些相关的背景资料。服装市场调查与预测报告引言部分的写法，大致有如下两种：

（1）先摆出问题。问题即服装市场调查与预测的原因，证明该服装市场调查与预测的必要性以及重要意义，然后作出进一步的讨论和分析。例如，近年来，服装市场上一直流行着一股仿古的时尚，无论从衣着、饰品都充分体现出仿古潮流。最近又有一种仿古的时尚在我国展开——唐装悄然上市，从冬装到夏装，着唐装的人数与日俱增。为了进一步了解服装消费者购买唐装的心理，以及唐装的销售走势，受某服装企业委托，某服装市场调查公司就人们对唐装的看法进行了抽样调查。

（2）先列出结论。列出结论，即采取开门见山的方式，写明主旨，然后进行分析证明。例如，近年来唐装成为一种仿古时尚，通过人们对唐装的看法的抽样调查，我们认为唐装未来的销售潜力非常小，原因主要从以下几方面反映……

下面举例说明。

中国服装专业市场行业发展调查与预测报告

中国服装专业市场在我国改革开放40多年来的发展进程中，发挥了极其重要的作用。中国加入世界贸易组织以来，专业市场发生着深刻的变化：它在整个产业流通中逐渐发展壮大，产业资源链接日趋紧密。近两年，受新冠肺炎疫情影响、欧美国家经济增速放缓、人民币升值、外贸经济政策波动等严峻国际经贸环境，以及国内劳动力、原材料成本增加等因素影响，国内市场出现供应与需求双增长态势，市场竞争更为激烈，专业市场正面临着国际化、体系化、功能化的提升与发展。为了全面了解当前国内服装专业市场的发展状况，掌握服装专业市场的发展特征，并对涉足服装专业市场的商业地产在投资与运作方面给予一定的指导，我们通过长期、细致的工作，完成了《中国服装专业市场行业发展调查与预测报告》。

调查与预测报告共分为经济运行概况、市场结构特点分析、市场集中度分析、市场竞争力分析、市场未来发展趋势与发展建议以及报告附件六篇、十四章内容。报告通过翔实的数据，系统性地对我国服装专业市场的发展现状和特点进行了全面的叙述，对专业市场发展中出现的突出问题作了深入分析。在调研和分析的基础上，本调查与预测报告对服装专业市场未来的发展方向提出了建议，以及为从事或关注服装专业市场发展的人士提供参考。

8.2.4.2　服装市场调查与预测报告的调查对象基本情况

介绍调查对象基本情况，就是将服装市场调查与预测数据资料和背景资料作客观地介绍说明。例如，介绍服装企业背景、面临的服装市场营销问题、服装市场现状等，使阅读服装市场调查与预测报告的人，大致了解进行服装市场调查与预测的背景、基本状况。

对于服装市场调查与预测报告来说，基本情况主要是指对服装市场调查与预测对象的现状和历史进行说明。现状与历史，是服装市场调查与预测的出发点，不说明就无法进行分析、预测未来。例如，对旗袍未来的需求预测，现状部分主要说明当时、当地和历史上旗袍的需求、生产、销售情况，以及其他服装产品的生产销售状况等。对历史的回顾，有利于进行纵向比较，探索并发现过去、现在和未来的关系，勾勒出事物发展的轨迹，找到预测点。

基本情况的说明必须准确，选材要典型、集中，表达要概括、简洁。基本情况是服装市场调查与预测的依据，准确与否直接关系到服装市场调查与预测目标的成功或失败。

8.2.4.3 服装市场调查与预测报告所采用的方法

服装市场调查与预测所采用的方法这部分，需要对服装市场调查与预测的方法、对象进行详细的叙述及评价，有时还需要表明采用该种方法的利弊，为什么不选用其他方法，其不足之处在于何处。如果在此过程中采用了二手信息，一定要进行标注。此部分篇幅不宜过长，只要具有必要的信息，使阅读者知道数据的收集方法和来源就可以了。

服装市场调查与预测方法部分，主要阐明以下六个方面：

（1）调研设计。说明所开展的服装市场调查与预测项目，是属于探索性调研、描述性调研还是因果性调研，以及为什么适用于这一特定类型调研。

（2）资料采集方法。说明所采集的是初级资料还是次级资料；结果的取得是通过调查、观察还是实验。所使用的服装市场调查与预测问卷或观察记录表，应编入附录。

（3）抽样方法。说明服装市场调查与预测目标总体是什么，抽样框如何确定，是什么样的样本单位，它们如何被选取出来。回答以上问题的根据及相应的运算，必须在附录中列明。

（4）实地工作。说明服装市场调查与预测启用了多少名、什么样的实地工作人员，对他们如何培养、如何监督管理，实地工作如何检查。这一部分，是影响最终结果准确程度的重要因素。

（5）分析。说明对搜集到的服装市场调查与预测数据，使用的定量分析方法和理论分析方法。

（6）预测方法。要用科学的方法，对各种服装市场调查与预测资料进行比较、综合分析，以及推算未来服装市场的发展趋势和前景。在写法上，一般应先说明所采用的预测方法，然后根据所掌握的资料及选定的预测方法，对预测对象进行预测，并将结果逐一列出来。如果是采用定量预测方法进行的预测，也可将运算过程及公式作一个简要的交代。这一部分的写作，要做到详尽又简明，严密而富有逻辑性，论据充分、科学，令人信服。服装市场调查与预测结果，要一目了然。

在服装市场调查与预测报告中，一般应反映分析推测过程，可列出数学推导公式，以增强预测的可信性。在结构安排上，预测分析内容较多时，可分条列项，要注意各条之间的逻辑关系。在论证分析过程中，材料文字与数据图表要有机结合，详略得当，逻辑严谨，分析严密清晰。在语言表达上，应注重条理清楚，言简意赅。在论证中，做到说理透彻、观点鲜明，体现实用价值和理论色彩。在说明时，可采用图表、表格来展示数据。在叙述时应善于提炼材料，注意虚实相应、言之有物。

下面举例说明：

本服装市场调查与预测报告历时一年，××××年×月开始，××××年×月结束。调研市场范围涵盖了全国二十多个省市的460多家服装专业市场：包括北京、上海、广东、江苏、浙江、安徽、湖北、湖南、四川、陕西、辽宁等省市，只有海南、西藏、青海3个省份及自治区未涉及。课题组通过实地走访、调查，会员单位报送，记者协助访问，高校协助调查，电话访问，查询服装市场网站公开信息，查看网络报道等多种渠道，完成了全面的服装市场调查与预测工作。同时，根据国内外相关刊物的基础信息，形成了对我国服装专业市场发展状况的叙述、分析、总结。

8.2.5 服装市场调查与预测报告的结论和建议

服装市场调查与预测报告结论部分，是对前面工作的总结，即对服装市场调查与预测目的的总体回答，它从逻辑上表述服装市场调查与预测的发现。服装市场调查与预测报告结论，可以通过推理的方法得出。前面的工作只是证明结论推导的合理性，结论才是大家无论是服装市场调查者还是报告使用者想得到的东西，所以这部分对服装市场调查与预测报告的使用者意义重大。服装市场调查与预测报告结论部分，必须以几句话简要概括，通常涵盖五方面内容：概括全文、形成结论、提出看法和建议、展望未来、指出局限性。

8.2.5.1 服装市场调查与预测报告研究结果

服装市场调查与预测报告研究结果这部分内容，应按某种逻辑顺序提出紧扣服装市场调查与预测目的的一系列发现。发现结果可以以叙述形式表述，使得项目更为可信，但不可过分吹嘘。在讨论中，可以配合一些概括性的表格和图像，以补充文字叙述的不足。详细和深入分析的图表，宜放到附录中。但是仅用图表将服装市场调查与预测数据表现出来，还是不够的，作者还必须对图表中数据资料所隐含的趋势、关系和规律加以客观的描述和分析，也就是说，要对服装市场调查与预测结果做出解释。

对服装市场调查与预测报告研究结果的解释，是找出数据关系中所存在的趋势和关系，识别资料中所隐含的意义，并用适当的语言加以描述。原始资料经过简化和统计处理并制成图表资料后，虽然可以看出来其中隐含的趋势、关系，但是如果没有经过一定的训练，要准确领会图表的内容也不是那么简单。因此，作者对图表资料加以解释是必要的。

小思考：

对服装市场调查与预测报告研究结果的解释包括哪些层次？

对服装市场调查与预测报告研究结果的解释，主要包括以下三个层次：

（1）说明。说明是指根据服装市场调查与预测所得到的统计结果，来叙述事物的状况、现象的情形、事物发展的趋势、变量之间的关系等。说明不是对服装市场调查与预测数据资料的简单描述，而是利用已有的服装市场调查与预测资料或逻辑关系，做较为深入的分析。

（2）推论。大多数服装市场调查与预测报告研究结果，都是关于部分服装市场调查与预测对象的资料，但研究的目的往往是要了解总体的情况。因此，作者必须根据服装市场调查与预测的数据结果来估计总体的情况，这就是推论。推论不是简单地用样本的调查与预测结果来代替总体，还必须考虑到样本的代表性。当样本的代表性强时，由样本结果估计总体结果的误差就小；反之，当样本代表性差时误差就大，所以选取样本必须十分谨慎，否则就容易犯错误。

（3）讨论。讨论，主要是对服装市场调查与预测报告研究结果产生的原因进行分析。讨论可以根据理论原理和事实材料，对所得出的结论进行解释，也可以引用其他研究资料作解释，还可以根据作者的经验或主观设想作出解释。

服装市场调查与预测报告研究结果部分，内容比较多，篇幅比较长。为了让阅读者更容易把握整个服装市场调查与预测报告研究结果，在服装市场调查与预测报告中，一般要将所有的内容分成若干小部分，依次呈现出来，每一个小部分分别取一个标题，它们分别和服装市场调查与预测目的相对应，分别回答通过服装市场调查与预测所要解决的问题。

8.2.5.2　服装市场调查与预测报告建议

服装市场调查与预测报告建议，是针对服装市场调查与预测获得的结论，提出可以采取哪些措施、方案或具体的行动步骤。例如，企业服装设计风格应如何改变，服装品牌主题应是什么样的，应采用何种价格、包装和促销策略更佳等。

服装市场调查与预测报告提出的建议，要有预见性。预见性，是指服装市场调查与预测报告的内容，具有事前反映的特点，是对未来一定时间内服装市场环境、变化、趋势作出符合事物发展规律的判断。合理、正确的预见，是服装市场调查与预测报告的任务所在。

服装市场调查与预测报告提出的建议，还要有科学性。服装市场调查与预测不是主观想象，而是采用科学的预测方法，以科学理论为指导，根据事物的内在联系，在详尽掌握服装市场信息资料的基础上，由此及彼、由表及里、由已知推断未知、由现实推断未来，它需要严密的逻辑推理和科学运算。科学性，是服装市场调查与预测报告结论正确的保障。

作者给出的大多数建议应当是积极的，要说明应采取哪些具体的措施，或者要处理哪些已经存在的问题。例如，应加大服装品牌广告量、将原来的以理性诉求为重点，变为以感性诉求为主等。有时也可以用否定的建议，例如，应立即停止某种服装的生产。不过由于否定的建议是消极的，只建议不做什么，并没有建议做什么，因此最好采用积极的建议。

8.2.5.3　服装市场调查与预测报告局限性

完美无缺的服装市场调查与预测是难以做到的，因此必须指出服装市场调查与预测报告的局限性。例如，作业过程中的无回答误差和抽样程序存在的问题等。讨论服装市场调查与预测报告局限性，是为了正确地评价服装市场调查与预测成果，以便在应用服装市场调查与预测报告研究结果时引起注意。在描述这些服装市场调查与预测局限性时，作者必须实事求是，对局限性的任何夸大，都会带来对整个服装市场调查与预测报告研究结果的怀疑。

8.2.6　服装市场调查与预测报告的附录

在服装市场调查与预测报告的正文部分，不应该出现任何一份太具技术性或太详细的材料，如有必要可将这些材料编入附录。因为这些材料可能只令某些阅读者感兴趣，或者它们与服装市场调查与预测没有直接的关系，只有间接的关系。

　　服装市场调查与预测报告的附录，通常包括的内容有：服装市场调查与预测研究提纲、服装市场调查与预测问卷和观察记录表、被调查者（机构、单位）名单、较为复杂的抽样调查技术的说明、一些关键数据的计算（最关键数据的计算，如果所占篇幅不大，应该编入正文）、较为复杂的统计表和参考文献等。

　　总而言之，一份标准规范的服装市场调查与预测报告，应该包含上述所有组成部分。这种标准格式，可用于服装企业内部大型服装市场调查与预测项目或服装市场调查与预测公司向服装客户提供的服务项目。对于那些要求不很严格的服装市场调查与预测报告，某些组成部分可以略去不写。作者也可根据服装市场调查与预测项目的重要程度和委托方的实际需要，从最标准的格式酌情简化，选择一个最为适当的格式设计。

8.3　撰写服装市场调查与预测报告

　　虽然一份客观真实的服装市场调查与预测报告，能够及时地向决策者提供相关有效的信息，但是我们也注意到，决策者们的时间是有限的，要避免冗长的内容和不准确的数据，给决策者们一目了然的服装市场调查与预测报告，作者还是要花费一番心血的。

　　要撰写好服装市场调查与预测报告，就要掌握好服装市场调查与预测报告写作的基本要求、注意事项和写作技巧。服装市场调查与预测报告写作方法，如图8-3所示。

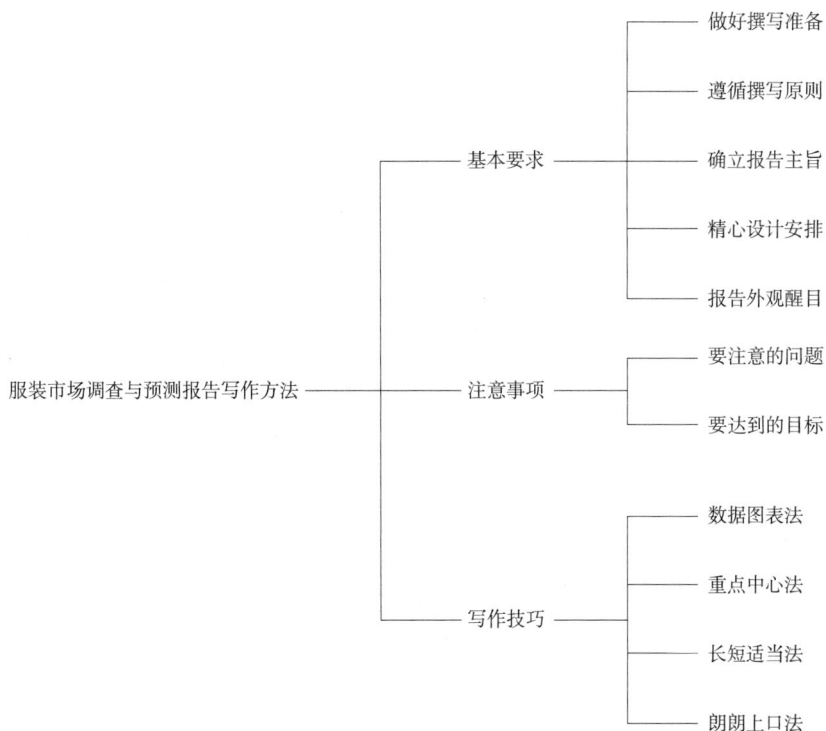

图8-3　服装市场调查与预测报告写作方法

8.3.1　撰写服装市场调查与预测报告基本要求

服装市场调查与预测报告写作的基本要求，是撰写好服装市场调查与预测报告的重要依据，按照要求撰写能够使服装市场调查与预测报告更好地满足阅读者和使用者的需求。

小思考：

撰写服装市场调查与预测报告有哪些基本要求？

8.3.1.1　服装市场调查与预测报告的撰写准备

服装市场调查与预测报告的撰写准备工作，主要包括以下三个方面：

（1）与客户沟通。在撰写服装市场调查与预测报告之前，服装市场调查与预测人员应该与服装客户进行良好的沟通，以了解其对服装市场调查与预测报告的预期。例如，服装市场调查与预测报告的形式、最希望获取的信息、最期待的结论、最不想看到的结论等。只有掌握了这些信息，服装市场调查与预测人员在撰写报告时才有可能最大限度地满足客户的要求。但这并不意味着服装市场调查与预测人员一定要迎合客户的要求，而放弃职业操守。对于服装客户非常关注的问题要重点叙述，相关内容也不应该遗漏或忽视；对于服装客户最不愿意看到的结论，服装市场调查与预测人员一定要严格遵守职业道德，如实披露，可在文字处理上讲究点策略，采取谨慎的态度，使服装客户能够接受为宜。

在与服装客户沟通的同时，服装市场调查与预测报告的作者一定要注意报告的使用对象。报告应避免使用太专业化的术语，对于确实无法避免使用的专业术语，应在页脚的位置做出注解，如果注释的内容偏多，不妨将注释安排在附录部分。事实上，服装市场调查与预测人员经常需要面对具有不同专业及爱好的人，可以通过为不同的需求者提供不同的内容，或干脆把报告分为几个部分的方法来解决。

（2）搜集资料。服装市场调查与预测报告是各种资料分析综合的结果，作者要掌握与服装市场调查与预测目标相关资料的现实情况、历史状况、常规情况、偶然情况等。例如，服装市场调查与预测某地区休闲服装的需求量，就需掌握该地区休闲服装的销售情况、消费者生活方式、消费者的购买力、消费者的需求结构、消费兴趣的变化、影响需求变化的价格等多种资料。撰写服装市场调查与预测报告所需要的资料主要有三类来源：

一是服装企业内部资料。这是指服装企业本身的统计资料和经验材料，包括历史资料和现有资料。对一个服装企业来说，这类资料应该是非常丰富的。例如，本服装企业生产技术和供应方面的资料，产品成本、价格和利润方面的资料，销售方面的资料，包括销售数量、销售渠道及用户资料等。

二是服装企业外部资料。服装企业外部资料，包括政府机关和领导部门的计划、总结、统计数字，兄弟服装企业的生产、销售资料和经验介绍，报纸杂志刊载的调研报告、统计资料，科研机构和高等院校的科研成果、实验报告和学术论文等。此外，还有国内外同类产品的技术资料，国内外同类服装企业生产、价格、库存、运输、消费资料，以及掌握国际贸易、世界经济情况等，这些资料源于平时的积累。

三是实际调查资料。这部分资料是服装市场调查与预测中需要取得的资料，它是最现实、最生动、最直接的第一手材料。

（3）整理分析资料。整理资料，主要是鉴别分析服装市场调查与预测信息资料的真伪、判断价值大小、分门别类，使材料取舍得当，循序渐进。通过各种方法和渠道搜集来的服装市场调查与预测资料尽管数量庞大，但还是分散繁杂的，需要经过整理、分类加以鉴别、筛选，要去粗取精，去伪存真。所谓"去粗取精"就是要区分主要和次要、本质与非本质的资料。"粗"指一般化、表面化的资料；"精"指真正能反映事物本质的典型材料。所谓"去伪存真"就是鉴别资料的真实性、可靠性，舍弃虚伪的成分，留下能反映事物本来面目的材料。

经过整理的资料，还要经过分析、归纳得出最本质、最科学的结论。这就要做一番由此及彼、由表及里的分析。任何事物都有它的外部联系，包括纵向联系和横向联系。分析事物的纵向联系，了解事物的发生、发展和变化的前因后果、来龙去脉，得出合乎逻辑的结论；分析事物的横向联系，则可以使带有规律性的认识更为鲜明、突出。任何事物又都有它的内部联系，所以又要作由表及里的分析，既要透过现象看本质，又要深入分析事物内部矛盾及矛盾诸方面之间的关系。

8.3.1.2 服装市场调查与预测报告的撰写原则

服装市场调查与预测报告的撰写原则，主要有以下四个：

（1）客户导向。服装市场调查与预测报告是给客户阅读和使用的，而不是写给自己看的，更不是文学作品，所以必须高度重视服装市场调查与预测报告的特定阅读者和使用者。在撰写服装市场调查与预测报告时，要注意以下事实：大多数客户很忙，且不一定精通调查与预测的某些技术和术语，如果存在多个阅读者和使用者，通常他们之间存在需求和兴趣方面的差异。客户和常人一样，不喜欢那种冗长、乏味、呆板的文字。因此，要充分注意阅读者和使用者的特征及其需要。

（2）突出重点。服装市场调查与预测报告必须在保证全面、系统地反映客观事物的前提下，突出重点，尤其是要突出服装市场调查与预测的目的，提高服装市场调查与预测报告的针对性和适用性，从而提高其价值。

（3）实事求是。服装市场调查与预测报告必须符合客观实际，坚决反对弄虚作假。重视阅读者和使用者的需求，并不意味着迎合他们的胃口，挑他们喜欢的材料编写，要防止片面性和误导。

（4）精心安排。整个服装市场调查与预测报告要精心组织，妥善安排其结构和内容，给人以完整的印象：内容重点突出，逻辑性强；文字简短易懂，尽量少用专业性强的术语；要注意形成生动有趣的写作风格，要注意正确运用好图表、数字表达等。

8.3.1.3 确立服装市场调查与预测报告的主旨

服装市场调查与预测报告的主旨，是报告的基本观点或作者的主要意图。撰写服装市场调查与预测报告，首先要确立主旨。确立主旨，就要掌握大政方针和前沿理论，掌握科学的世界观和方法论，掌握新情况、新事物和新知识，符合党和国家的方针政策与现行法规，符合事物发展规律。这样主旨就有深度、高度和广度，就能从新的角度正确深入地认识问题、分析问题、解决问题，站在时代和历史的高度思考问题，善于发现别人不易发现的东西。

要写好服装市场调查与预测报告，主旨必须鲜明，它是评价服装市场调查与预测报告成败优劣的主要依据。所以观点必须明确，主张什么、该做什么、怎样做，都要具体、清晰，而且要周密严谨。主旨文字的表达必须严密细致，不允许出现疏漏、歧义或自相矛盾、模棱两可的情况。主旨要有创造性，新颖、深刻是服装市场调查与预测报告的高层次要求，创造性是这一高层次要求在写作中的具体体现。

8.3.1.4　服装市场调查与预测报告的精心设计安排

（1）立场要求。服装市场调查与预测人员的职业道德，是服装市场调查与预测报告行文立场的一个重要影响因素，所以在撰写服装市场调查与预测报告时，作者要有严格的职业操守，尊重事实，反映事实。无论是介绍服装市场调查与预测方法，还是作出服装市场调查与预测结论和建议或提出问题，都要体现客观性。要做到不歪曲服装市场调查与预测事实，不迎合他人意志。同时，在撰写服装市场调查与预测报告之前或是撰写过程中，作者要始终围绕自己的服装市场调查与预测目标，做到服装市场调查与预测报告有的放矢。

（2）文法要求。服装市场调查与预测报告的叙述、说明和议论也有一定的规范。服装市场调查与预测的叙述，主要用于开头部分，用于表明服装市场调查与预测的目的、依据，以及过程和结果。

服装市场调查与预测报告常用的叙述技巧有：概括叙述、按时间顺序叙述、叙述主体的省略等。服装市场调查与预测报告主要用概括叙述，将调查过程和情况概略地陈述，不需要对事件的细枝末节详加铺陈。服装市场调查与预测报告的叙述主体，是写报告的单位，叙述中用第一人称"我们"。为行文简便，叙述主体一般在开头部分出现后，以后各部分可省略。

服装市场调查与预测报告常用的说明方法有：数字说明、分类说明、对比说明、举例说明等。数字说明，可以增强服装市场调查与预测报告的精确性和可信度；分类说明，可以将服装市场调查与预测中所获得的材料规范化；对比说明，可以在同一标准的前提下，将事物作出切合实际的比较；举例说明，可以生动形象地说明服装市场发展变化的情况。

服装市场调查与预测报告常用的议论方法有：归纳论证法和局部论证法。服装市场调查与预测报告是在占有大量材料之后，作分析研究，得出结论，从而形成论证过程。这一过程，主要运用议论方式，所得结论是从具体事实中归纳出来的。服装市场调查与预测报告不同于议论文，不可能形成全篇论证，只是在情况分析、对未来预测中作局部论证。例如，对服装市场情况从几个方面作分析，每一方面形成一个论证过程，用数据、事例等做论据去证明其结论，形成局部论证。

（3）语言要求。服装市场调查与预测报告的语言应该精确、凝练，任何不必要的东西都应该省略。如果面面俱到，就会显得重点不突出，既不要对一般程序长篇累牍，也不能为了追求简明而破坏报告的完整性。考虑到服装市场调查与预测报告的目的是以文字的形式传递信息，所以报告中使用的文字和语句必须简洁、清晰、贴切、通俗、流畅，同时又不落俗套。提倡使用能够增强文章可读性的写作方法和技巧，杜绝晦涩难懂的语句。

（4）逻辑要求。服装市场调查与预测报告应该结构合理、逻辑性强，报告的书写顺序，应该按照服装市场调查与预测活动展开的逻辑顺序进行，做到环环相扣，前后呼应。对必要的重复性服装市场调查与预测工作，要给予特别的说明。为了便于阅读者辨别前后内容的逻辑关联性，使服装市场调查与预测报告层次清晰、重点突出。同时，有必要恰当地设立标题、副标题或小标题，并且明示项目等级的符号。

（5）形式要求。为了增强服装市场调查与预测报告的可读性，可以在报告中适当地插入图表、图片，以及其他可视性较强的表现形式，来强调重要信息。由于可视性表现形式能使信息传递更加便利、直观，同时也能增加服装市场调查与预测报告的层次感和明晰度。但图表、图片的数量不应过多，否则会出现喧宾夺主的情况。

8.3.1.5 服装市场调查与预测报告的外观醒目

服装市场调查与预测报告的外在视觉效果，也是吸引阅读者兴趣的关键所在。服装市场调查与预测报告的外观，是报告的外部包装，它不仅体现报告本身的专业水平，而且是服装市场调查与预测机构企业形象的反映。所以服装市场调查与预测报告中所使用的字体、字号、颜色、字间距等，应该细心地选择和设计，文章的编排要大方、美观、有助于阅读。另外，服装市场调查与预测报告应该使用质地较好的纸张打印、装订，封面应选择专门的封面用纸。印刷格式应有变化，字体的大小、空白位置等都应美观大方、恰到好处。

服装市场调查与预测报告自身的直观形象，会极大地影响服装市场调查与预测工作的可信度，换句话说，印刷的错误、粗糙的图表、不统一的页边距离，甚至报告本身的封面与装订，都会影响到阅读者对研究可信度的评价。因此，服装市场调查与预测报告的外观，应当是专业化的，粗糙的外观或一些小的失误和遗漏，都会严重影响阅读者的兴趣，甚至是报告的可信度。

总之，一份好的服装市场调查与预测报告，除了必须以好的资料、内容为前提外，还必须配之以好的写作。因此，必须做好充分的写作准备，起草前要拟好详细的提纲，要认真撰写。写好后，要广泛听取意见，反复修改，不断完善，以最终形成优质的服装市场调查与预测报告。有时，为了满足不同服装客户的要求，同时编写和形成若干份不同的服装市场调查与预测报告是必要的。

8.3.2　撰写服装市场调查与预测报告注意事项

撰写服装市场调查与预测报告的注意事项，也是撰写好服装市场调查与预测报告的关键，它能够使服装市场调查与预测报告，更好地服务于服装客户的需求。

小思考：

撰写服装市场调查与预测报告有哪些注意事项呢？

8.3.2.1　服装市场调查与预测报告要注意的问题

撰写服装市场调查与预测报告要注意的问题，主要包括以下八个方面：

（1）解释不准确。服装市场调查与预测者有义务对目标做出正确的解释，但有时也会出现失误。例如，在不精确的数据分析中，比例分析就是比较容易出现失误的一种。服装市场调查与预测者测试某种风格"A"和"B"，当用−2，−1，0，+1和+2的分值衡量从"非常喜欢"到"一点都不喜欢"的五个等级时，A产品的平均得分是1.2，B产品是0.8。前者减去后者，然后计算一个简单的百分比，结果是"B"要比"A"受欢迎程度低50%以上。

但如果使用不同的权数，又会出现另外一种情况。假设1~5代表上面所指"非常喜欢"到"一点都不喜欢"的程度，"A"的得分为4.2，"B"为3.8。在同样的受调查者、同样的产品和同样的调查问卷的条件下，却得出不同的百分比差异，即仅差了10.5%。那么，现在看起来风格B还不算太坏。

现在第三次来看同样的资料，此时，服装市场调查与预测者使用1~5级，但改变了顺序，"一点都不喜欢"现在是1，而"非常喜欢"等于5。这就使风格"B"的得分为2.2，风格"A"的得分为1.8，那么其差别的百分比仅为18.2%。

因此，要想准确地解释问题，服装市场调查与预测报告的撰写者，必须熟悉比率假设、统计方法，并了解各研究方法的局限性。

（2）偏离目标。在服装市场调查与预测报告中，堆满与服装市场调查与预测目标无关的资料，是报告写作中的另一常见问题。阅读者想知道的是，对经营目标来说，服装市场调查与预测结果意味着什么？现在能达到目标吗？是否需要其他资源？产品或服务是否需要重新定位？

此外，不现实的建议同脱离目标的结论一样糟糕。例如，建议对每一个市场增加100万元的服装品牌建设费，也许已经超过了公司的财务能力。

（3）篇幅过长。服装市场调查与预测报告中常见的一个错误观点是：报告越长，质量越高。通常对某个服装市场调查与预测项目，经过了几个月的辛苦工作之后，服装市场调查与预测者已经全身心投入，并试图告诉服装客户他所知道的与此相关的一切。因此，所有的证明、结论和上百页的材料都被纳入服装市场调查与预测报告当中，从而导致"信息超载"。事实上，大多数人根本不会通读全部服装市场调查与预测报告。总之，数量并不能增加服装市场调查与预测项目的价值，简洁、有效的服装市场调查与预测报告才是高质量的。

（4）解释不充分。某些服装市场调查与预测报告的撰写者，只是简单地重复一些图表中的数字，而不进行任何解释性工作。不管人们能否读懂图表，仍可把解释资料意义的工作当作撰写者应有的责任。而且有些事实会比图表更能转移阅读者的注意力。如果某一页有统计数字，而未做出任何解释，阅读者就会疑惑为什么这里会出现图表。

（5）数据单一。一些服装市场调查与预测报告的撰写者，把过多精力放在了单一统计数据上，并依此回答服装客户的决策问题。这种倾向在某种风格服装购买意向测试和服装品牌产品定位中时常见到。测试的关键点在于购买意向，如果"确实会买"和"也许会买"的人加在一起达不到预想的标准，比如说75%，那么这种产品概念或测试产品就被放弃了。但在产品定位的问卷调查中可能包含着50个用于获取定位信息、服装市场细分资料和可预见的优劣势的问题。然而，所有这些问题都从属于购买意向。事实上，并不能根据某一个问题决定取舍，也不存在某一个预先确定好的一刀切的标准。过度依赖服装市场调查与预测数据，有时会错失良机，在某些情况下会导致生产错误的产品。

（6）准确性虚假。在一个相对小的样本中，把引用的统计数字保留到两位小数以上，经常会造成或毫无理由地对准确性的错觉或虚假的准确性。例如，"有68.47%的被调查者偏好棉麻服装"，这种陈述会让人觉得68%这个数是合理的。阅读者会认为，服装市场调查与预测者已经把数字保留到小数点后两位，那么68%肯定是准确无误的。

（7）定量技术过度使用。某些服装市场调查与预测报告的撰写者，会因"泡沫工作"而感到惭愧。所谓"泡沫工作"，是指通过高科技手段和过度使用定量技术而完成的一种报告。有时，广泛使用多样化的统计技术，却是由于错误的目标与方法导致的。一个非技术型营销经理，往往会拒绝一篇不易理解的服装市场调查与预测报告。因为在服装市场调查与预测报告使用者心目中，过度使用统计资料，通常会引发对服装市场调查与预测报告质量合理性的怀疑。

（8）图表乱用。常言道，一图抵千言，但一张糟糕的图不仅毫无用处，而且会产生误导。它也许是艺术化、绚丽多彩和引人注目的作品，却不能履行它的使命。图表能使事实形象生动，但不宜使用过于令人眼花缭乱的图表。

8.3.2.2　服装市场调查与预测报告要达到的目标

判断一份服装市场调查与预测报告质量好坏的基本标准，是该服装市场调查与预测报告是否能与报告的阅读者进行顺利的沟通。为了达到顺利沟通的目的，在准备服装市场调查与预测报告的过程中，必须始终考虑到阅读者对调查的技术方法是否理解，所关心的重点是什么，以及是否有足够的时间阅读报告等。总之，服装市场调查与预测报告的撰写者，要时刻考虑到服装客户的需要。

（1）易读又易懂。服装市场调查与预测报告，应当是易读、易懂的。服装市场调查与预测报告中的材料，要组织得有逻辑性，使阅读者能够很容易看懂报告各部分内容的内在联系。使用简短、直接、清楚的句子，把事情说清楚，比用"正确的"但含糊难懂的词语来表达要好得多。在服装市场调查与预测报告的主体部分，应该避免技术细节方面的介绍或讨论，也尽量少用专门的术语，因为服装市场调查与预测报告的阅读者，对技术问题未必了解，也未必有时间和兴趣了解。一些涉及技术细节的内容，可放在服装市场调查与预测报告正文之后的附录之中。

为了增加易读性，可使用各种表格、图片或其他可视物品作为表达的辅助手段，来补充正文中的关键信息。为了检查服装市场调查与预测报告是否易读易懂，最好请两三个不熟悉该项目的人来阅读报告，并提出意见，经过反复修改几次之后，最后再呈交给服装客户。

（2）客观又准确。客观性，是指应以客观的态度来撰写服装市场调查与预测报告。服装市场调查与预测报告应当准确地给出项目的研究方法、调查结果的结论，不能有任何迎合服装用户或管理决策部门期望的倾向。服装企业的决策者们，不太可能热情地接纳那些反映不赞同他们的判断或行为的服装市场调查与预测报告，但是，服装市场调查与预测报告的撰写者，应当有勇气客观地报告并捍卫调查结果。

准确性，是指在服装市场调查与预测中不仅要求收集资料准确，还要求在服装市场调查与预测报告中引用资料准确。此外，还要求提供的服装市场调查与预测的结果准确，以及使用准确的语言。

（3）清晰有条理。将所要报告的服装市场调查与预测信息，清楚地向阅读者传达并非易事，这其中包括：结构要有条理，思维逻辑清晰，以及语言表达要清晰。因此，在写作前应准备一份提纲，按逻辑顺序列出所有的要点，在初稿完成后应反复推敲和修改。服装市场调查与预测报告中最重要的，也是服装企业主管人员最关心的部分，是服装市场调查与预测的结论及建议，所以这部分内容的清楚表达，尤其重要。

（4）完整又精练。所谓服装市场调查与预测报告的完整性，是指报告中应根据服装市场调查与预测项目所提出的问题，提供回答问题所必需的全部信息，特别是最重要的信息不应有遗漏。然而，服装市场调查与预测报告的完整性，并不意味着面面俱到和过于繁琐，服装市场调查与预测报告还应该是精炼的和简要的。一方面，服装市场调查与预测报告应简明扼要，内容有所取舍，围绕服装市场调查与预测目标，突出重点。如果包含了太多不重要或不必要的信息，就有可能失去重点。另一方面，写作风格要简洁明快，直截了当，避免使用过长的句子。当然，也不能过度追求简洁、精练而牺牲了完整性。

8.3.3　撰写服装市场调查与预测报告写作技巧

撰写服装市场调查与预测报告的写作技巧，也是撰写好服装市场调查与预测报告的关键之一，它同样能够使服装市场调查与预测报告，更好地服务于服装客户的需求。

小思考：

撰写服装市场调查与预测报告有哪些写作技巧？

8.3.3.1　服装市场调查与预测报告数据图表法

通常，服装市场调查与预测报告需要有宏观的数据，这些数据主要来源于国家统计局、海关、商务部等相关机构。另外，就是微观数据，这些数据需要到服装市场一线观察访问收集。

数据图表法，是指在服装市场调查与预测报告中，将数据采用表格、饼状图、条形图和线性图等形式进行展示的方法。在服装市场调查与预测报告中，切忌把信息数据罗列堆砌。而大量使用图表，可以更快地将信息传递给阅读者，图表除了使服装市场调查与预测报告更易于被阅读和理解外，还进一步改进了其物理外观。表格、饼状图、条形图和线性图，是商业交流中最常用的格式和技巧，因为其可以将复杂数据进行直观解释。下面通过表8-1、图8-4～图8-6分别介绍这四种图表的用法。

（1）表格。表格又称表，是指按所需的内容项目画出格子，分别填写文字或数字的书面材料，便于统计查看。表格既是一种可视化交流模式，又是一种组织整理数据的手段。在服装市场调查与预测报告中，采用表格，可以将复杂的数据变得清楚直观，明白易懂。

下面举例说明：

对于未来在超市中销售前景看好的服装服饰种类，受访者认为：休闲装（58%）、内衣（57%）、裤装（35%）、衬衫（23%）、鞋类（16%）、饰品（12%）、外套类正装（8%）等被看好，参见表8-1所示。这反映了未来休闲装、内衣等仍然是超市销售主流服装货品和购物者选择比较多的商品。

表8-1　未来在超市中销售前景看好的服装服饰种类

服装种类	所占百分比（%）	服装种类	所占百分比（%）
休闲服	58	鞋类	16
内衣	57	饰品	12
裤装	35	外套类正装	8
衬衫	23	其他	4

注： 服装种类为多选项。

（2）饼状图。饼状图像一张饼，是形象表达部分关系的最简单、最有效的方法。饼状图是指一个圆被分割为几部分，每一部分所代表的内容的大小与其在总体中的大小比例相同。饼状图显示一个数据系列中各项的大小，与各项总和的比例。饼状图中的数据点，显示为整个饼状图的百分比。

下面举例说明：

市面上保暖内衣的档次高低划分不一，价格相差也甚远。市面上从几十元到几百元的保暖内衣层出不穷。调查显示，101~200元是消费者心目中最理想的价位（68.40%）（图8-4）。这一价位上的产品质量还是有保证的，但品牌知名度就稍稍欠缺一点。高档保暖内衣也有一定的消费群体（11.50%），这部分消费者是较注重产品的品牌价值的。

（3）条形图。条形图是指用相同宽度的条形的高度或长短，来表示数据多少的图形。条形图可以横置或纵置，纵置时，也称柱形图。条形图采用各种长度的条形，根据水平或垂直的长度来代表数据的大小，是最容易理解的图示。条形图最善于解释多项比较和复杂关系。

下面举例说明：

调查显示，在被访问者了解品牌的各种途径中，电视、广播是被访问者了解保暖内衣的主要渠道（64.9%），而报纸杂志作为媒体宣传不可缺少的补充，也占有相当高的比例（25.4%）。作为一种有效的传播方式——人际传播也起到了相当大的作

被访问者能接受的价格

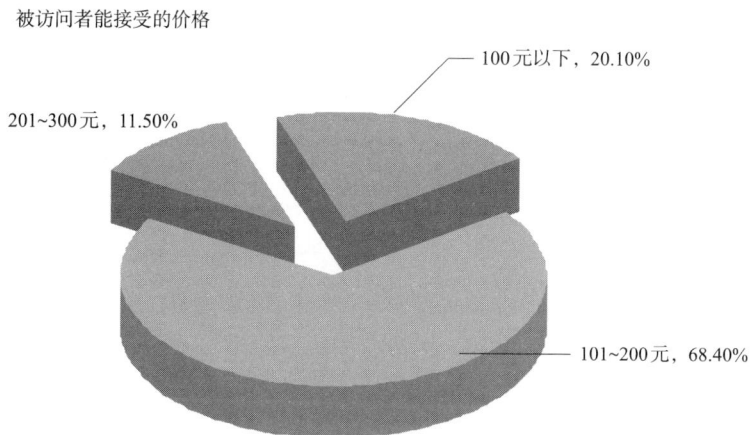

图8-4 被访问者能接受的价格

用（52.5%），可见家人和亲友的相互介绍，对保暖内衣的销售起了很大的促进作用（图8-5）。

被访问者了解品牌的途径

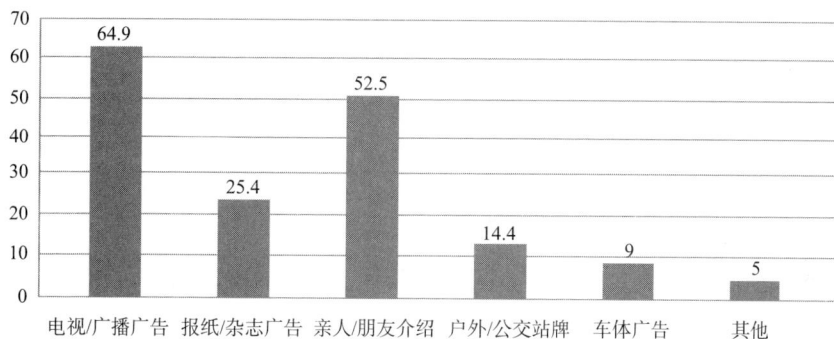

图8-5 被访问者了解品牌的途径

（4）线形图。线形图是指用连线来描述数据点之间的关系，可以有效地解释一段时期内的趋势。图8-6展示的线形图，描绘了每个位置一周交易量的差距。

下面举例说明：

调查显示，在一周时间里，不同的服装商场由于位置不同，经营特色不同，吸引顾客的数量和服装销售量，也是不同的（图8-6）。北服装商场、中心服装商场和南服装商场吸引顾客数量和服装销售量，位列前三甲。其中，北服装商场吸引顾客5931人，销售服装4952件；中心服装商场吸引顾客5842人，销售服装4831件；南服装商场吸引顾客4647人，销售服装3646件。进一步分析，我们还可以看到：其实中心服装商场和北服装商场旗鼓相当，东服装商场和南服装商场旗鼓相当，只有西服装商场比较弱些。

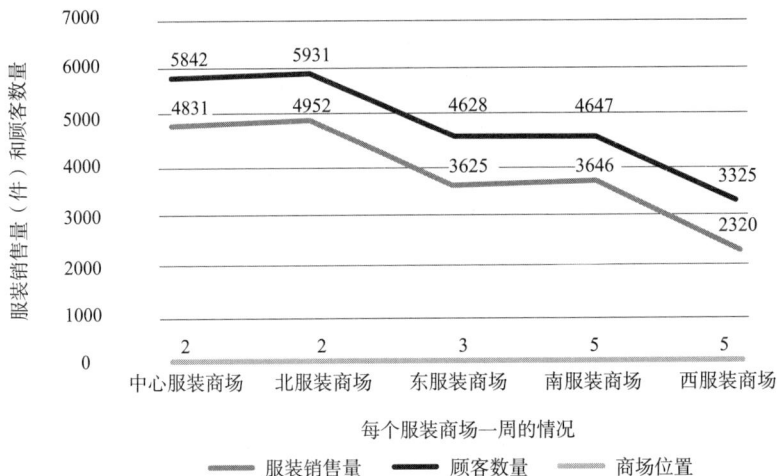

图8-6 不同服装商场吸引顾客数量和服装销售量

8.3.3.2 服装市场调查与预测报告重点中心法

我们知道，每一份服装市场调查与预测报告，都有它的重点和中心。因此，在对收集到的服装市场调查与预测信息，要经过全面的了解和系统的构思，只有对服装市场调查与预测情况有了全面了解之后，才能够进行有详有略地深入分析，精心布局、抓住中心、突出重点、谋划全篇。

8.3.3.3 服装市场调查与预测报告长短适当法

服装市场调查与预测报告的撰写者，要根据报告的具体内容，来确定报告篇幅的长短，而报告篇幅的长短，要根据服装市场调查与预测的目的而定。报告过长，会让阅读者觉得冗长；报告如果过短，又可能会使报告显得不充分。因此，服装市场调查与预测报告的篇幅，要长短适当，尽量做到长中求短，力求写得言简意赅，短小精悍。

8.3.3.4 服装市场调查与预测报告朗朗上口法

服装市场调查与预测报告的撰写者，在撰写报告时，使用的文字和语句，既要尽量地清晰、简洁，通俗、流畅，同时又要不落俗套。要坚决杜绝一切晦涩难懂的语句和不必要的俚语等。服装市场调查与预测报告必须具有较强的阅读性，应该朗朗上口，通俗易懂。

◎**核心概念**

（1）服装市场调查与预测报告：是指服装市场调查与预测人员以书面形式，反映服装市场调查与预测内容及工作过程，并提供服装市场调查与预测结论和建议的报告。

（2）服装市场情况调查与预测报告：是比较系统地反映某地区、某单位基本情况的一种服装市场调查与预测报告。

（3）服装市场典型经验调查与预测报告：是通过分析典型事例，总结工作中出现的新经验，从而指导和推动某方面工作的一种服装市场调查与预测报告。

（4）服装市场问题调查与预测报告：是针对某一方面的问题，进行专项服装市场调查与预测，澄清事实真相，判明问题的原因和性质，确定造成的危害，并提出解决问题的途径和建议，为问题的最后处理提供依据，也为其他有关方面提供参考和借鉴的一种服装市场调查与预测报告。

（5）服装市场预测型调查与预测报告：是针对某一问题调查其历史和现状，找出某些因素之间的本质联系，并用其去推测未来的一种服装市场调查与预测报告。

（6）服装市场定量型调查与预测报告：主要以对服装市场调查与预测资料的数量统计分析结果，及其发展趋势为主要内容，数量化、表格化、逻辑性是其表达结果的主要特征，报告的格式十分规范且相对固定的一种服装市场调查与预测报告。

（7）服装市场定性型调查与预测报告：主要以文字材料的描述和定性分析为主要内容，服装市场调查与预测资料不经过量化处理，或不进行数量分析，主要依靠服装市场调查与预测人员的丰富实践经验，以及主观的判断和分析能力，推断出事物的性质和发展趋势的一种服装市场调查与预测报告。

（8）服装市场口头调查与预测报告：是指调查者根据需要向客户介绍服装市场调查与预测方案、计划，汇报服装市场调查与预测进行情况和陈述结果、结论和建议时，而采取的一种口头表述的服装市场调查与预测报告。

（9）服装市场书面调查与预测报告：是指具有一定的书写规范，并具有一定的书写格式的一种服装市场调查与预测报告。

（10）数据图表法，是指在服装市场调查与预测报告中将数据采用表格、饼状图、条形图和线性图等形式进行展示的方法。

🗁 复习思考

1.单项选择题

（1）比较系统地反映某地区、某单位基本情况的一种服装市场调查与预测报告是（　　）。

  A. 服装市场预测型调查与预测报告

  B. 服装市场情况调查与预测报告

C. 服装市场典型经验调查与预测报告

D. 服装市场问题调查与预测报告

（2）（　　）是指具有一定的书写规范，并具有一定的书写格式的一种服装市场调查与预测报告。

    A. 服装市场口头调查与预测报告　　B. 服装市场定量型调查与预测报告

    C. 服装市场书面调查与预测报告　　D. 服装市场定性型调查与预测报告

（3）（　　）是服装市场调查与预测报告的主要部分。

    A. 正文　　　　　　　　　　　　B. 标题

    C. 目录　　　　　　　　　　　　D. 摘要

（4）（　　）是服装市场调查与预测报告中极其重要的部分。

    A. 正文　　　　　　　　　　　　B. 结论和建议

    C. 附录　　　　　　　　　　　　D. 摘要

（5）（　　）是指用宽度相同的条形的高度或长短，来表示数据多少的图形。

    A. 表格　　　　　　　　　　　　B. 条形图

    C. 饼状图　　　　　　　　　　　D. 线性图

（6）（　　）是指在服装市场调查与预测报告中将数据采用表格、饼状图、条形图和线性图等形式进行展示的方法。

    A. 数据图表法　　　　　　　　　B. 重点中心法

    C. 长短适当法　　　　　　　　　D. 朗朗上口法

2. 多项选择题

（1）服装市场调查与预测报告按调查范围可分为（　　）。

    A. 服装市场全国性调查与预测报告

    B. 服装市场区域性调查与预测报告

    C. 服装市场国际性调查与预测报告

    D. 服装市场需求者调查与预测报告

（2）服装市场调查与预测报告按调查频率可分为（　　）。

    A. 服装市场经常性调查与预测报告

    B. 服装市场定期性调查与预测报告

    C. 服装市场供应者调查与预测报告

    D. 服装市场临时性调查与预测报告

（3）一份完整的服装市场调查与预测报告通常是由标题、（　　）、附件等部分构成。

    A. 目录　　　　　　　　　　　　B. 摘要

C. 正文 D. 结论和建议

（4）服装市场调查与预测报告写作的基本要求是做好撰写准备、（ ）。

A. 遵循撰写原则 B. 确立报告主旨

C. 精心设计安排 D. 报告外观醒目

（5）服装市场调查与预测报告主要有客观性、针对性、（ ）特点。

A. 陈述性 B. 时效性

C. 典型性 D. 可行性

（6）服装市场调查与预测报告的写作技巧有（ ）。

A. 数据图表法 B. 重点中心法

C. 长短适当法 D. 朗朗上口法

3. 判断题（正确答案打"√"，错的打"×"）

（1）服装市场调查与预测报告是决策机关决策的重要根据之一。 （ ）

（2）服装市场调查与预测报告是服装市场调查与预测情况及其结果的主观反映。

（ ）

（3）服装市场问题调查与预测报告是比较系统地反映某地区、某单位基本情况的一
种服装市场调查与预测报告。 （ ）

（4）服装市场调查与预测报告的规范化标题，即"主题"加"文种"。 （ ）

（5）服装市场调查与预测报告没有局限性。 （ ）

（6）饼状图像一张饼，是形象表达部分关系的最简单、最有效的方法。 （ ）

4. 简答题

（1）服装市场调查与预测报告有什么意义？

（2）服装市场调查与预测报告的特点是什么？

（3）服装市场调查与预测报告的结构如何？

（4）服装市场调查与预测报告写作有哪些基本要求？

（5）服装市场调查与预测报告写作要注意哪些问题？

（6）服装市场调查与预测报告有哪些写作技巧？

📁 案例分析

北京超市中服装销售状况、前景分析调查与预测报告

[摘要]超市中服装销售的前景如何一直受到商家的关注，本文对北京三家有代表

性的超市进行实地观察，并在超市中随机抽取106个消费者进行问卷调查，分析了目前在北京超市中服装销售的特点及发展前景，最终为服装厂商和超市经营者对于如何开展超市服装的销售提出建议。

随着服装市场的细分化，超市正逐渐成为服装的重要销售与消费市场之一。为更好帮助服装厂商和超市经营者了解与分析市场的状况与前景，制定未来市场策略，就很有必要采用科学的方法，将超市与服装销售紧密结合起来进行研究。本文正是从服装市场调查与预测的角度，来对此开展研究的。

一、研究背景

1.服装的销售场所

目前，国内主要的服装销售场所有百货商场、服装专卖店、购物中心、仓储式商场、大型综合超市、服装批发市场、名品折扣店等。

百货商场是目前中国服装营销的重要渠道，服装批发市场则由于销售的服装价格低廉，成为广大工薪阶层和低收入者消费的主要场所，而服装连锁专卖店模式是国内外品牌服装销售的主流模式，国内服装品牌大多采用自营店和加盟店相结合的运作方式。当前新兴的名牌折扣店的特点是：具有舒适的购物氛围，荟萃知名品牌，质量上乘，一般以低至1~5折的价格销售。对于各类超市，在生活中非常普遍，其中大型超市的影响力正不断扩大。

2.国内外超市服装销售的状况

近几年，在中国大陆出现的大型综合超级市场（如沃尔玛、家乐福）、会员店（山姆超市）、仓储式商场等大型卖场已成为与百货商场竞争服装销售的主要对手。国内超市服装销售具体状况为：

总体处于培育、发展时期。服装销售已经成为超市中十分普遍的现象，但呈现不同的销售状况。一些超市出现大空间，低销售总额的现象。超市所销售服装产品多样化，销售推行低价策略，商品更新速度比较慢，消费者主要以低收入者为主。一些品牌类服装正逐渐走入超市卖场。

在服装销售业发达的国家中，以英国为例，在超市中销售与购买服装已经成为当地居民的一种习惯，其中超市服装销售的对象主要以年轻消费者为主。随着当地居民年龄的增长，超市服装的销售总额呈现下降趋势。服装在超市中销售实施的仍然是"薄利多销"的经营政策。同时，国外超市中服装销售方式历来有预测流行、提前订货、在季节前2~3个月提前发售的做法，已经形成了采购与销售的良好模式。另外，超市服装的价位、服装品牌知名度、购买的方便性、较长的营业时间、提供宽敞的停车场服务、季节性减价的促销手段等都是影响国外超市服装销售的主要因素。

二、研究方法

本文研究采用了实地观察法及问卷调查法。

1.实地观察法

所谓实地观察法，是指调查者在现场对被调查者的情况进行观察、记录，以收集服装市场情况的一种方法。本次研究选取了北京市的家乐福（双井店）、沃尔玛（宣武门店）及物美大卖场（方庄店）这三家有代表性的超市作为实地观察的对象。

2.问卷调查法

本次研究采取了拦截式的问卷调查方法，现场进行问卷的发放、填写与回收。具体方法是：选取周六、周日两天，在实地观察的北京三家超市中对106名消费者进行问卷调查，最终回收有效问卷100份，问卷回收率为94.34%。

三、结果与分析

1.实地观察

（1）家乐福。家乐福（双井店）位于北京市朝阳区东三环，交通便利。家乐福（双井店）中目前销售的商品多达7万种，其中服装卖场在超市的三层，面积约6000平方米。超市中的服装销售形式分为两种：品牌服装采用单独区域设立专柜的形式，如童装的派克兰帝、内衣的JOCKEY，运动服装的运动100等，对于一般日常生活类服装沿用传统的分区自选模式，比如童装及婴儿用品区，包括男士衬衫、西裤及领带的男装区，包括女士T恤、衬衫的女装区等。

价格方面，家乐福（双井店）超市中销售的服装与商场、专卖店相比，价格具有明显的优势。例如，男式衬衫一般19~100元，女式衬衫一般20~60元，童装基本在20~70元等。

在家乐福（双井店）中有自主品牌的服装产品进行销售，如"欧蕴""棒"等品牌。

（2）沃尔玛。沃尔玛（宣武门店）位于北京市西城区富卓大厦，邻近宣武门地铁，交通便利。建筑面积约为1.8万平方米，共分两层。沃尔玛（宣武门店）超市内的服装区与家乐福（双井店）很相似，大致分为：童装区、男装区、女装区及鞋帽区，价格方面也基本和家乐福相同。在商品产地方面，两家超市非常相似，绝大部分商品都是在中国生产和采购的，这反映出国际知名连锁超市普遍都采取了利用产品本土化来形成价格优势的策略。但是，在沃尔玛（宣武门店）的服装卖场中，并没有如家乐福（双井店）一样有品牌服装专区，而且没有品牌专卖店。

（3）物美大卖场。物美大卖场（方庄店）位于北京南城方庄大社区的蒲芳路，整个大卖场共四层，二、三层为超市，一层和地下一层为品牌商业街，面积达7.5万平方米，其中服装卖场面积达5000平方米以上。由于交通便利、车位充足、商品丰富、价格合理，特别是地下一层还引入了许多运动体育服装品牌，基本能满足顾客消费的多种需求，因此，一开张营业就成为该地区最受欢迎的消费场所之一。

物美大卖场（方庄店）的服装销售模式更偏向于商场形式，但也沿用了超市的传统开架自选模式。因此，在整个大卖场中除了开架自选服装区外，品牌的店中店也是三家超市中最多的，例如以纯、佐丹奴、圣玛田、西村名物、红豆、相思鸟、鳄鱼等，产品从休闲装到皮鞋等一应俱全。

物美大卖场中的服装价格，也是本次调查的大型超市中最有价格优势的。以男装衬衫为例，最低价19元，最高价99元；皮带价格69~79元；领带为9.9~19.9元；女式西裤最低19.9元；裙装最低19.9元。

（4）观察总结。从实地观察可以看出，三家超市具有非常相似之处：地理位置都比较好，交通便利；超市的面积都在万平方米以上，为大型连锁类型超市；以产品种类齐全，实现一站式购物的经营模式，同时以低价为竞争策略，消费对象的定位是以中等收入者为主。在服装销售方面，在这三家超市中，都设立了服装销售区，面积均在5000平方米左右，基本占整个超市面积的五分之一左右，三家超市中的服装卖场位置一般都在一层或三层。对于所销售的服装，三家超市都主要以内衣、衬衫等流行性要求相对略低、更加趋向于标准化的日常消费类服装为主要货品，除内衣外，其他货品在价格、档次上都偏低、品牌知名度不够高。在服装销售模式上，既有开架自选方式，也有专柜以及店中店的形式。除沃尔玛外，另外两家超市还设立了品牌专区，引进了品牌服装进场设店销售，家乐福超市还推出了自有品牌的服装进行销售。

2.问卷调查

（1）受访者特征。本次问卷调查采取的是对超市消费者随机拦截式的调查方式，100名有效问卷受访者的特征见图1。

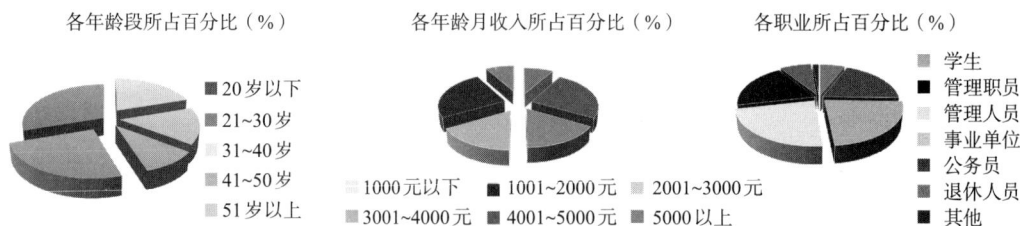

各年龄段所占百分比（%）　　　　各年龄月收入所占百分比（%）　　　　各职业所占百分比（%）

- 20岁以下
- 21~30岁
- 31~40岁
- 41~50岁
- 51岁以上

- 1000元以下
- 1001~2000元
- 2001~3000元
- 3001~4000元
- 4001~5000元
- 5000以上

- 学生
- 管理职员
- 管理人员
- 事业单位
- 公务员
- 退休人员
- 其他

图1　100名有效问卷受访者的特征

（2）消费者超市购物及服装消费习惯。调查结果显示，在超市购物的频率为：一周及一周以内在超市购物一次的人数占52%，两周及两周以内占27%，三周及三周以内占12%，三周以上的占9%。可见目前超市消费已经为消费者认可，超市是一个很好的消费与销售平台，对于服装这类产品来讲，会因为消费频率的增加而具有很大的销售提升空间。同时，在100名受访者中，曾经在超市的服装卖场中购买过服装的人占67%，超过总人数的三分之二。

对于消费者是否愿意前往超市选购服装的调查结果显示：不愿意去的人数占61%。这说明尽管消费者在超市购买过服装的人数占受访者的67%，但是消费大众仍然没有把超市作为购买服装类商品的首选地。另外，对消费者不把超市作为服装消费首选地的原因的调查结果显示，服装产品吸引力不够（87%）、更愿意在商场等处购买服装（62%）、知名品牌太少（51%）是主要影响因素，见表1。这反映出当前消费者购买服装的传统习惯仍然是去商场、专卖店等，同时也反映出消费者认为目前超市服装的档次还是偏低，品牌知名度不够，无法激发消费者的购买欲望。尽管这也许是服装消费者对于超市中的服装产品存在看法上的"误区"，但的确也反映出目前许多超市在服装经营中存在产品低端化、质量欠缺、服装产品更新速度慢的现象，且一味追求低价策略。这些方面将是未来服装超市销售市场发展的主要改进之处，否则将大大削弱超市服装的市场竞争力。

表1　影响消费者将超市作为服装选购首选地的因素

影响因素	所占百分比（%）	影响因素	所占百分比（%）
服装产品吸引力不够	87	服务水平及设施不好	23
在商场等处购买服装有保障	82	宣传推广不够	10
知名品牌太少	51	其他方面	9
卖场位置与购物环境不好	37		

注　影响因素为多选项。

对于消费者在超市消费状况，从表2中可以看出消费者在超市中购物的首选还是以食品为主，但是也看到服装消费已经超过文化用品成为第四大类的消费种类。而在消费总额方面，消费者每次在超市消费金额不超过500元人民币的达到81%，其中100元及100元以内更是达到36%，占整个受访者的三分之一以上。而具体到服装消费方面，每次消费总额少于100元的占84%，每次到超市都会购买1件服装的为0，而63%的人都是去超市3~4次购物才会购买一件服装，可见不仅服装的单次消费金额低，并且消费频率也不高。这就需要在未来服装销售中做好价格定位，形成完善的价格体系，还要扩大宣传，提高消费频率，这样消费机会才能增加，销售额才会增长。同时，目前超市经营者坚持商品的低价竞争策略，还有可能造成当消费者需要选择更好的产品时，因为传统消费理念的影响和产品理解上的误区而造成忽略选择超市商品，并且如果这种印象在顾客心中一旦成为固定模式，那么在今后的竞争中，超市在这方面的竞争劣势就会显现出来。

表2　消费者在超市中的消费状况调查统计

消费状况	所占百分比（%）	消费状况	所占百分比（%）
购买种类		服装消费额（单位：元、次）	
食品方面	89	50元以内	57
生活用品	67	51~100	27
家用电器	47	101~200	14
服装服饰	44	201~300	2
文化用品	22	301~400	0
其他方面	14	400元以上	0
消费总额（单位：元、次）		多长时间在超市购买一次服装	
100及以内	36	每次	0
101~300	24	每2次	9
301~500	21	每3次	31
501~800	11	每4次	32
801~1000	8	每5次	22
1000以上	0	每5次以上	6

注　购买种类为多选项。

对于消费者在超市中服装消费的具体特点，表3数据显示：消费者在超市中购买的服装种类主要有袜子（91%）、内衣（73%）、裤装（42%）、外套（29%）、皮带（28%）等。这说明消费者目前在超市服装消费的种类还是以日常生活类为主，对于季节性非常明显的流行服装消费并不高。

表3　消费者在超市中购买服装的种类

服装种类	所占百分比（%）	服装种类	所占百分比（%）
内衣	73	袜子	91
T恤	12	帽子	14
衬衫	21	领带	9
外套	29	皮具	28
裤装	42	其他	5

服装种类	所占百分比（%）	服装种类	所占百分比（%）
鞋类	27		

注　服装种类为多选项。

对超市中所销售服装品牌的看重程度：很看重和看重的人占82%。远远超过整个受访者的三分之一，不看重的仅占18%。可见品牌对消费者的影响力很大。另外，对于超市销售自有品牌服装的接受程度的调查，数据为：接受人数占22%，不接受的占30%，而无所谓的则占48%。从中可以看到，消费者对于超市自身品牌的认可程度并不高，只是将其作为选择上的参考而已。

3.消费者对超市服装销售前景的看法

消费者对今后在超市中购买服装是否会成为一种流行趋势的看法是，认可的人数占整个受访者的66%，不会的占22%，还有12%的人表示不清楚。这反映出三分之一的受访者对北京超市中的服装销售前景还是看好的，但三分之一的消费者对此还存在疑虑或认为还有许多影响前景发展的因素。

对于未来在超市中销售前景看好的服装服饰种类，受访者认为：休闲装（47%）、内衣（46%）、裤装（26%）、衬衫（22%）、鞋类（15%）、饰品（11%）、外套类正装（9%）等被看好，参见表4。这反映了休闲装、内衣等仍然是超市销售的主流服装货品和购物者选择比较多的商品。

表4　未来在超市中销售前景看好的服装服饰种类

服装种类	所占百分比（%）	服装种类	所占百分比（%）
休闲装	47	鞋类	15
内衣	46	饰品	11
裤装	26	外套类正装	9
衬衫	22	其他	3

注　服装种类为多选项。

表5为影响未来服装在超市销售的因素，受访者认为影响因素有价格（56%）、品牌（43%）、种类（25%）、质量（20%）、款式（12%）、购物环境（10%）、包装（9%）和其他（6%），数据反映了保持价格优势仍将是今后超市经营与服装销售的主要策略。但也能看到，品牌已经上升为消费者所关心的第二因素，消费者更加希望超市销售具有品

牌知名度。另一方面，数据还显示过去容易被忽视的包装等服务因素也开始受到关注。

表5 影响未来服装在超市销售的因素

影响因素	所占百分比（%）	影响因素	所占百分比（%）
价格	56	款式	12
品牌	43	购物环境	10
种类	25	包装	9
质量	20	其他	6

注 影响因素为多选项。

四、结论

通过服装市场调查与分析反映出，尽管目前超市服装销售在北京发展还不十分完美，服装消费者并不完全认同超市中所销售的服装产品及销售环境，但是在看待服装市场的前景方面，仍持乐观看好的态度。因此，这就需要服装厂商和超市服装经营者制定正确的市场对应策略，才能掌握服装市场的商机。对此提出建议如下：

1. 定位方面

做到真正与超市整体定位相匹配，应将中档服装消费作为服装市场定位。通过卖场设计、产品选择与销售推广等，来提高服装消费者前往超市购物的频率，进而提高服装销售的机会。

2. 卖场方面

合理的位置与布局对于超市来说是十分重要的。卖场位置以一楼为最佳，尽量与生活用品卖场相邻，面积不要贪大，而应当将重点放在产品以及销售配套设施上。对于日常生活类服装产品，仍然以开架自选方式来进行销售，品牌服装销售则为专柜、店中店形式。同时，服装销售中的样品陈列，应尽可能设置于靠近消费者的必经之路上，以增加消费者对商品的接触与购买机会。

3. 营销方面

可以采取错位竞争策略，向供应商采购专供超市的批量服装产品，把重点放在款式变化相对较小的衬衫、内衣、鞋袜等方面，把"超市服装"与"百货服装"彻底分开。具体销售中，做到提高服装商品的正价销售率，同时促销手段系列化，坚持利用价格优势和树立品牌来提升超市服装销售的吸引力。

4. 品牌方面

可以借鉴服装品牌折扣店的经营方式，考虑选择中端或部分高端品牌服装入场销售，设立品牌专区和品牌专卖店，形成超市品牌与服装产品品牌的市场互动，增加销售场所的吸引力。同时，在不影响其他品牌的前提下，在一些服装种类中推出超市自有特色品牌，并加大宣传来开拓新的商机。

5.产品方面

在产品方面，要制定完善的高中低价格体系。结合超市主要消费群体的喜好特征与消费特征，提高服装产品的种类数量与配套化，在款式、流行性、质量以及做工方面加以提升。特别是产品要有特色，有主打类型，比如休闲类服装、运动装等可以作为重点销售的产品。同时要更多考虑与产品相配套的环节等，如产品外包装以及礼品包装等。

6.宣传方面

学习美国等超市发达国家的手段，不仅继续利用传统宣传方式进行推广，更可以充分利用网络，建立网上服装超市，发挥超市本身在物流配送上的优势，拓展新的销售形式。同时通过为超市服装购买者建立网上电子资料库，以定期发送网络杂志等形式宣传超市及产品，以此来扩大销售。

7.服务与管理

应利用不断提高的科学技术来提升管理服务水平与经营能力，做好服装的配送等工作。同时，提高服务水平与顾客的满意度，如服装的修改、退换商品的工作。特别是对于购买服装的顾客，可以通过建立客户档案等形式，提高产品后续服务，挖掘消费潜力。（资料来源：王永进，赵平.《北京超市中服装销售状况、前景分析调查与预测报告》。）

【问题分析】

1.什么是服装市场调查与预测报告？它包括哪些内容？

2.该服装市场调查与预测报告的写作技巧如何？你得到哪些启示？

📁 实战演练

活动8-1

活动主题：认知体验学生服装消费市场调查与预测报告

活动目的：增加感性认识，能够撰写学生服装消费市场调查与预测报告，实地体验服装市场调查与预测工作。

活动形式：

1.人员：将全班分成若干小组，3~5人为一组，以小组为单位开展活动。

2.时间：与教学时间同步。

3.方式：就近实地开展一次学生服装消费市场调查与预测工作。

活动内容和要求：

1.活动之前要熟练掌握服装市场调查与预测报告的含义、意义、特点和类型，了解服装市场调查与预测报告的结构，以及服装市场调查与预测报告的写作技巧等知识点，做好相应的知识准备。

2.以小组为单位提交学生服装消费市场调查与预测书面报告。

3.调查与预测报告撰写时间为2天。

4.授课教师可根据每个小组提供的书面调查与预测报告按质量评分，并计入学期总成绩。

活动8-2

活动主题：认知体验某服装企业（产品）市场调查与预测报告

活动目的：增加感性认识，能够撰写某服装企业（产品）市场调查与预测报告，实地体验服装市场调查与预测工作。

活动形式：

1.人员：将全班分成若干小组，3~5人为一组，以小组为单位开展活动。

2.时间：与教学时间同步。

3.方式：就近实地开展一次某服装企业（产品）市场调查与预测工作。

活动内容和要求：

1.活动之前要熟练掌握服装市场调查与预测报告的含义、意义、特点和类型，了解服装市场调查与预测报告的结构，以及服装市场调查与预测报告的写作技巧等知识点，做好相应的知识准备。

2.以小组为单位提交某服装企业（产品）市场调查与预测书面报告。

3.调查与预测报告撰写时间为2天。

4.授课教师可根据每个小组提供的书面调查与预测报告按质量评分，并计入学期总成绩。

习题参考答案

项目一 谈一谈服装市场调查

任务1 什么是服装市场调查

1.单项选择题

（1）A （2）D （3）C （4）B （5）C

2.多项选择题

（1）ACD （2）ABCD （3）ABCD （4）BCD （5）ABC

3.判断题

（1）× （2）√ （3）× （4）× （5）√

4.简答题

（1）首先，它能为服装企业提供决策依据。服装企业中的很多问题只有通过具体的服装市场调查，才可以得到具体的答案，而且只有通过服装市场调查得来的具体答案才能作为服装企业决策的依据。否则，就会形成盲目的和脱离实际的决策，而盲目则常常意味着失败和损失。因此，有效的服装市场调查能够及时、准确和充分地提供服装市场情报，有助于服装企业分析和研究营销环境状况及其变化，从而有针对性地制定服装市场营销策略和服装企业经营发展策略。

其次，它能提高服装企业的竞争力。随着现代化社会大生产的发展和技术水平的提高，服装市场的竞争变得日益激烈。服装市场情况在不断地发生变化，而促使服装市场发生变化的原因主要有产品、价格、分销、广告、推销等市场因素和有关政治、经济、文化、地理条件等非市场环境因素。这两种因素往往相互联系、相互影响且不断地发生变化。因此，为了适应这种变化，服装企业就只有通过广泛的服装市场调查，及时了解各种服装市场因素和市场环境因素的变化，从而有针对性地采取措施，通过对产品结构、价格、广告等服装市场因素的调整，去应对服装市场竞争。对于服装企业来说，能否及时了解服装市场的变化情况，并采取有效应变措施，是服装企业能否取胜的关键。此外，对服装企业营销决策和计划的实施情况进行调查，还可以对服装营销决策的得失作出客观的评价并提出正确的建议。

最后，它能使服装企业更好地吸收国内外先进经验和技术。当前，科学技术发展日新月异，各种新发明、新创造、新技术和新产品层出不穷，科学技术的进步一般会在商品市场上以产品的形式反映出来。服装企业通过市场调查，可以及时了解服装市场经济动态和科学技术方面的资料信息，掌握最新的服装市场情报和生产技术情况，以便更好地学习、吸取同行业的先进经验和最新技术，改进服装企业的生产技术，提高人员的技术水平和服装企业的管理水平，从而提高服装产品的质量，加速服装产品的更新换代，增强服装产品和服装企业的竞争力，保障服装企业的生存和发展。

（2）服装市场调查按照调查目的可分为：服装探测性调查、服装描述性调查、服装因果性调查、服装预测性调查。

上述四种调查类型是相互联系、逐步深入的。服装探测性调查有助于识别问题和界定问题；服装描述性调查有助于说明问题；服装因果性调查有助于分析问题的原因；服装预测性调查有助于估计问题的发展趋势，从而为服装企业经营决策提供服务。

（3）服装市场调查的内容主要有：服装市场环境调查、服装市场需求调查、服装产品调查、服装市场营销活动调查四个方面。

（4）促销活动包括广告宣传、公关活动、现场演示、优惠或有奖销售等一系列活动。促销活动调查，就是对服装企业采用的人员推销、营销推广、公共关系等促销组合的实际效果进行调查，为服装企业制定最优的促销组合提供依据。例如，广告调查，它是服装企业为有效地开展广告活动，对与广告活动有关的资料进行系统的收集、整理、分析和解释。广告调查是广告策划的重要组成部分，其调查的内容有：广告信息的选择和设计，是否适合服装消费者和服装商品本身；用哪一种广告媒体更好；选择合适的广告代理公司；广告效果的调查；广告计划和广告预算拟定等。测估广告效果通常采用的公式是：

$$广告效果比率 = \frac{销售量增长率}{广告费增长率} \times 100\%$$

在服装产品的促销活动中，除了广告促销外，还有降价、有奖销售、馈赠礼品、现场演示、服装表演、服装展销、季节优惠等促销方式，服装企业还应对这些促销活动进行调查。

（5）服装市场调查所获得的大量信息资料，往往是分散的、零星的，某些资料也可能是片面的、不真实的，必须系统地加以整理分析，经过去粗取精，去伪存真，由此及彼，由表及里的改造制作，才能客观地反映被调查事物的内在联系，揭示问题的本质和各种服装市场现象之间的因果关系。这一步的工作内容主要包括：

首先，资料的检查、核实和校订。对于服装市场调查所得到的资料，在整理编辑过程中，首先要检查资料是否齐全，是否有重复或遗漏之处，是否有可比性，是否有差错，数据和情况是否相互矛盾。一经发现问题，应该及时复查核实，予以订正、删改和补充。在服装市场实地调查中，服装市场调查人员应当边调查、边检查，以便及早发现问题，及时核实订正。服装市场调查告一段落后，应再仔细核实一遍，力求资料真实可靠。

其次，资料分类汇编。凡经核实校订的资料，应当按照服装市场调查提纲的要求，进行分类汇编，并以文字或数字符号进行编号归类，以便归档查找和使用。如果用电子计算机处理数据，要增加一个卡片打孔过程，把数据信息变换为代码，打入卡片。

最后，资料的分析和综合。服装市场调查所得到的各种资料，反映了客观事物的外部联系。为了透过现象看本质，要用科学的方法，对大量资料进行分析和综合，弄清服装市场调查对象的情况和问题，找出客观事物的内在联系，从中得出合乎实际的结论。对于服装市场调查所得的数据，可以运用多种统计方法加以分析，并制成统计表。对于服装市场调查中发现的情况或问题，可以通过集体讨论，加以分析论证。

【案例分析】

1.服装市场调查，是指用科学的方法和客观的态度，以服装市场和服装市场营销中的各种问题为研究对象，有效地搜集、整理和分析各种有关的信息，从而掌握服装市场的历史和现状，以便为服装企业的预测和决策提供基础性的数据和资料。

在服装市场调查中，服装市场调查步骤一般可分为三个阶段九个步骤。

（1）准备阶段：明确调查的课题；初步情况分析（非正式调查）；制订调查方案、计划。

（2）实施阶段：建立调查组织；收集第二手资料；收集第一手资料。

（3）分析和总结阶段：资料的整理和分析；编写调查报告；总结、反馈。

2.星际服装商城每年都要请专业的服装市场调查机构或者自己成立专门组织，进行一次大规模的服装消费者调查，再辅以不定期的小型专项服装市场调查。服装市场调查的目的，是掌握商圈内服装消费者的基本特点和主体服装消费群体的消费结构、水平、行为和购买倾向特点，在服装商品品牌、价格、档次选择的倾向性，以及对服装商城在布局、经营范围、价格层次、商品档次和服务上的期望。对于服装消费者的市场调查，包括分类调查、分段调查和专题调查，所有这些调查都围绕着一个中心——服装消费者。这些调查，让决策者能够随时掌握周边地区服装消费群体的结构和消费行为趋向。另外，星际服装商城还不断进行业态和市场定位的调查研究，以便形成稳定的服装消费者群体，保证服装销售的旺盛局面。

启示：略。

任务2 选择服装市场调查方法

1.单项选择题

（1）D （2）C （3）A （4）C （5）B

2.多项选择题

（1）ABCD （2）BCD （3）ABCD （4）ABCD （5）ACD

3.判断题

（1）√ （2）√ （3）√ （4）× （5）√

4.简答题

（1）在服装市场调查中，服装市场文案调查法具有特殊地位。它作为信息收集的重要手段，一直受到世界各国的重视。服装市场文案调查法的功能表现在以下四个方面①可以发现问题并为实地调查提供重要参考；②可以为实地调查创造条件；③可用于经常性的调查；④不受时空限制。

（2）面谈调查法的优点：面谈调查的对象、时间、人数、形式可以由服装调查人员掌握，较为灵活，这是面谈调查法的一个突出特点。由于当面交谈可以创造出一种融洽和谐的气氛，便于深入交换意见。另外，采用面谈调查法了解的问题回收率高，可提高服装市场调查结果的可信程度。

面谈调查法的缺点：①所用的调查力量、调查费用较大；②调查时间长；③对服装调查人员的要求高；④调查结果的质量往往容易受服装调查人员工作态度、调查技术熟练程度和心理情绪等因素的影响。同时，由于服装调查者分头到被调查者处询问，不利于对工作的检查和监督。

（3）服装市场实验调查法的优点：①可以有控制地分析、观察某些服装市场现象之间的因果关系，和相互的影响程度；②通过实验法取得的情况和数据比较客观、可靠，可以排除主观估计的偏差，在定量分析上具有较重要的作用。

当然，这种调查方法也有一定的局限性，主要表现在：①由于服装市场某个经济变量的影响因素是错综复杂的，这些因素不可能像自然科学实验那样加以严格控制。因此，实验对象的变化，往往受到其他非实验因素的干扰，不得不凭借经验分析加以区别，从而在一定程度上影响对实验效果的评价；②该法只限于对当前服装市场变量之间关系的观察分析，无法研究过去的情况，也无法预测未来；③此法所需时间较长，而且含有一定风险，费用往往较大。

（4）服装市场网络直接调查法主要有：网上问卷调查法、网上讨论调查法、网上观察调查法和网上实验调查法等。服装市场网络间接调查法主要有：搜索引擎收集资料调查法、公告栏收集资料调查法、E-mail收集资料调查法。

（5）服装市场调查问卷中的问答题，主要有以下几种：①开放式和封闭式问题；②单选题、多选题、排序题、跳转问题；③单一问题与复合问题；④直接问题、间接问题和假设问题。

【案例分析】

1.服装市场调查问卷基本的内容包括：①调查问卷的标题，是指能够使被调查者对调查的主要内容、基本用意一目了然的题目。一般位于问卷的上端居中，要求题目简明扼要，切中主题。②说明词，是服装市场调查者给被调查者写的短信，主要是说明服装市场调查的目的、意义、选择方法和填答说明，以及对被调查者合作的回报等，用于消除被调查者的顾虑和引起被调查者的兴趣，争取得到被调查者的支持和合作，语气要谦虚、诚恳、简练、准确，一般放在调查问卷的开头。③调查内容，问卷的调查内容通常由三部分组成，即被调查者项目、调查项目和调查者项目。被调查者项目，主要指被调查人姓名、性别、年龄、文化程度、职业、家庭住址、电话号码、本人在家庭中地位以及经济状况等。调查项目，就是将所要调查了解的内容，具体化为一些问题和候选答案，例如，消费经历、购买行为、营销环境等，供被调查者选择填写。调查者项目，主要包括：服装市场调查人员的姓名、工作单位和调查日期等。④指导语，也就是服装市场调查问卷的填答说明，是用来指导被调查者填答问题的各种解释和说明。⑤编码，是将服装市场调查问卷中的调查项目，变成数字的工作过程，即将调查问卷中的调查项目以及备选答案给予统一设计的代码。⑥结束语，一般放在服装市场调查问卷的最后，是用来简短地对被调查者的合作表示感谢，也可征询一下被调查者对服装市场调查问卷设计和问卷调查本身的看法和感受。

2.略。

任务3 服装市场抽样调查法

1.单项选择题

　　（1）A　　　　（2）B　　　　（3）C　　　　（4）D　　　　（5）C

2.多项选择题

　　（1）AB　　　（2）ABCD　　　（3）ABCD　　　（4）CD　　　（5）ABCD

3.判断题

　　（1）√　　　　（2）×　　　　（3）√　　　　（4）√　　　　（5）×

4.简答题

（1）服装市场抽样调查法，是指从全部调查研究对象中抽选一部分单位进行调查，并据此对全面调查研究对象作出估计和推断的一种调查方法，是一种非全面调查法。

服装市场抽样调查与全面调查的比较

评价指标	抽样方法	
	抽样调查	全面调查
时间要求	短	长
总体特征的方法	小	大
总体大小	小	大
成本	低	高
误差可能造成的损失	小	大
非误差可能造成的损失	大	小
是否需要注意各个案例	是	否

（2）服装市场随机抽样调查法，是服装市场抽样调查法的基本组成部分，它是指按照随机原则从总体中抽选样本的抽样方法。其主要特点是：由于机会均等，抽选出来的样本可以大致代表全及总体；可以依据样本资料推算被研究总体的情况，从而可以较为迅速地取得同全面调查大体一致的结果。

（3）服装市场非随机抽样调查法，是指抽样时不遵循随机原则，而是由调查者根据调查目的和要求，主观设立某个标准从总体中抽选样本的抽样调查法。根据调查对象的性质和研究的目的不同，服装市场非随机抽样方式主要分为四种：服装市场任意抽样调查法、服装市场判断抽样调查法、服装市场配额抽样调查法和服装市场滚雪球抽样调查法。

（4）服装市场非抽样误差产生的原因：一是非观测误差，是由于调查的覆盖面不周全或不回答（不在家或拒答）产生的；二是观测误差，是由于被访问者故意错答或误解错答以及访问者的过失造成的。例如，不回答造成的误差，当样本中的一些被调查对象不回答时，就产生了不回答误差。产生的原因主要是被访者拒绝回答（如拒访等），或者不在现场（如无人在家等）。不回答的结果使得最后的样本在大小与组成上与原始样本不同，不回答误差可以定义为原始样本中变量的真正平均值与结果样本（纯样本）的真正平均值之间的误差。

（5）服装市场抽样调查样本量的确定，一般可以从以下几个方面考虑：

一是可支配预算。样本容量的大小，通常是直接地或间接地由可支配的预算额决定的。所以顺序上，样本容量通常是稍后才确定的。一个销售经理如果有20000元预算可用于某项服装市场调查，那么除去其他项目成本（如调查方案和问卷的设计、数据的处理、分析等）后，余下的那部分现金才决定样本容量的大小。如果可支配的资金太少，就会导致可以确定的样本量太小，这时就必须做出决定，是补充更多的资金还是放弃这一项目。

二是以往的经验。在接受服装企业委托调查的项目中，一些委托者往往会要求样本容量为200、400、600、900或其他的特定量。这个数据的确定有时是出于对抽样误差的考虑，而有时则只是依据以往的经验和过去进行的类似调查中采用的样本量。对指定样本量这种做法的合理解释，归结起来只能说是"一种强烈的感觉"，认为某一特定的样本容量是必要的或适当的。

三是要分析的子群体。在任何确定样本容量的问题中都必须认真考虑，所要分析并据此做统计推断的总体样本的各个子群数目的预期容量。例如，从整体上看样本容量为900这个数字符合要求，但如果要分别分析男性与女性被调查者，并且要求男性与女性的样本各占一半，那么每个子群的容量仅为450。这个数字是否能使分析人员对两组的特征做出预期的统计推断呢？再者，如果要按年龄和性别分析调查结果，问题就会变得更复杂了。

四是传统的统计方法。运用传统的统计方法做重要推断时，需要考虑下面三条信息：①总体标准差的估计值；②抽样的允许误差范围；③抽样结果在实际总体值的特定范围（抽样结果加减抽样误差）内的预期置信度。根据以上三条信息，就可以计算出服装市场简单随机抽样调查法所需的样本容量了。

【案例分析】

1.服装市场抽样调查方案一般包括：①服装市场抽样调查的目的；②服装市场抽样调查的优缺点；③确定服装市场总体范围和总体单位；④确定服装市场抽样推断的主要项目；⑤确定服装市场抽样的组织方式；⑥确定服装市场抽样框；⑦确定服装市场抽样方法；⑧确定服装市场抽样调查主要指标的精确度；⑨制定服装市场抽样调查的实施细则；⑩服装市场抽样调查数据的处理。

2.略。

项目二 说一说服装市场预测

任务4 什么是服装市场预测

1.单项选择

（1）A （2）D （3）B （4）C （5）B

2.多项选择

（1）ABCD （2）BC （3）ABCD （4）ABCD （5）ABCD

3.判断题

（1）√ （2）× （3）× （4）√ （5）√

4.简答题

（1）服装市场预测和服装市场调查，主要区别表现在：

①两者研究对象的侧重点不同。服装市场调查侧重于调查服装市场的过去情况和现状，及时而正确地掌握信息，了解情况。服装市场预测则是研究服装市场的未来，通过服装市场信息，掌握服装市场未来的变化趋势。

②两者的研究方法不同。服装市场调查的方法，实际上是一种获取服装市场信息资料的方法，一般采取定性方法较多。而服装市场预测的方法，是在服装市场调查的基础上，根据已有资料作出科学推断和估计的方法，它不但充分运用定性分析方法，还大量应用定量分析方法，例如，建立数学模型、运用计算机进行运算等。

③两者的要求也不同。服装市场调查为服装市场预测和决策提供资料，因此，力求调查资料的准确可靠，符合客观实际。服装市场预测的目的，是为科学的决策提供事先的认识依据，所以必须考虑更多的因素，研究决策的科学性和可行性，使服装市场预测符合决策的需要。

（2）服装企业进行的服装市场预测，通常是微观市场预测，其作用主要有以下几个方面：

①是服装企业选择目标市场、制定经营战略的基础；

②能促进服装企业提高市场适应能力和竞争能力；

③是服装企业产品进入国际市场并取得成功的关键；

④能促进服装企业提高经济效益。

（3）服装市场预测的类型有：

①服装市场预测按质与量层次划分，可分为：服装市场定性预测法和定量预测法；

②服装市场预测按时间层次划分，可分为：服装市场近期预测、短期预测、中期预测和长期预测；

③服装市场预测按产品层次划分，可分为：服装市场单项产品预测、同类产品预测、分消费对象的产品预测和产品总量的预测；

④服装市场预测按空间层次划分，可分为：国际市场预测、国内市场预测、地区市场预测、当地以及行业或企业市场占有率预测。

（4）服装市场预测的内容，主要有：

①服装市场需求预测，是预测消费者、用户在一定时期、一定市场范围内，对某种服装商品具有货币支付能力的需求。

②服装产品生命周期预测，就是在服装产品生命周期全过程中，对服装产品需求量和利润量随时间变化的趋势所进行的预测。

③服装市场占有率预测：是指在一定的市场范围内，服装企业提供的某种服装商品的销售量，在同一市场服装商品总销售量中所占的比例预测；或指该服装企业的服装商品销售量，占当地市场服装商品销售量的比例预测。

④服装市场销售预测，是指对服装企业的服装商品销售的预测，即从服装企业角度预测本企业未来服装商品销售的前景。它包括质与量两个方面：质的预测是解决"适销对路"的问题；量的预测是解决"销售数量和销售额"的问题。

⑤服装商品资源预测，是指在一定时期内，投放服装市场的可供出售的服装商品资源总量及其构成，和各种具体服装商品可供量的变化趋势的预测。

（5）服装市场预测的基本要求是：保证预测工作的目的性、客观性、综合性、及时性、持续性、反馈性、科学性、经济性。

服装市场预测的基本程序是：①确定预测目标；②拟定预测计划；③收集和整理信息资料；④选择预测方法，建立预测模型；⑤实际进行预测；⑥分析评价预测结果；⑦提出预测报告。

【案例分析】

1.服装市场预测，是指在对影响服装市场的诸因素进行系统调查的基础上，运用科学的方法和数学模型，对未来一定时期内的服装市场供求变化规律以及发展趋势进行分析，进而作出合乎逻辑的判断、预测和测算。

2.略。

任务5 选择服装市场预测方法

1. 单项选择

（1）A   （2）B   （3）D   （4）C   （5）A

2. 多项选择

（1）ABC   （2）BCD   （3）ABCD   （4）AC   （5）ABCD

3. 判断题

（1）×   （2）√   （3）×   （4）×   （5）√

4. 简答题

（1）服装市场经验判断分析预测法，简称经验判断法，是指在服装市场预测过程中，预测者根据服装市场信息资料，运用经验和主观分析判断，或者发挥集体智慧，进行综合分析，对未来服装市场发展作出判断预测的一种方法。这是一种传统的预测方法，属于定性预测。主要方法有：服装市场个人判断预测法、服装市场集体判断预测法和服装市场专家预测法。

（2）服装市场直接头脑风暴法，就是采用对所要预测的问题共同进行探讨，直接鼓励专家进行创造性的思维活动，促进专家小组得出预测结果的一种方法。具体做法如下：

①确定与会专家的名单、人数和会议时间。为了提供一个创造性的思维环境，与会人员尽量互不认识；如果相互认识，一般不选择领导参加；会议人员一般以10人为宜；会议时间控制在60分钟以内，不宜过长。

②会议主持人要创造一种自由、活跃、民主的讨论气氛，支持和鼓励不同意见，激发参加者参与讨论的积极性。会议主持人只出题目，不谈个人看法，严格限制讨论范围，讨论要求具体明确、主题突出，对各种意见和方案不持否定和批评态度，只讨论设想而不分析这种设想是否正确和可行。自己谈自己的，不对别人的设想进行评论，提出的预测设想多多益善，因为讨论问题越广越深，产生有价值的设想的概率就愈大。

③会议发言不允许宣读事先准备好的发言稿，提倡即席发言，发言要精炼，切忌长篇大论、详细论述。

④会议主持人按如下的程序将各种设想进行归类、比较和评价：对所有提出的设想编制名称一览表；用专业术语表述每一种设想的内容和特点；找出重复或互为补充的设想进行比较分析，以此为基础形成一种较为完整的综合设想；分组编制不同设想的一览表，并对每一种设想提出评价意见。

（3）服装市场特尔菲法，是在专家会议法的基础上发展起来的一种直观预测方法。

这种方法采用函询调查，向参与预测课题有关的专家分别提出问题，然后将他们回答的意见综合、整理、归纳，匿名反馈给各个专家，再次征求意见。最后再加入综合、整理、反馈，这样经过多次的反复循环最终得出预测结果的一种经验判断法。

主要适用于宏观的、长期的服装市场预测。其优点在于：以专家的丰富知识和实践经验为判断基础，充分发挥专家的专业特长，在缺乏资料的情况下，预测结果可靠；征询意见广泛，不受地区、部门限制，方法简便、易行、实用。其不足在于：预测时间较长，回收率不高、专家中途退出、意见受心理因素等影响而不全面，往往对预测结果的精确性产生不利影响。

（4）服装市场季节指数预测法，就是以服装市场的循环周期（一年或一季）为跨越期求得移动平均值，并在移动平均值的基础上求得季节指数，然后以最后一个移动平均值、趋势增长值和季节指数为依据，对服装市场未来的发展趋势作出量的预测的方法。

服装市场季节指数预测法，通常用于观察值具有季节性波动的预测。服装产品的市场需求呈明显的季节性波动，而且这种波动是有规律地发展的。表示季节变化对销售量影响的一种比较方便的方法，就是计算各个季节的不同销售指数。

（5）服装市场因子推演预测法，是通过分析服装市场因子，来推算服装市场潜量的一种预测方法。

所谓服装市场潜量，是指在某种市场营销环境下，服装企业尽最大的努力进行行销之后，服装市场需求所达到的最大数额。

所谓市场因子，则是服装市场中存在的能引起对某种服装产品需要的实际事物。

5.计算题

（1）答案：①24.66万元；②24.33万元；③24.89万元。

（2）答案：当 α =0.1时，2780万元；当 α =0.3时，2740万元；当 α =0.5时，2700万元；当 α =0.9时，2620万元。

（3）答案：①用线性趋势外推法的半平均值法预测2022年的销售额为366.6万元，2023年的销售额为400.3万元。

②用线性趋势外推法的最小二乘法预测2022年的销售额为366.2万元，2023年的销售额为400万元。

（4）答案：

各年各季的季节指数

季节指数 季度	年份 2020年（%）	2021年（%）	2022年（%）
春季（1~3月）	98.87	106.33	108.43
夏季（4~6月）	177.22	187.34	180.72
秋季（7~9月）	63.29	55.70	62.65
冬季（10~12月）	60.76	50.63	48.19

（5）答案：①线性回归方程：$\hat{y} = 9.22 + 0.61x$；②36.06万元。

【案例分析】

1.服装市场时间序列分析预测法：也称时间序列预测技术、时间数列预测法、时间序列分析法，或者简称为时序预测法，它是以连续性原理为依据，以假设事物过去和现在的发展变化趋势会延续到未来为前提，在预测对象的历史资料所组成的时间序列中，找出事物发展的趋势，并用其趋势延伸来推断未来状况的一种预测方法。

服装市场因果分析预测法：是一种从分析事物变化的因果联系入手，通过统计分析和建立数学模型提示，来预测目标与其他有关的经济变量之间的数量变化关系，据此进行预测的方法。

2.略。

任务6　服装市场需求预测

1.单项选择

（1）D　　　（2）C　　　（3）A　　　（4）B　　　（5）A

2.多项选择

（1）AC　　（2）BD　　（3）ABC　　（4）AC　　（5）BD

3.判断题

（1）√　　（2）√　　（3）×　　（4）√　　（5）×

4.简答题

（1）服装购买力预测：又称服装商品购买力预测，是在一定范围内，对未来时期零售市场的服装商品需求总额及其投向的变动趋势进行的预测。

服装购买力预测的主要内容有：①居民购买力预测；②社会集团购买力预测；③服装购买力投向。

（2）影响服装购买力总额的因素，主要包括两个方面：①影响居民购买力的因素；②影响社会集团购买力的因素。

（3）影响居民购买力的主要因素有：①货币收入；②非购买服装的支出；③储蓄存款。

（4）影响服装购买力投向的因素，主要包括以下七个方面：①服装购买力水平和增长速度；②消费条件；③服装生产和供应情况；④服装销售价格的变动；⑤服装供应方式及广告媒介；⑥社会集团购买力投向的变化；⑦其他因素。

（5）影响服装需求量的因素有很多，错综复杂，有政治的、经济的、文化的、生理心理的、民族的等，归纳起来，主要因素有以下七个方面：①居民的服装购买力水平和增长速度；②人口因素；③自然条件和生产条件；④消费习惯、消费心理和购买行为；⑤价格因素；⑥服装的生产和供应状况；⑦政治因素、经济杠杆。

5.计算题

（1）答案：13386万元。

（2）答案：839万件，1087万件。

（3）答案：29264件。

【**案例分析**】

1.服装市场需求预测法是指通过对过去和现在服装商品在服装市场上的销售情况，以及影响服装市场需求的各种因素的分析和判断，来预计未来市场服装商品的需求量和发展变化趋势的方法。

2.略。

任务7　服装市场销售预测

1.单项选择

（1）A　　　（2）B　　　（3）C　　　（4）D　　　（5）A

2.多项选择

（1）ABCD　（2）ABD　（3）ABD　（4）AB　（5）ABCD

3.判断题

（1）√　　　（2）√　　　（3）×　　　（4）×　　　（5）√

4.简答题

（1）服装产品生命周期预测，也叫服装产品经济寿命周期预测，它是指服装产品在市场上经历试销、增销、饱和、减销以至退出市场的过程预测。

服装产品生命周期，一般可以分为导入期、成长期、成熟期、衰退期四个阶段。

（2）影响服装产品生命周期预测的因素，主要有以下几个方面：①服装品种、款式、花色和实用性；②服装购买力水平及其增长速度；③服装供求与竞争状况；④科学技术的进步和社会生产力的发展；⑤社会文化。

（3）影响服装企业销售的因素，主要有：

①服装市场的需求状况；

②服装企业的市场占有率。

（4）服装社会普及率推断预测法，是指根据服装产品的社会普及程度，来推断该服装产品处于生命周期哪个阶段的预测方法。服装社会普及率推断预测法，主要适用于对高档服装产品生命周期的分析和预测。下列经验数据可供判断时参考：

①服装社会普及率在5%以下者，属于导入期；

②服装社会普及率在5%～50%者，属于成长前期；

③服装社会普及率在50%～80%者，属于成长后期；

④服装社会普及率在80%～90%者，属于成熟期；

⑤服装社会普及率在90%以上者，属于衰退期。

运用这种方法需要注意的是，许多服装品种因受主客观条件的种种制约，加上科学技术的进步，服装新品种的不断出现，服装新老产品经常处于不断地更替之中，其饱和普及率不可能达到100%。因此，根据上述经验数据来判断服装产品处于生命周期的哪个阶段时，还需进行综合考虑分析判断。

（5）影响一个服装企业市场占有率高低的主要因素是：

①服装企业本身的经营条件；

②服装企业竞争对手的生产经营能力。

5.计算题

（1）答案：6%。

（2）答案：129亿元。

（3）答案：8000万元，10万件。

（4）答案：5.1万件，360万元。

【案例分析】

1.服装市场销售预测法是指通过对过去和现在服装商品在服装市场上的销售情况，以及影响服装市场销售的各种因素的分析和判断，来预计未来市场服装商品的销售和发展变化趋势的方法。

2.略。

项目三 写一写服装市场调查与预测报告

任务8 如何撰写服装市场调查与预测报告

1.单项选择

（1）B　　（2）C　　（3）A　　（4）D　　（5）B　　（6）A

2.多项选择

（1）ABC　（2）ABD　（3）ABCD　（4）ABCD　（5）ABCD　（6）ABCD

3.判断题

（1）√　　（2）×　　（3）×　　（4）√　　（5）×　　（6）√

4.简答题

（1）服装市场调查与预测调查报告的意义，归纳起来有以下三点：

①成果的体现。服装市场调查与预测报告，是整个服装市场调查与预测活动的最终综合体现，同时也是整个服装市场调查与预测成果的最终体现，是服装市场调查与预测成果的有形产品。服装市场调查与预测活动的过程为：制定调查方案→搜集资料→加工整理→分析研究→撰写报告，服装市场调查与预测报告的撰写，是对前面过程的总结，是调查预测项目的体现形式。

②参考的依据。服装市场调查与预测报告，是通过服装市场调查与预测分析，透过数据现象分析数据之间隐含的关系、使我们对事物的认识能够从感性认识上升到理性认识，能够更好地指导实践活动。服装市场调查与预测报告比起服装市场调查与预测资料来，更加容易阅读和理解，它能把死数据变成活情况，起到透过现象看本质的作用，有利于使用者或客户了解、掌握服装市场行情，为确定服装市场目标、制订工作计划等奠定基础。

③工作的可信度。服装市场调查与预测报告，是对已完成的服装市场调查与预测

项目所做的完整而又准确的叙述，通过服装市场调查与预测报告中的方法、过程等的叙述，可以明确服装市场调查与预测的结论和建议的由来。换句话说，服装市场调查与预测报告的叙述，可以证明最后结论的可靠性。

（2）服装市场调查与预测报告的特点主要有：①客观性；②针对性；③陈述性；④时效性；⑤典型性；⑥可行性。

（3）服装市场调查与预测报告的结构包括：①标题；②目录；③摘要；④正文；⑤结论和建议；⑥附件。

（4）服装市场调查与预测报告写作的基本要求是：①做好撰写准备；②遵循撰写原则；③确立报告主旨；④精心设计安排；⑤报告外观醒目。

（5）撰写服装市场调查与预测报告要注意的问题，主要包括以下八个方面：①解释不准确；②偏离目标；③篇幅不是质量；④解释不充分；⑤数据单一；⑥准确性虚假；⑦过度使用定量技术；⑧乱用图表。

（6）服装市场调查与预测报告的写作技巧有：①数据图表法；②重点中心法；③长短适当法；④朗朗上口法。

【案例分析】

1.服装市场调查与预测报告，是指服装市场调查与预测人员以书面形式，反映服装市场调查与预测内容及工作过程，并提供服装市场调查与预测结论和建议的报告。

服装市场调查与预测报告中通常包括如下内容：①调查/预测目的、方法、步骤、时间等说明；②调查/预测对象的基本情况；③所调查/预测问题的实际材料与分析说明；④对调查/预测对象的基本认识，做出结论；⑤建设性的意见和建议。

2.略。

参考文献

[1] 方勇.服装市场调查与预测[M].北京：中国纺织出版社，2010.

[2] 李晓梅，傅书勇.市场调查分析与预测[M].北京：清华大学出版社，2020.

[3] 方勇.纺织服装市场调查与预测[M].北京：中国纺织出版社，2009.

[4] 赵轶.市场调查与预测[M].北京：清华大学出版社，2020.

[5] 徐阳.市场调查与市场预测[M].北京：高等教育出版社，2018.

[6] 方勇.纺织服装市场营销[M].北京：化学工业出版社，2014.

[7] 刘玉玲，王吉方.市场调查与预测[M].北京：科学出版社，2016.

[8] 周静.市场调查与预测[M].北京：科学出版社，2015.

[9] 方勇.会展营销[M].北京：中国纺织出版社，2013.

[10] 刘国联，方泽明，张技术.服装市场调研教程[M].上海：东华大学出版社，2013.

[11] 刘利兰.市场调查与预测[M].北京：经济科学出版社，2012.

[12] 阿尔文·伯恩斯，罗纳德·布什.营销调研[M].7版.于洪彦，金钰，译.北京：中国人民大学出版社，2015.

[13] 方勇.纺织服装企业生产与经营管理[M].北京：中国纺织出版社，2016.